江西省"十四五"普通高等教育本科省级规划教材

第六届江西省普通高等学校优秀教材本科教育类二等奖
21世纪应用型本科会计系列规划教材

FINANCIAL MANAGEMENT

财务管理 第四版

揭志锋 编 著

东北财经大学出版社
Dongbei University of Finance & Economics Press   大连

U0656891

图书在版编目（CIP）数据

财务管理 / 揭志锋编著. —4版. —大连：东北财经大学出版社，2024.8
（2025.7重印）. —（21世纪应用型本科会计系列规划教材）. —ISBN 978-7-5654-5351-9

Ⅰ. F275

中国国家版本馆CIP数据核字第2024XE0605号

东北财经大学出版社出版

（大连市黑石礁尖山街217号　邮政编码　116025）

网　　址：http://www.dufep.cn

读者信箱：dufep@dufe.edu.cn

大连永盛印业有限公司印刷　　东北财经大学出版社发行

幅面尺寸：185mm×260mm　　字数：337千字　　印张：14.25

2024年8月第4版　　　　　2025年7月第3次印刷

责任编辑：石真珍　孙晓梅　　　　责任校对：一　心

封面设计：原　皓　　　　　　　　版式设计：原　皓

定价：49.00元

第四版前言

本次修订是为了适应经济进入新时代与新形势下高等院校转型培养应用型财务人才需要，以《企业财务通则》及国家会计法规、制度为依据，充分体现财务管理领域的最新研究成果和实务内容。为实现应用型财务人才培养目标，本教材遵循"以应用为目的，以够用为原则"，在内容上系统地介绍财务管理基本原理、基本技能及基本方法，以最新案例、针对性练习和实训内容体现知识点的具体应用，并为后期"财务管理实训"和"财务软件实训"等课程做铺垫。本教材注重财务管理知识及分析方法在企事业单位中的具体应用，能够满足高等院校应用型本科财务管理、会计学等相关专业的教学需求。

本教材具有以下特色：

第一，本教材严格按照习近平总书记在全国高校思想政治工作会议上的重要讲话精神的要求，践行社会主义核心价值观，坚持立德树人，将财务管理专业教育与思想政治教育紧密结合起来，在每章开头都设置了"学习目标与要求""价值塑造目标"栏目，在每章最后设计了"思政园地"栏目，旨在帮助学生明确学习目标，在掌握专业知识与技能的同时，增加课程思政元素，引导学生树立正确的价值观，夯实本教材的专业育人功能。同时，本教材深入贯彻习近平新时代中国特色社会主义思想和党的二十大精神，坚持以人民为中心的发展思想，坚持创新、协调、绿色、开放、共享的新发展理念，坚持推动高质量发展，全面建设社会主义现代化国家，坚持走中国特色社会主义道路。本教材在内容上体现了党的二十大提出的"六个必须坚持"的立场观点方法和必须牢牢把握的"五个重大原则"，在案例和实训中反映了党的二十大提出的"以中国式现代化全面推进中华民族伟大复兴"使命任务，在"思政园地"中宣传了党的二十大提出的"实施科教兴国战略，强化现代化建设人才支撑"重要部署。本教材还突出了对党的二十大提出的十年来党和国家事业取得历史性成就、发生历史性变革的深刻认识，在理论和实践上指导学生把握中国特色社会主义进入新时代的历史方位，在思想和行动上同党中央保持高度一致，在学习和工作上不忘初心、牢记使命，在生活和品德上做合格的社会主义事业建设者和接班人。

第二，本教材遵循最新财务与会计法律法规，注重理论与实践相结合。财务管理是一门应用性课程，一方面，本教材从理论上介绍了财务管理的基本知识和基本技能，知识结构合理、逻辑严密；另一方面，本教材将财务管理基本知识和基本技能运用到具体案例中，解决了实务中的实际问题，从而培养学生分析问题、解决问题的专业能力。本次修订，我们在更新理论和学科前沿内容的基础上，也更新了案例导入、实例、习题、实训。

第三，本教材设置了五大实训模块，分别安排在第三章、第五章、第六章、第七章和第九章；在每章最后，还提供了即测即评（二维码）。通过更新实训模块内容，培养具体业务操作技能。

第四，本教材注重"通""专"结合。财务管理课程既突出自身知识特色，也充分考虑与其他专业课程的衔接及对后期课程的铺垫；同时，本教材对财务管理基本知识和基本技能的介绍依然保持言简意赅、通俗易懂、由浅入深、重难点突出、循序渐进的特点。

第五，本教材提供了10个微课，对重点、难点进行了详细讲解；本教材还配有电子课件，授课教师请登录东北财经大学出版社网站（www.dufep.cn）查询；章后习题参考答案以及实训模块参考答案见二维码。

在本教材修订过程中，编著者参阅了大量同类教材与最新科研成果，走访了多家相关企业，得到多家与江西应用科技学院财经学院开展校企合作的企业及有关兄弟院校师生的支持与帮助，东北财经大学王雅莉（教授、博士生导师）、浙江农林大学程博（教授、高级会计师）、安徽审计职业学院李学岚（副教授、高级审计师、会计师）、辽宁对外经贸学院熊学华（副教授）与浙江工贸职业技术学院张顺华（教授、注册会计师）等专家学者对本教材的编写提出了宝贵意见与建议。

本教材由江西应用科技学院揭志锋负责大纲再优化、通篇修订、统稿和定稿，辅助修订的人员有邓艳、黄漂、黄娟、刘仙风、邓影。

在本教材的修订过程中，我们参考和引用了大量文献，但由于不具备广泛且深入地查询馆藏资料的条件，以及电子数据资源的覆盖范围有限，可能在资料来源和参考文献中没有列全作品出处，或者所列的不是原创作者的作品，请相关作者谅解并与我们联系，我们愿意为引用您的作品提供相应的报酬。在此，编著者向所有的相关作者表示衷心的感谢。

在本教材的编写和修订过程中，我们投入了大量时间和精力，虽然经过精心撰写、反复推敲，但由于时间和水平有限，书中疏漏、不足之处在所难免，恳请专家学者和各位读者批评指正。

编著者

2024年7月

目　录

第一章 财务管理导论

【学习目标与要求】

通过本章学习，全面了解现代企业财务管理的核心内容；掌握筹资、投资、营运资金及收益分配等财务活动的基本概念和分类；理解现代财务管理目标的多样性，包括利润最大化、每股收益最大化、股东财富最大化、企业价值最大化及相关者利益最大化等；掌握企业财务管理的主要环节，包括财务预测、决策、计划、预算、控制、分析及考核等；熟悉与企业财务管理密切相关的法律、金融市场、经济和技术环境。

【价值塑造目标】

通过本章学习，理解财务管理不仅是资金的筹集和运用，更是企业价值创造和增值的重要手段；通过理解财务管理的基本概念和流程，形成正确的财务管理观念，学会客观公正地分析财务问题，提高风险意识，并在实践中不断寻求降低成本、增加收益、创造价值的途径，更好地服务于企业和个人发展。

【案例导入】

海尔：财务管理模式变革[①]

一、海尔简介

海尔集团（以下简称海尔）创立于1984年，是全球领先的美好生活解决方案服务商。海尔始终以用户体验为中心，连续2年作为全球唯一物联网生态品牌蝉联 BrandZ 全球百强，连续12年稳居欧睿国际世界家电第一品牌，旗下子公司海尔智家位列《财富》世界500强。海尔拥有3家上市公司，拥有海尔（Haier）、卡萨帝（Casarte）、Leader、GE Appliances、Fisher & Paykel、AQUA、Candy 等七大全球化高端品牌和全球首个场景品牌"三翼鸟（THREE-WINGED BIRD）"，构建了引领全球的工业互联网平台卡奥斯（COSMO-Plat），成功孵化了5家"独角兽"企业和37家"瞪羚"企业，在全球布局了10+N创新生态体系、28个工业园、122个制造中心和24万个销售网点，深入全球160个国家和地区，服务全球10亿+用户家庭（数据截至2021年2月）。

海尔致力于携手全球一流生态合作方持续建设高端品牌、场景品牌与生态品牌，构建衣食住行康养医教等物联网生态圈，为全球用户定制个性化的智慧生活。

---

① 根据海尔集团官方网站（https://www.haier.com/）材料编写。

二、创新转变财务管理模式

2019 年以来，在全球化新经济浪潮下，海尔的财务管理遇到了内外部多个方面的挑战。要应对这些挑战，企业无法再固守传统的财务管理模式，必须进行财务管理转型以寻求突破。

在管理会计理念指导下，海尔的财务组织被分成了三类：

一是融入财务。海尔将整个集团从原来一个封闭的大组织转变成一个开放、由无数个创业小微构成的单元，在每一个小微中都融入财务人员。这种财务的定位就是通过做事前算赢与小微共赢来共担风险，实现管理会计的众多职能，实现不做账、不报表、不管钱，但对资本投入后的增值负全责。

二是生态财务。这类财务包括预算、融资、税务，也包括内部银行、金融、内控、新业务发展的财务平台以及整个财务发展战略导向等。生态财务的第一个价值是引领，第二个价值是增值。引领和增值并不是从集团内部看，比如内部从无到有，原来产生 10 单位价值而现在达到了 11 单位。所有这些都必须与市场比，与同行业其他企业比。从事生态财务的人员不多，但组织网络很大，创造的价值对集团利润表、现金流量表都有很大贡献。

三是共享财务。共享财务是用来保持公司基因和效益的财务。海尔原来有 600 多个法人，每个法人不能对自己的收入、费用有自己的定义，集团内部任何一个人对任何一个数字都不能随意解释，必须有统一的商业语言。统一的商业语言就是由海尔共享财务中心实现的。

海尔在实现"融入财务、生态财务、共享财务"模式后，下一步将探索生态圈（放大价值）与大数据（重塑模式、加速成功），这将为海尔的财务管理和创造更大企业价值奠定更加坚实的基础。

思考与分析：（1）海尔基于哪些原因进行财务管理模式变革？（2）海尔变革后的财务管理模式在哪些方面创新驱动企业发展？

第一节 财务管理内容

财务管理是经济管理的重要领域。经营权与所有权相分离，标志着现代企业的产生，一方面反映了企业管理层受托责任履行情况，另一方面也为实现其财务管理目标奠定了基础和方向。

尽管任何组织都需要财务管理，但以营利为目的的企业与非营利组织的财务管理有着本质区别，本教材以营利性组织（如企业）的财务管理为主介绍财务管理内容。

微课 1-1

对企业而言，财务管理是指其为了达到一定的经营目标，根据财经法律法规的规定，按照财务管理原则，利用价值形式对企业生产经营过程进行的管理，是企业组织财务活动、处理财务关系的一项综合性管理工作。企业财务管理内容主要是通过财务活动反映出来的，在资金筹集、投资、营运及收益分配等主要财务活动中发挥着重要作用。

财务管理概念

一、筹资活动

筹资活动，也称融资活动，是指企业为了满足内外部资金需要而筹集所需资金的过程。在筹资过程中，企业亟待解决的问题主要有：筹资规模多大？向谁筹资？何时筹资？如何筹资？筹资结构如何确定？

以上问题促使企业解决筹资活动涉及的规模、渠道、方式（或手段）、结构，以达到既获得所需资金又降低筹资成本和风险的目的，从而提高企业价值。

在企业面临的众多筹资问题中，筹资渠道是最重要的问题。这一问题的解决能够对其他问题的解决产生决定性影响，所以选择合适的筹资渠道可以让企业在筹资中达到预期的效果。筹资渠道的分类标准主要有以下两个：

1.根据资金性质，分为权益筹资和债务筹资

权益筹资是指企业通过发行股票、吸收直接投资和留存收益转增资本等方式取得所需的资金。此种方式筹集的资金无须归还、风险低，但期望报酬率高，相应的资本成本大。

债务筹资是指企业通过向银行借款、发行债券、利用商业信用等方式取得的资金。此类资金需按期还本付息，财务风险高，但其要求的报酬率比权益资本低，相应的资本成本也比较小。

2.按照资金使用时间长短，分为长期筹资和短期筹资

长期筹资是指企业筹集的使用期限为1年以上的资金。此类资金主要包括权益资本和非流动负债。权益资本不需归还，企业可以长期使用，属于长期资金。此外，长期借款也属于长期资金。

短期筹资是指企业获得的能够使用的期限短于1年的资金。短期筹资一般是负债筹资。一般来说，短期筹资主要解决临时资金周转困难，如在生产经营旺季需要资金比较多时，可借入短期借款，以解决暂时性资金短缺。

二、投资活动

企业投资活动主要是为实现投资收益、回收现金流而发生的现金流出。在财务管理中，企业投资通常分为广义投资和狭义投资。广义投资是指企业将筹集的资金投入使用的过程，包括对内部经营所需的投入和对外部投放。狭义投资仅指对外投资。企业在投资过程中，必须考虑投资规模，还要考虑投资方向和方式。合理的投资结构可以提高投资效益，降低投资风险。投资活动具体表现为建造厂房、购置设备、增加新产品，以及购买政府公债、股票和债券等。

三、营运资金活动

企业在日常生产经营过程中，要发生一系列资金收付。企业营运资金主要是为了满足企业日常营运需要而垫支的资金。营运资金的周转与生产经营周期具有一致性。在一定时期内，资金周转速度越快，资金利用效率越高，生产出的产品越多，取得的收入越多，获得的报酬越高。因此，加速资金周转、提高资金使用效率是财务管理的主要内容之一。

四、收益分配活动

企业通过投资或营运资金活动可取得相应的资金流入，并实现资金保值增值，使企业的财富增加。资金增值后，企业再对相关成本进行补偿，并缴纳相关税费，剩余的收益还要进行分配。广义的分配是对企业各种收入进行分割和分派的过程，狭义的分配仅指对企业净利润的分配。

具体来说，企业收益分配是在赚得利润后决定有多少作为股利发放给投资者（股东），有多少留在企业进行再投资。过高的收益分配率既可能影响企业的再投资能力，也会使未来收益减少，造成上市企业股价下跌；过低的收益分配率可能引起投资者不满，致使股价下跌。

收益分配决策受多种因素影响，包括税法对收益和出售股票收益的不同处理、未来企业投资机会、各种资金来源及其成本、投资者（股东）对当期和未来收入的相对偏好等。企业应根据具体情况，确定最佳收益分配政策，这也是财务决策的一项重要内容。收益分配政策从另一个角度来看也是保留盈余决策，是企业内部筹资问题。因此，收益分配在一定程度上也属于筹资的范畴，而并非一项独立的财务管理内容。

综上所述，财务管理内容涉及财务活动的四个方面，它们之间是相互联系、相互依存、相互制约的关系。正是上述相互联系又有区别的四个方面，构成了企业完整的财务管理活动，也构成了企业财务管理内容。

第二节 财务管理目标

企业生存、发展、获利的目标就是创造和增加价值。企业财务管理主要服务于创造价值，这也是在特定财务管理环境中通过组织财务活动、处理财务关系所要达到的目标。

一、财务管理目标理论观点

企业财务管理目标理论发展至今，具有代表性的观点主要有五种：利润最大化、每股收益最大化、股东财富最大化、企业价值最大化、相关者利益最大化。

（一）利润最大化观点

利润最大化观点认为，企业进行财务管理的最终目标就是实现利润最大化，利润越多，越接近企业的财务管理目标，说明企业为社会贡献的财富越多。

1.企业以利润最大化作为其财务管理目标的原因

（1）在市场经济条件下，企业进行日常生产经营活动，提供更多有价值的产品或服务，这些产品或服务通过市场交易销售出去，实现了利润，因而实现利润最大化便是衡量企业经营成果的最重要指标之一。

（2）在金融资本市场上，能够获得更多资本使用权的微观主体（企业）通常为实现利润最多的企业。

（3）整个宏观财富的增加需要每个微观主体（企业）在持续经营过程中不断产生利润，从而实现整个社会的财富积累。

2.以利润最大化作为财务管理目标的优点

企业追求利润最大化，就必须讲求经济核算，加强管理，改进技术，优化产品或服务，提高劳动生产率，降低产品成本。这些措施都有利于企业资源的合理、有效配置，有利于企业经济效益的提高。

3.以利润最大化作为财务管理目标的缺陷

（1）没有考虑利润实现时间和货币时间价值。例如，甲企业2022年、2023年均获利80万元，从数量上看，这两年实现的利润相等，但是实现利润的时间不同，而货币具有时间价值，而且在具体折现过程中，随着所选择折现率的不同，计算结果也会有差异。

（2）没有考虑投入资本和利润之间的关系。例如，甲、乙两企业在2023年实现利润均为80万元，甲企业投入资本200万元，乙企业投入资本120万元，哪一个更符合利润最大化目标？若不与投入资本联系起来，就难以做出正确判断。

（3）没有考虑风险问题。例如，甲、乙两企业2023年均投入500万元，实现利润300万元。其中，甲企业利润已全部收现，乙企业则大部分为应收账款，并可能发生坏账损失。此时，哪一个更符合利润最大化目标？若不考虑风险高低，同样难以做出正确判断。

（4）可能导致企业短期财务决策倾向，影响企业长远发展。经营者为了满足投资者对每年利润的需求偏好，通常追求短期利润最大化，因此，企业决策也往往服务于年度指标的完成或实现等短期财务管理目标。

（二）每股收益最大化观点

每股收益最大化观点认为，应当把企业实现的利润和股东投入的资本联系起来考察，用每股收益（或权益净利率）最大化来概括企业的财务管理目标，以克服"利润最大化目标"的缺点。这种观点仍然存在以下缺陷：

（1）没有考虑每股收益取得的时间和货币时间价值。与利润最大化观点类似，每股收益最大化实现的时间和货币时间价值也没有考虑进去。

（2）没有考虑每股收益的风险。

（3）在实务中，每股股票投入存在差异，不同企业的每股收益不可比。

（三）股东财富最大化观点

股东财富最大化观点认为，企业财务管理的目标是实现股东财富最大化。对于上市企业而言，影响股东财富的主要因素为股票数量和股票市场价格。当股东拥有固定的股票数量时，股票市场上股价的高低直接决定了股东财富的大小。

1.以股东财富最大化作为财务管理目标的优点

与利润最大化和每股收益最大化目标相比，股东财富最大化目标的主要优点是：

（1）考虑了风险因素。在股票市场上，上市企业股票价格随着风险的变化而变化。

（2）短期行为得到一定程度的规避。上市企业股票价格不仅受当前利润的影响，也会反作用于企业的未来利润。

（3）股东财富最大化目标容易量化，能够反映经营管理层受托责任，便于投资者对经营管理层进行考核和奖惩。

2.以股东财富最大化作为财务管理目标的缺陷

（1）此观点仅适用于上市企业。只有上市企业股票才能在金融市场上获得市场价格，而非上市企业不能像上市企业一样及时、准确地获得股票价格。

（2）影响股价的因素众多。上市企业股票价格不仅受企业自身经营管理的影响，而且受外部宏观因素的影响。

（3）利益仅涉及股东，其他利益相关者未被考虑。

（四）企业价值最大化观点

企业价值最大化观点认为，企业实施所有财务管理行为的目标是实现企业价值最大化。企业价值体现为投资者权益市场价值，或者以货币时间价值为基础对未来现金流量进行折现计算的现值。

此观点要求，为了实现财务管理目标，企业必须进行最佳财务决策，在充分考虑风险和货币时间价值的基础上，结合长短期战略谋求发展，达到企业价值最大化目标。

1.以企业价值最大化作为财务管理目标的优点

（1）考虑了货币时间价值和风险。企业价值是通过选择考虑风险在内的折现率对企业未来现金流量进行折现得出的量化结果，同时也体现了风险和报酬的对应关系。

（2）避免了短期行为。一方面，为了实现长期稳定发展，以持续经营、长期发展作为基础，考虑对企业价值影响的长期因素；另一方面，用价值代替价格，避免过多受市场因素的干扰，有效地规避了企业的短期行为。

2.以企业价值最大化作为财务管理目标的缺陷

（1）可操作性较弱。企业价值是通过对未来现金流量进行折现得到的结果。其中，未来现金流量是一个不确定性因素，同时选择折现率时对于未来风险出现的不确定性也难以把握，由此计算出来的企业价值很难反映企业的实际价值。

（2）同股东财富最大化目标类似，其适用范围局限于上市企业，对于非上市企业，进行企业价值评估的标准和方式难以客观和精确。

（五）相关者利益最大化观点[①]

企业是一个利益关系纽带，涉及投资者（股东或所有者）、经营者、债权人、债务人、客户、供应商、员工、政府等主要利益相关者。企业在经营过程中也表现为各种利益相关者相互之间的博弈，这就需要企业在处理这些财务关系时科学、合理地确立财务管理目标，以寻求这种多方契约关系的平衡点。因此，在确定企业财务管理目标时，不能忽视这些利益相关群体的利益。

1.以相关者利益最大化作为财务管理目标的具体内容

（1）强调风险与报酬的均衡，将风险限制在企业可以承受的范围内。

（2）强调股东的首要地位，并强调企业与股东之间的协调关系。

（3）强调对代理人，即企业经营者的监督和控制，建立有效的激励机制以便使企业战略目标顺利实施。

（4）关心本企业员工的利益，创造优美、和谐的工作环境和提供合理、恰当的福利待遇，培养员工长期为企业努力工作。

（5）不断加强与债权人的联系，培养可靠的资金供应者。

（6）关心客户的长期利益，以便保持销售收入的长期稳定增长。

（7）加强与供应商的协作，共同面对市场竞争，并注重企业形象宣传，遵守承诺，讲

① 财政部会计资格评价中心. 财务管理 [M]. 北京：经济科学出版社，2023.

究信誉。

（8）保持与政府部门的良好关系。

2.以相关者利益最大化作为财务管理目标的优点

（1）有利于企业长期稳定发展。这一目标注重企业在发展过程中考虑并满足各种利益相关者的利益。企业在追求长期稳定发展的过程中，站在企业的角度进行投资研究，避免了站在股东等单个群体角度进行投资可能导致的一系列问题。

（2）体现了合作共赢的价值理念，有利于实现企业经济效益和社会效益的统一。由于兼顾了企业、股东、政府、客户等相关者的利益，企业就不仅是一个单纯谋利的组织，还承担了一定的社会责任。企业在寻求其自身的发展和利益最大化过程中，由于客户及其他利益相关者利益的存在，就会依法经营与管理，正确处理各种财务关系，自觉维护和切实保障国家、集体和社会公众的合法权益。

（3）这一目标本身是一个多元化、多层次的目标体系，较好地兼顾了各利益相关者的利益。这一目标可使企业各利益相关者之间相互作用、相互协调，并在使企业利益、股东利益达到最大化的同时，也使其他利益相关者的利益达到最大化。也就是说，在将企业财富这块"蛋糕"做到最大化的同时，保证每个利益相关者所得的"蛋糕"更多。

（4）体现了前瞻性和现实性的统一。比如，企业作为利益相关者之一，有一套评价指标体系（如未来企业报酬贴现值），股东评价指标可以使用股票市价，债权人可以寻求风险最低、利息最多，员工可以确保工资福利，政府可以考虑社会效益等。不同利益相关者有各自的指标，只要合理合法、互利互惠、相互协调，就可以实现所有利益相关者的利益最大化。

微课1-2

相关者利益最大化是企业财务管理最理想的目标，但是鉴于该目标过于理想化，且难以操作，本教材后面的章节仍以企业价值最大化作为财务管理的目标。

财务管理目标

二、企业相关者利益冲突协调

企业财务管理目标能否实现，关键在于在具体经营过程中涉及的利益相关者之间存在的利益冲突是否能够协调。在所有利益冲突协调中，所有者与经营者、所有者与债权人的利益冲突协调至关重要。

（一）所有者与经营者的利益冲突协调

所有者作为企业出资者，期望经营者能够从所有者利益出发，实现所有者利益最大化；而经营者由于对企业资产没有所有权，在具体管理企业后，在创造财富的同时希望获得更多报酬、更多享受。这就构成了所有者与经营者之间的利益冲突。为了缓解这一利益冲突，现代企业通常采取以下两项措施：

1.监督与解聘

在具体经营过程中，一方面，所有者可以通过制定一系列完备的规章制度对经营者进行监督，如果经营者经营管理之后企业绩效不佳，经营者将面临被解聘的风险；另一方面，经营者为避免被解聘，将努力管理好企业以实现企业财务管理目标。

2.激励

激励就是将经营者的报酬与其绩效直接挂钩，使经营者自觉采取能增加所有者财富的措施。激励通常有股票期权和绩效股两种方式。

（1）股票期权，是允许经营者在一定期限内以约定的低于市场价格的固定价格购买一定数量本企业股票，其中股票市场价格高于约定价格的部分就是经营者所得的报酬。经营者为了获得更大的股票涨价益处，就必然主动采取能够提高股价的行动，从而也就增加了所有者财富。

（2）绩效股，是企业运用每股收益、资产收益率等指标来评价经营者绩效，并视其绩效高低给予经营者数量不等的股票作为报酬。如果经营者绩效未能达到规定目标，经营者将丧失原先持有的部分绩效股。这种方式使经营者不仅为了多得绩效股而不断采取措施提高经营绩效，而且为了使每股市价最大化采取各种措施使股票市价稳定上升，从而增加所有者财富。即使由于客观原因股价并未提高，经营者也会因为获取绩效股而获利。

（二）所有者与债权人的利益冲突协调

当企业向债权人借入资金后，企业与债权人就形成了一种债权债务关系。债权人把资金借给企业，其目标是到期时收回本金，并获得固定或可确定的利息收入；企业借款的目的是扩大经营规模，开展有风险的生产经营项目。企业与债权人的目标并不一致。

债权人事先清楚借出资金是有风险的，并把这种风险的相应报酬纳入利率。对债权人来说，通常要考虑的因素包括企业现有资产风险、预计企业新增资产风险、企业现有负债比率、企业未来资本结构等。但是，借款合同一旦成为事实，资金划到企业，债权人就失去了控制权。股东可以通过经营者为了自身利益而伤害债权人利益，其常用方式有两种：

（1）股东不经债权人同意，投资于比债权人预期风险更高的新项目。如果高风险项目侥幸成功，超额利润归股东独享；如果项目不幸失败，企业无力偿债，债权人与股东将共同承担由此造成的损失。尽管《中华人民共和国企业破产法》规定，债权人先于股东分配破产财产，但在多数情况下，破产财产不足以偿债。对债权人来说，超额利润难以获得，发生损失却有可能要分担。

（2）股东为了提高公司利润，不征得债权人同意而指使管理层发行新债，使旧债券价值下降，从而使旧债权人蒙受损失。旧债券价值下降的原因是发新债后企业负债比率加大，企业破产的可能性增加，如果企业破产，旧债权人和新债权人要共同分配破产财产，使旧债券风险增加、价值下降。尤其是不能转让的债券或其他借款，债权人没有出售债权来摆脱困境的出路，处境更加不利。

债权人为了防止其利益被伤害，除了寻求立法保护，如破产时优先接管、先于股东分配剩余财产等外，通常采取以下措施：

（1）在借款合同中加入限制性条款，如规定资金用途、规定不得发行新债或限制发行新债数量和金额等。

（2）发现企业有损害其债权意图时，拒绝进一步合作，不再提供新的借款或提前收回借款。

第三节 财务管理环节

财务管理环节是企业财务管理的工作步骤与一般工作程序。一般而言，企业财务管理包括财务预测、决策、计划、预算、控制、分析及考核等主要环节。

一、财务预测

财务预测是企业根据财务活动的历史资料，考虑现实要求和条件，对企业未来财务活动做出较为具体的预计和测算的过程。本环节的主要任务在于：测算各种生产经营方案的经济效益，为决策提供可靠的依据；预计财务收支的发展变化情况，以确定经营目标；测定各项定额和标准，为编制计划、分解计划指标服务。财务预测环节的工作主要包括四项：第一，明确预测目标；第二，搜集相关资料；第三，建立预测模型；第四，确定财务预测结果。

财务预测方法主要有定性预测法和定量预测法两类。定性预测法主要是利用直观材料，依靠个人主观判断和综合分析能力，对事物未来状况和趋势做出预测的一种方法。定量预测法主要是根据变量之间存在的数量关系建立数学模型来进行预测的方法。

二、财务决策

财务决策是指财务人员按照财务管理目标的总体要求，利用专门方法对各种备选方案进行比较分析，并从中选出最佳方案的过程。在市场经济条件下，财务管理的核心是财务决策，财务预测是为财务决策服务的，财务决策成功与否直接关系到企业的兴衰成败。财务决策环节的工作主要包括三项：第一，确定决策目标；第二，提出备选方案；第三，选择最优方案。

财务决策方法主要有两类：一类是经验判断法，是根据决策者的经验来判断选择，常用的方法有淘汰法、排队法、归类法等；另一类是定量分析方法，常用的方法有优选对比法、数学微分法、线性规划法、概率决策法等。

三、财务计划

财务计划是根据企业整体战略目标，结合财务决策的结果，对财务活动进行规划，并以指标形式落实到每一计划期间的过程。财务计划主要通过指标和表格，以货币形式反映计划期内企业生产经营活动所需要的资金及其来源、财务收入和支出、财务成果及其分配的情况。

制订财务计划的方法主要有平衡法、因素法、比例法和定额法等。

四、财务预算

财务预算是指运用科学的技术手段和数量方法，对未来财务活动的内容及指标所进行的具体规划。财务预算是以财务决策确立的方案和财务预测提供的信息为基础来编制的，是财务预测和财务决策的具体化，是控制财务活动的依据。财务预算的编制一般包括三个步骤：第一，分析财务环境，确定预算指标；第二，协调财务能力，组织综合平衡；第三，选择预算方法，编制财务预算。

财务预算的编制方法通常包括固定预算与弹性预算、增量预算与零基预算、定期预算与滚动预算等。

五、财务控制

财务控制是指利用有关信息和特定手段，对企业财务活动施加影响或调节，以便实现计划所规定的财务管理目标的过程。

财务控制方法通常有前馈控制、过程控制、反馈控制三种。财务控制措施一般包括预算控制、营运分析控制和绩效考评控制等。

六、财务分析

财务分析是指根据企业财务报表等信息资料，采用专门方法，系统分析和评价企业财务状况、经营成果以及未来趋势的过程。财务分析一般包括四个步骤：第一，占有资料，掌握信息；第二，指标对比，揭露矛盾；第三，分析原因，明确责任；第四，提出措施，改进工作。

财务分析方法通常有比较分析法、比率分析法、综合分析法等。

七、财务考核

财务考核是指将报告期实际完成数与规定的考核指标进行对比，确定有关责任单位和个人完成任务的过程。财务考核与奖惩紧密联系，是贯彻责任制原则的要求，也是构建激励与约束机制的关键环节。

财务考核的形式多种多样，可以用绝对指标、相对指标、完成百分比考核，也可以采用多种财务指标进行综合评价考核。

第四节　财务管理环境

企业财务管理环境，又称理财环境，是指对企业财务活动产生影响的外部条件。财务管理环境是企业财务决策难以改变的外部约束条件，企业财务决策更多的是适应该环境。财务管理环境主要涉及法律、金融市场、经济及技术等主要环境。

一、法律环境

在市场经济条件下，企业财务管理的法律环境，是指与外部发生经济关系时所应遵守的各种法律法规和规章。企业在其经营活动中，要和国家、其他企业或社会组织、企业员工或其他公民及国外经济组织或个人发生经济关系，此时，法律既约束企业非法经济行为，也为企业从事各种合法经济活动提供保护。

按照对企业财务管理内容的影响，国家相关法律法规可以分为如下三大类：

（1）影响企业筹资活动的各种法规，主要有公司法、证券法、民法典等。这些法规可以从不同方面规范或制约企业的筹资活动。

（2）影响企业投资活动的各种法规，主要有证券法、公司法、企业财务通则等。这些法规从不同角度规范企业的投资活动。

（3）影响企业收益分配活动的各种法规，主要有税法、公司法、企业财务通则等。这些法规从不同方面对企业收益分配进行了规范。

另外，法律环境对企业的影响是多方面的，影响范围包括企业组织形式、公司治理结构、投融资活动、日常经营、收益分配等。《中华人民共和国公司法》（以下简称《公司法》）规定，企业可以采用独资、合伙、公司制等企业组织形式。企业组织形式不同，业主（股东）权利责任、企业投融资、收益分配、纳税、信息披露等不同，公司治理结构也不同。上述不同种类的法律法规、规章分别从不同方面约束企业的经济行为，对企业财务管理产生影响。

二、金融市场环境

金融市场是指资金供应者和资金需求者双方通过一定金融工具进行交易而融通资金的场所。金融市场的构成要素包括资金供应者和资金需求者、金融工具、交易价格、组织方式等。金融市场为企业融资和投资提供场所，可以帮助企业实现长短期资金转换，引导资本流向和流量，提高资本使用效率。

（一）金融市场是企业筹资和投资的场所

金融市场上有许多筹集资金的方式，这些方式都比较灵活。企业需要资金时，可以到金融市场上选择适合自身需要的方式筹资。企业有了剩余资金，也可以灵活选择投资方式，为其资金寻找出路。

（二）企业通过金融市场使长短期资金互相转换

企业持有的股票和债券属于长期投资的，在金融市场上随时可以转手变现，成为短期资金；远期票据通过贴现，可变为现金；大额可转让定期存单，可以在金融市场上卖出，成为短期资金。与此相反，短期资金也可以在金融市场上转换为股票、债券等长期投资。

（三）金融市场为企业理财提供有意义的信息

金融市场利率变动，反映资金供求状况；有价证券市场行情反映投资者对企业经营状况和盈利水平的评价。这些都是企业经营和投资的重要依据。

三、经济环境

在影响财务管理的各种外部环境中，经济环境是最为重要的。经济环境的内容十分广泛，包括经济发展水平、经济周期、通货膨胀水平、宏观经济政策及经济体制等。

（一）经济发展水平

企业财务管理与经济发展水平密切相关。经济发展水平提高，促使企业财务管理能力提升、企业成本降低，提高企业的生产经营效益，从而提高经济发展水平；与之对应的是，经济发展水平提高，推动企业改变财务战略、更新财务理念、优化财务手段等。因此，经济发展水平是企业财务管理的基础。

（二）经济周期

在市场经济条件下，经济发展与运行带有一定的波动性，即表现为经济周期。经济周期大体上经历复苏、繁荣、衰退和萧条四个阶段。

企业在不同的经济周期阶段应采用不同的财务管理战略。西方财务学者探讨了经济周期中的财务管理战略，现择其要点归纳，见表1-1。

表1-1　　　　　　　　　　　经济周期中企业的财务管理战略

复苏阶段	繁荣阶段	衰退阶段	萧条阶段
1.增加厂房设备	1.扩充厂房设备	1.停止扩张	1.建立投资标准
2.实行长期租赁	2.继续储备存货	2.出售多余设备	2.保持市场份额
3.储备存货	3.提高产品价格	3.停产不利产品	3.压缩管理费用
4.开发新产品	4.制定营销规划	4.停止长期采购	4.放弃次要利益
5.增加劳动力	5.增加劳动力	5.削减存货	5.削减存货
		6.停止扩招雇员	6.裁减雇员

（三）通货膨胀水平

通货膨胀不仅对消费者不利，也给企业财务管理带来很多困扰。例如，在通货膨胀初期，货币面临贬值风险，这时企业进行投资可以避免风险，实现资本保值；与客户签订长期购货合同，以减少物价上涨造成的损失；举借非流动负债，保持资本成本稳定。在通货膨胀持续期，企业可以采用比较严格的信用条件，减少企业债权；调整财务政策，防止和减少企业资本流失等。

（四）宏观经济政策

政府具有较强的宏观经济调控能力，主要表现为国民经济发展规划、国家产业政策、经济体制改革措施、政府行政法规等，这些都对企业财务管理产生重大影响。

问题的复杂性在于政府政策会因经济状况的变化而调整。企业在进行财务决策时，应为这种变化留有余地，甚至要预测变化趋势，这样做有利于企业开展财务管理活动。

（五）经济体制

在市场经济条件下，企业作为"自主经营、自负盈亏"的微观经济实体，具有独立的经营权和理财权。在具体经营过程中，企业可以从其自身需要出发，合理确定资金需要量，然后到市场上筹集资金，再把筹集到的资金投资到高效益的项目上获取更大收益，最后将收益根据需要进行分配，使企业自始至终依据自身的条件和外部环境做出各种财务决策并组织实施。

四、技术环境

企业财务管理的技术环境，是指企业财务管理得以实现的技术手段和技术条件，它决定企业财务管理的效率和效果。一直以来，会计信息系统是企业财务管理技术环境中的一项重要内容。在企业内部，会计信息主要提供给管理层决策使用；而在企业外部，会计信息主要提供给企业的投资者、债权人等使用。

随着数据科学、机器人流程自动化等机器智能技术不断应用到财务管理领域（如财务共享），企业财务管理的技术环境更容易实现"数（即财务数据）"出一门、资源共享，便于不同信息使用者获取、分析和利用，以便他们进行投资和相关决策。

大数据、人工智能等新一代现代信息技术正在推动财务共享模式下财务管理体系不断变化。财务共享模式下的企业财务管理融入了大数据、智能化的理念，创建并优化了高效而智能的业务流程，使企业的各项管理活动和经济业务更加灵活有效，并在加强风险管控、提高会计服务效率、提供经营决策信息等方面发挥了重要作用。

●●● 思政园地

树立大局意识，增强社会责任感，形成正确的价值观

企业作为社会主义市场经济的重要微观主体，必须在社会主义市场经济发展中找准市场定位，顺应社会主义市场经济发展大势，在创造财富、依法使利润最大化的过程中，增强社会责任感，承担对员工、投资者、债权人、消费者、社会公众、环境和资源等的社会责任。同时，企业必须依法向国家缴纳税款，使员工、投资者、债权人、社会公众等利益相关方的权益得到保障，在促进社会和谐稳定、社会经济高质量发展中践行社会主义核心价值观。

●●● 即测即评

第一章单项选择题　　　　　　第一章多项选择题　　　　　　第一章判断题

第二章 货币时间价值与风险分析

【学习目标与要求】

通过本章学习，深入理解货币时间价值的概念，掌握货币在不同时点上的价值变化原理；掌握一次性收付款项货币时间价值、等额系列收付款项货币时间价值的计算方法，以及不等额系列款项的货币时间价值、折现率和实际利率的计算方法；理解风险的定义，了解风险的分类及衡量方法，掌握风险价值的计量、投资报酬率与风险程度的关系。

【价值塑造目标】

通过本章学习，培养对货币时间价值和风险分析的敏感性和理性思维；认识货币时间价值对于财务决策的重要性，学会在财务规划中充分考虑时间因素，优化资金配置，提高资金使用效率；理解风险与收益之间的关系，学会在追求收益的同时，合理评估和控制风险，形成稳健的财务决策风格。通过学习货币时间价值与风险分析，提升财务管理能力，为企业和个人创造更大的价值。

【案例导入】

四通股份：闲置资金投资理财产品①

一、四通股份简介

广东四通集团股份有限公司（以下简称四通股份）是一家集研发、设计、生产、销售于一体的新型家居生活陶瓷供应商，产品覆盖日用陶瓷、卫生陶瓷、艺术陶瓷等全系列家居生活用瓷；是国家高新技术企业、国家文化出口重点企业、中国厨卫行业百强企业；是广东省创新型企业、广东省优势传统产业转型升级示范龙头企业。四通股份以"全球家居生活陶瓷供应商"作为企业愿景，将传统工艺和现代技术紧密结合，通过资源综合利用、废瓷回收、节能降耗降低生产成本，通过全系列家居生活陶瓷产品为客户提供一站式采购服务，通过器型、材质、装饰、工艺的创新引领市场需求。四通股份自成立以来，依托自主研发、技术创新与积累沉淀，已发展成为本土少数具备提供系列化优质生活陶瓷产品的名牌企业之一。

---

① 根据四通股份官方网站（https://www.gree.com/）及《广东四通集团股份有限公司关于公司使用闲置募集资金购买理财产品的进展公告（公告编号：2019-056）》编写。

二、闲置资金投资理财产品概况

2019年8月，四通股份以部分闲置募集资金30 000 000元在中国民生银行股份有限公司汕头分行购买了保本浮动收益型理财产品。理财产品具体情况如下：

（1）产品名称：挂钩利率结构性存款（SDGA191018）。

（2）理财金额：30 000 000元。

（3）预期年化收益率：3.55%。

（4）本期起始日：2019年8月21日。

（5）本期到期日：2019年9月30日。

（6）理财期限：40天。

（7）产品收益类型：保本浮动收益型。

为控制风险，理财产品发行主体是能够提供保本承诺的银行、券商等金融机构，投资品种是安全性高、流动性好、保本型理财产品。上述产品预期年化收益率高于同等期限银行存款利率。在额度范围内，四通股份董事会授权管理层办理相关事宜，具体由财务部负责组织实施。四通股份财务部根据募集资金投资项目进展情况，针对理财产品的安全性、期限和收益情况选择合适的理财产品，由财务负责人进行审核后提交董事长审批。

说明：购买理财产品的交易对方为中国民生银行股份有限公司，与四通股份不存在产权、业务、资产、债权债务、人员等方面的其他关系。

思考与分析：四通股份在委托投资理财产品时，应如何从收益和风险两个方面进行选择？

第一节　货币时间价值

在财务活动中，企业为了实现财务管理目标，应树立一些基本的财务管理观念。货币时间价值、现金流量及投资风险价值是现代企业财务管理中的三个基本观念。这些观念在筹资、投资、营运资金及收益分配等主要财务活动中都必须考虑，这也是财务管理贯彻收付实现制①的基础。

一、货币时间价值概念

货币时间价值，是指货币经历一定时间投资和再投资所增加的价值。在商品经济中，今天的1元货币与1年后的1元货币在经济价值上往往不相同。假设在无通货膨胀、无风险条件下，今天的1元货币体现的经济价值在数量上要比1年后的1元大，为何会出现如此情况？为了更好地理解这个问题，假设将今天的1元存入银行，银行存款年利率为10%，经过1年时间，这1元货币将增加0.1元价值（1×10%）（也就是利息）。所以，今天的1元到1年后变成了1.1元，增加的0.1元就是货币时间价值。由此可以看出，不同时点单位货币价值不相等，这使得不同时点发生货币的收入或支出不能直接进行比较，需要把

---

① 收付实现制，又称现金制或实收实付制，是以现金收到或付出为标准，记录收入的实现和费用的发生。按照收付实现制的要求，凡在本期实际收到现金的收入，不论其是否归属于本期，均应作为本期的收入处理；凡在本期实际以现金付出的费用，不论其是否在本期收入中取得补偿，均作为本期的费用处理。

它们换算到相同时点上再进行比较。

在上述例子中，银行存款年利率10%及0.1元增加值都体现了货币时间价值。这就涉及货币时间价值的表现形式。货币时间价值表现形式有两种：一种是绝对数形式，即货币时间价值额；另一种是相对数形式，即货币时间价值率。上述例子中产生的0.1元为货币时间价值额，10%为货币时间价值率。为了便于不同数量货币时间价值的比较，在实务中常用相对数表示货币时间价值。

微课2-1

货币时间
价值的概念

为了更加清晰地比较不同时点的货币价值，一般用"终值"和"现值"两个概念来表示。终值（Future Value，FV），又称将来值、未来值或本利和，是指现在投入的一定量资金在未来某一时点上的价值。现值（Present Value，PV），又称本金，是指未来某一时点上的一定量资金折合到现在的价值。

二、一次性收付款项货币时间价值

一次性收付款项，是指企业发生的货币在某一特定时点一次性支付（或收取），经过一段时间后再一次性收取（或支付）的款项，如银行定期存款等。一次性收付款项的计量方法包括单利与复利。

（一）单利终值与现值

单利，是指每期只对本金计算利息，而不将以前各期产生的利息累加到本金中去计算利息的一种计算方法，即息不再生息。

1.单利终值

单利终值，是指某一特定金额货币在单利计息条件下经过若干期后的本利和。

假定在第一期期初投入本金金额为PV，每期利率均为i（如图2-1所示）。

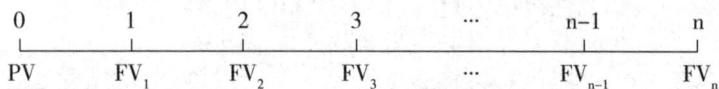

图2-1　单利各期终值

第一期终值：$FV_1 = PV + PVi = PV(1 + i)$

第二期终值：$FV_2 = FV_1 + PVi = PV + PVi + PVi = PV(1 + 2i)$

第三期终值：$FV_3 = FV_2 + PVi = PV + PVi + PVi + PVi = PV(1 + 3i)$

$\vdots$

第（n-1）期终值：$FV_{n-1} = PV + \underbrace{PVi + \cdots + PVi}_{(n-1)项} = PV[1 + (n-1)i]$

第n期终值：$FV_n = FV_{n-1} + PVi = PV + \underbrace{PVi + \cdots + PVi}_{n项} = PV(1 + ni)$

根据上述计算可以推导出单利终值的计算公式为：

$FV = PV(1 + ni)$（其中n = 1，2，3，…）

【例2-1】某企业现在存入银行100 000元，银行存款年利率为5%，采用单利计息，则第五年年末的本利和是多少？

$FV = PV(1 + ni) = 100\,000 \times (1 + 5 \times 5\%) = 125\,000$（元）

2.单利现值

单利现值，是指若干年后的某一特定金额在单利计息条件下的现在价值。单利现值可用单利终值倒求本金的方法计算。由终值求现值叫作折现。

单利现值的一般计算公式为：

$$PV = \frac{FV}{1 + ni}（其中n = 1，2，3，\cdots）$$

【例2-2】某企业希望在5年之后获得120 000元，需要现在一次性存入多少元？假设银行存款年利率为5%，采用单利计息。

$$PV = \frac{FV}{1 + ni} =（120\ 000）/（1+5×5\%）=96\ 000（元）$$

（二）复利终值与现值

复利，是指每经过一个计息期，都要将以前各期所生利息加入本金再计利息，逐期滚算，俗称"利滚利"。计息期，是指相邻两次计息的时间间隔，如年、月、日等。除非特别指明，计息期通常为1年。

1.复利终值

复利终值，是指一定本金按复利计算若干期后的本利和。根据图2-1，复利终值的计算推导如下：

第一年终值：$FV_1 = PV + PVi = PV(1 + i)$

第二年终值：$FV_2 = FV_1 + FV_1 i = PV(1 + i) + PV(1 + i)i = PV(1 + i)^2$

第三年终值：$FV_3 = FV_2 + FV_2 i = PV(1 + i)^2 + PV(1 + i)^2 i = PV(1 + i)^3$

$\vdots$

第n年终值：$FV_n = FV_{n-1} + FV_{n-1} i = PV(1 + i)^{n-1} + PV(1 + i)^{n-1} i = PV(1 + i)^n$

根据上述计算可以推导出复利终值的一般计算公式为：

$$FV = PV(1 + i)^n = PV(F/P，i，n)（其中n = 1，2，3，\cdots）$$

式中：$(1 + i)^n$为复利终值系数或称1元复利终值，也可以写成$(F/P，i，n)$。例如，$(F/P，5\%，10)$表示利率为5%的10期复利终值系数。复利终值系数可以通过查阅本教材的附表一"复利终值系数表"获取。

【例2-3】某企业存入银行100 000元，假定银行存款年利率为6%，采用复利计息，存款期限为5年，第五年年末该企业能获得多少元？

此例为求复利终值。

$$FV = PV(1 + i)^n = PV(F/P，i，n) = 100\ 000 × (1 + 6\%)^5$$
$$= 100\ 000×（F/P，6\%，5）= 100\ 000×1.3382 = 133\ 820（元）$$

2.复利现值

复利现值，是指若干年后某一特定金额按复利计算的现在价值，实际上是倒求本金。复利现值的计算公式可由复利终值的计算公式导出：

$$PV = FV\frac{1}{(1 + i)^n} = FV(P/F，i，n)（其中n = 1，2，3，\cdots）$$

式中：$\frac{1}{(1 + i)^n}$为复利现值系数或称1元复利现值，用符号$(P/F，i，n)$来表示。例如，$(P/F，5\%，10)$表示利率为5%时10期的复利现值系数。复利现值系数可以通过查阅本教材的附表二"复利现值系数表"获取。

【例2-4】某企业现在投资一个项目，5年后可得投资收益100 000元，假设投资年收益率为6%，采用复利计算，那么，该企业现在需投入多少元？

$$PV=FV\frac{1}{(1+i)^n}=FV（P/F，i，n）=\frac{100\,000}{(1+6\%)^5}=100\,000×（P/F，6\%，5）$$

$$=100\,000×0.7473=74\,730（元）$$

三、等额系列收付款项货币时间价值

等额系列收付款项，是指企业每期发生相同金额的收付款项。如企业存在的各种偿债基金、折旧费、租金等。财务管理中比较典型的等额系列收付款项形式为年金。

年金（Annuity，A），指等额、定期的系列收付款项。例如，分期等额偿还贷款、分期支付工程款、分期付款赊购、每年相同的销售收入、发放养老金等，都属于年金的形式。

年金必须同时具备以下三个特征：第一，同额，各期发生的款项必须相等。第二，同向，如果是收入资金，则各期均为收入；反之，则各期均为支出。各期资金收付方向必须相同。第三，同距，各期收付款发生的时间间隔必须相等。

年金按照收付时点与方式不同，可以分为普通年金、先付年金、递延年金与永续年金等。

（一）普通年金

普通年金，又称后付年金，是指在各期期末收付的年金。普通年金的具体形式如图2-2所示，其中，A表示年金金额，横线表示时间长度，横线上方数字表示各期时点序号（各期期末和下一期期初）。

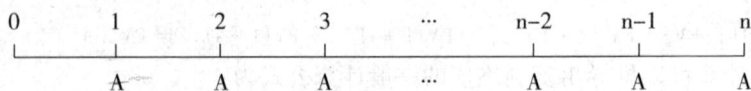

图2-2 普通年金的收付形式

1.普通年金终值

普通年金终值，是一定时期内每期期末等额收付款项的复利终值之和。普通年金终值犹如等额零存整取的本利和。

计算普通年金终值，应首先计算出每期期末等额收付款项的复利终值，然后把各期的复利终值之和汇总起来，这就是普通年金终值。其计算过程如图2-3所示。

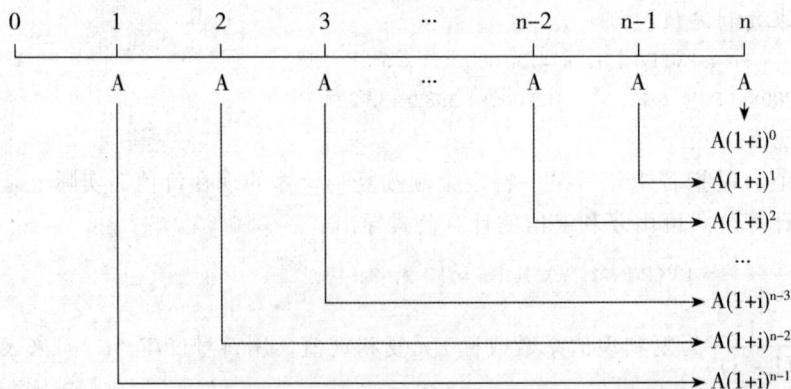

图2-3 普通年金终值计算示意图

根据图 2-3，若每年支付金额为 A，利率为 i，期数为 n，则普通年金终值的一般计算公式如下：

$$FV = A(1+i)^0 + A(1+i)^1 + A(1+i)^2 + \cdots + A(1+i)^{n-3} + A(1+i)^{n-2} + A(1+i)^{n-1} \tag{2-1}$$

$$= A[(1+i)^0 + (1+i)^1 + (1+i)^2 + \cdots + (1+i)^{n-3} + (1+i)^{n-2} + ((1+i)^{n-1}]$$

对式（2-1）进行整理，有两种方式：

方式一：在原来等式两边乘以 $(1+i)$：

$$FV(1+i) = A(1+i)^1 + A(1+i)^2 + \cdots + A(1+i)^{n-3} + A(1+i)^{n-2} + A(1+i)^{n-1} + A(1+i)^n \tag{2-2}$$

将式（2-2）-式（2-1）得：

$$FVi = A(1+i)^n - A(1+i)^0$$

整理得：

$$FV = A\frac{(1+i)^n - 1}{i} \tag{2-3}$$

方式二：利用等比数列前 n 项求和公式，同样可以得出式（2-3）的结果。

因此，普通年金终值表达式如下：

$$FV = A\frac{(1+i)^n - 1}{i} = A(F/A, \ i, \ n)$$

式中：FV 为年金终值；A 为每次等额收付款项金额，即年金；i 为每期利率；n 为计息期数；$\frac{(1+i)^n - 1}{i}$ 为普通年金终值系数，也可以写成 $(F/A, \ i, \ n)$。普通年金终值系数可通过查阅本教材的附表三"年金终值系数表"获得。

【例 2-5】某企业为了建设一厂房现需要向银行借一笔款，银行要求该企业每年年末偿还 100 000 元，年利率为 7%，期限为 10 年，按复利计息，该笔借款到期本利和为多少元？

$$FV = A\frac{(1+i)^n - 1}{i} = A\left(\frac{F}{A}, \ i, \ n\right)$$

$$= 100\ 000 \times \left(\frac{F}{A}, \ 7\%, \ 10\right)$$

$$= 100\ 000 \times 13.816 = 1\ 381\ 600 \ (元)$$

2.偿债基金

偿债基金，是指为使年金终值达到既定金额每年应支付的年金金额。它是年金终值的逆运算。根据年金终值计算公式可推导出年偿债基金计算公式：

$$年偿债基金 = \frac{年金终值}{年金终值系数} \tag{2-4}$$

或　$A = \dfrac{FV}{(F/A, \ i, \ n)}$

【例 2-6】某企业为了能够偿还第十年年末到期债务 100 000 元，现在建立了相应的偿债基金，该企业从现在开始每年年末应当存入一笔金额，连续存 10 年。假设银行存款年利率为 6%，那么该企业每年年末应存入多少元？

由 $FV = A(F/A, \ i, \ n)$，得：

$$A = FV / (F/A, \ i, \ n)$$

$$= 100\ 000 \div \left(\frac{F}{A}, \ 6\%, \ 10\right)$$

$$= 100\ 000 \div 13.181 = 7\ 586.68 \ (元)$$

3.普通年金现值

普通年金现值，是指一定时期内每期期末等额收付款项的复利现值之和。

计算普通年金现值，应首先计算出每期期末等额收付款项的复利现值，然后把各期复利现值之和汇总起来，这就是普通年金现值。其计算过程如图2-4所示。

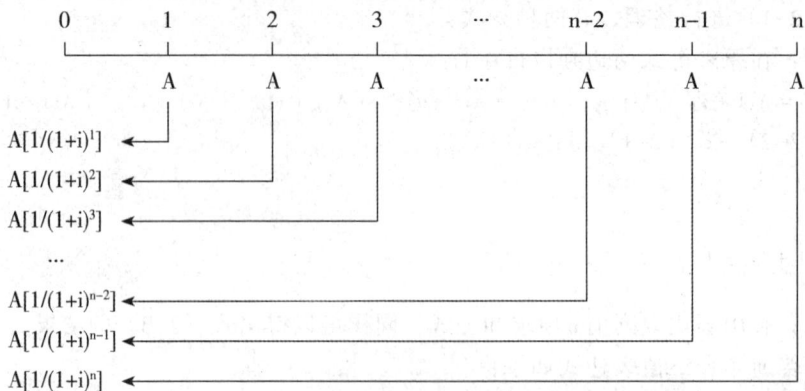

图2-4 普通年金现值计算示意图

普通年金现值的一般计算公式如下：

$$PV = A\left[\frac{1}{(1+i)^1}\right] + A\left[\frac{1}{(1+i)^2}\right] + A\left[\frac{1}{(1+i)^3}\right] + \cdots + A\left[\frac{1}{(1+i)^{n-2}}\right] + A\left[\frac{1}{(1+i)^{n-1}}\right] + A\left[\frac{1}{(1+i)^n}\right]$$

(2-5)

对式（2-5）进行整理，有两种方式：

方式一：在原来等式两边乘以（1+i）：

$$PV(1+i) = A + A\left[\frac{1}{(1+i)^1}\right] + A\left[\frac{1}{(1+i)^2}\right] + A\left[\frac{1}{(1+i)^3}\right] + \cdots + A\left[\frac{1}{(1+i)^{n-2}}\right] + A\left[\frac{1}{(1+i)^{n-1}}\right]$$

(2-6)

将式（2-6）-式（2-5）得：

$$PVi = A - A[1/(1+i)^n]$$

整理得：

$$PV = A\frac{1-(1+i)^{-n}}{i}$$

(2-7)

方式二：利用等比数列前n项求和公式，同样可以得出式（2-7）的结果。

因此，普通年金现值表达式如下：

$$PV = A\frac{1-(1+i)^{-n}}{i} = A(P/A, i, n)$$

式中：PV为年金现值；A为每次等额收付款项金额，即年金；i为每期利率；n为计息期数；$\frac{1-(1+i)^{-n}}{i}$为普通年金现值系数，也可以写成(P/A, i, n)。普通年金现值系数可通过查阅本教材的附表四"年金现值系数表"获得。

【例2-7】某企业现在存入银行一笔资金，从现在开始，连续5年每年年末支取100 000元。假如银行存款年利率为10%，该企业现在要存入多少元？

$$PV = A\frac{1-(1+i)^{-n}}{i} = A\left(\frac{P}{A}, i, n\right)$$

$$= 100\,000 \times \frac{1 - (1 + 10\%)^{-5}}{10\%}$$

$$=100\,000 \times (P/A,\ 10\%,\ 5)$$

$$=100\,000 \times 3.7908 = 379\,080\ (元)$$

【例2-8】甲企业拟投资建设一栋办公楼，需要从银行获得一笔贷款，贷款金额为100 000元，贷款期限为10年，银行贷款年利率为10%。双方约定从现在开始，甲企业每年年末支付一笔相同金额来偿还该笔贷款，甲企业每年年末应当偿还多少元？

由 $PV = A\dfrac{1 - (1 + i)^{-n}}{i} = A(P/A,\ i,\ n)$ 得：

$$A = PV\frac{i}{1 - (1 + i)^{-n}} = \frac{PV}{\left(\dfrac{P}{A},\ i,\ n\right)}$$

$$= 100\,000 \div \left(\frac{P}{A},\ 10\%,\ 10\right)$$

$$=100\,000 \div 6.1446 = 16\,274\ (元)$$

甲企业每年要偿还16 274元，才能在10年内还清贷款本利。

在上述计算过程中，$\dfrac{i}{1 - (1 + i)^{-n}}$ 是普通年金系数的倒数，也称为投资回收系数。

（二）先付年金

先付年金，又称即付年金、预付年金、期初年金，是指在一定时期内各期期初等额的系列收付款项。先付年金与普通年金的区别仅在于收付款时点不同、计息期不同。由于后付年金是最常用的普通年金，因此，年金终值和现值系数表是按后付年金编制的，为了便于计算和查表，应根据后付年金的计算公式，推导出先付年金的计算公式。

1.先付年金终值

先付年金终值，是一定时期内每期期初等额收付款项的复利终值之和。n期先付年金终值与n期普通年金终值之间的关系如图2-5所示。

根据图2-5，n期先付年金终值与n期普通年金终值付款次数相同，但由于收付款时点不同，n期先付年金终值每期均比n期普通年金终值多计一期利息。因此，在n期普通年金终值基础上乘以 $(1 + i)$ 就是n期先付年金终值。先付年金终值公式如下：

$$FV = A\frac{(1 + i)^n - 1}{i}(1 + i) = A\left[\frac{(1 + i)^{n+1} - 1}{i} - 1\right]$$

式中：$\left[\dfrac{(1 + i)^{n+1} - 1}{i} - 1\right]$ 为先付年金终值系数，它是在普通年金终值系数的基础上，期数加1，系数减1，可以记为 $[(F/A,\ i,\ n + 1) - 1]$。可以通过查阅本教材的附表三"年金终值系数表"得到 $(n + 1)$ 期年金终值系数，然后减去1，便可得到相对应的先付年金终值系数；也可以通过直接查n期普通年金终值系数然后乘以 $(1 + i)$ 计算得出。

上述公式也可简写成：

$$FV = A[(F/A,\ i,\ n + 1) - 1] = A(F/A,\ i,\ n)(1 + i)$$

n期先付年金终值

n期普通年金终值

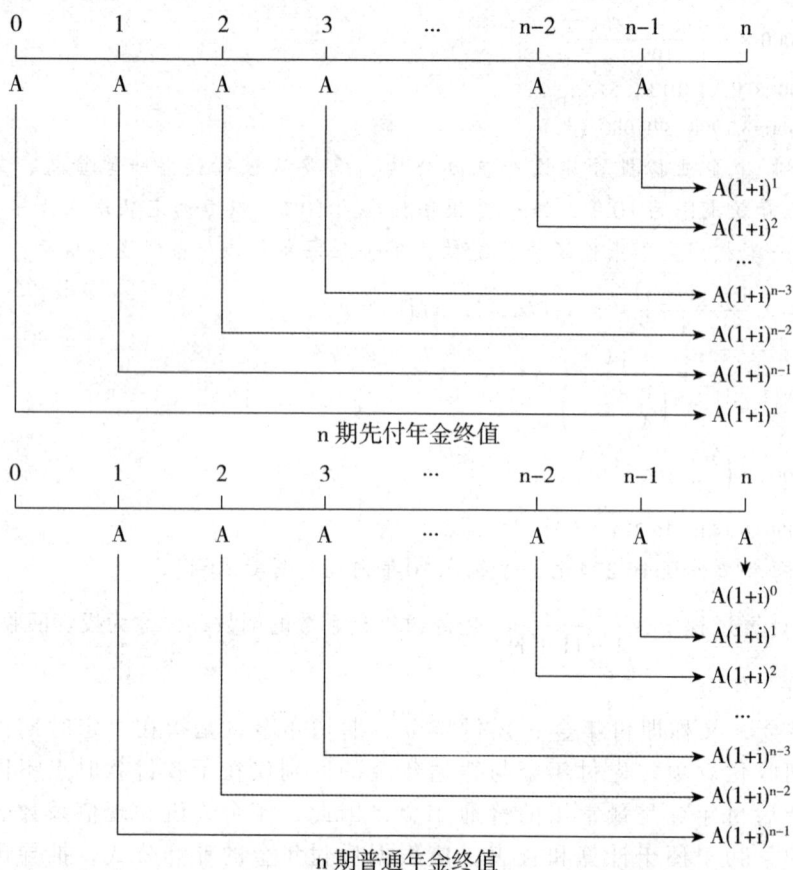

图2-5　先付年金终值与普通年金终值关系示意图

【例2-9】某企业投资有价证券，预计每年年初能够获得收益10 000元，投资报酬率为4%，投资期限为5年，该企业在第五年年末总共可收到多少元？

$$FV = A\left[\left(\frac{F}{A}, i, n+1\right) - 1\right]$$

$$= 10\ 000 \times \left[\left(\frac{F}{A}, 4\%, 6\right) - 1\right]$$

$$= 10\ 000 \times (6.6330 - 1) = 56\ 330\ (元)$$

或　　$$FV = A\left(\frac{F}{A}, i, n\right)(1 + i)$$

$$= 10\ 000 \times (F/A, 4\%, 5)(1 + 4\%)$$

$$= 10\ 000 \times 5.4163 \times (1+4\%) = 56\ 330\ (元)$$

需要注意的是，计算结果和分析对象之间的误差系小数点取舍所致，下同。

2.先付年金现值

先付年金现值，是一定时期内每期期初等额收付款项的复利现值之和。n期先付年金现值与n期普通年金现值之间的关系如图2-6所示。

根据图2-6，n期先付年金现值与n期普通年金现值的付款次数相同，但由于其付款时点不同，n期先付年金现值比n期普通年金现值少计算折现一次。因此，在n期普通年金现值基础上乘以(1 + i)就是n期先付年金的现值。先付年金现值计算公式如下：

n期先付年金现值

n期普通年金现值

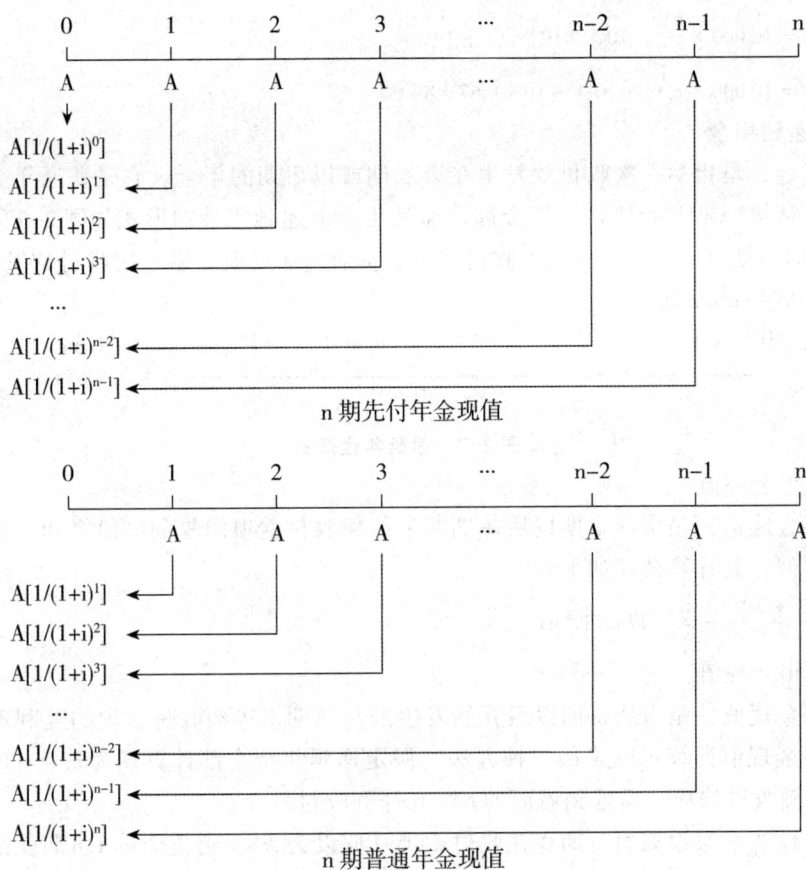

图2-6 先付年金现值与普通年金现值关系示意图

$$PV = A \frac{1-(1+i)^{-n}}{i}(1+i) = A\left[\frac{1-(1+i)^{-(n-1)}}{i}+1\right]$$

式中：$\left[\frac{1-(1+i)^{-(n-1)}}{i}+1\right]$为先付年金现值系数，它是在普通年金现值系数的基础上，期数减1，系数加1，可以记为$[(P/A, i, n-1)+1]$。可以通过查阅本教材的附表四"年金现值系数表"得到$(n-1)$期普通年金现值系数，然后加1，便可得到相对应的先付年金现值系数；也可以通过直接查n期普通年金现值系数，然后乘以$(1+i)$计算。

上述公式也可简写成：

$$PV = A[(P/A, i, n-1)+1] = A(P/A, i, n)(1+i)$$

【例2-10】京华企业在2023年向租赁公司租赁一台设备以满足生产A产品的需要，租赁协议规定：租赁期自2023年1月1日开始，期限为10年，承租方每年年初应向租赁公司支付租金10 000元。同期银行贷款年利率为10%，则京华企业在该租赁协议中所付租金相当于一次性支付多少金额？

$$PV = A\left[\left(\frac{P}{A}, i, n-1\right)+1\right]$$

$$= A\left(\frac{P}{A}, i, n\right)(1+i)$$

$$= 10\,000 \times [(P/A, 10\%, 9)+1]$$

$$= 10\,000 \times (5.759\,0+1) = 67\,590 \text{（元）}$$

或 $PV = 10\ 000 \times \left(\dfrac{P}{A}, 10\%, 10\right) \times (1 + 10\%)$

$= 10\ 000 \times 6.1446 \times (1 + 10\%) = 67\ 590$（元）

（三）递延年金

递延年金，是指第一次收付款发生在第二期或以后期的年金。它是普通年金的特殊形式，凡不是从第一期开始的普通年金都是递延年金。递延年金的形式如图2-7所示。在图2-7中，前面m期（m≥2）没有发生收付款项，m期为递延期，第一次收付款发生在第m+1期，一直到第m+n期。

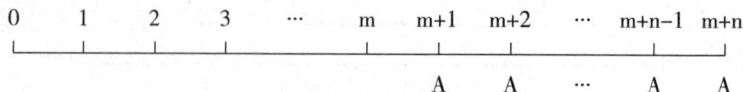

图2-7　递延年金形式

1.递延年金终值

递延年金终值，是指前m期以后每期期末等额收付款项的复利终值之和。计算方法与普通年金类似，其计算公式如下：

$$FV = A\frac{(1 + i)^n - 1}{i} = A(F/A, i, n)$$

2.递延年金现值

递延年金现值，是指从m期以后开始发生的每期期末等额收付款项的复利现值之和。

递延年金现值计算可以采用三种方法。假定递延年金全部计算期为m+n期，最初的m期没有等额收付款项，递延到后面的n期有等额收付款项。

（1）假设法。假设前面m期存在收付款项（假设为A），则整个m+n期就是普通年金求现值。先计算出整个m+n期普通年金现值，然后减去前m期假设的普通年金现值，即求得递延年金现值，如图2-8所示。

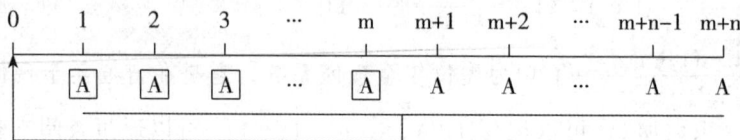

图2-8　递延年金现值计算示意图一

假设法的计算步骤为：

①m+n期普通年金现值。

$$PV_{m+n} = A\frac{1 - (1 + i)^{-(m+n)}}{i} = A(P/A, i, m+n)$$

②m期普通年金现值。

$$PV_m = A\frac{1 - (1 + i)^{-m}}{i} = A(P/A, i, m)$$

③递延年金现值。

$$PV = PV_{m+n} - PV_m = A\frac{1 - (1 + i)^{-(m+n)}}{i} - A\frac{1 - (1 + i)^{-m}}{i} = A\left[\frac{1 - (1 + i)^{-(m+n)}}{i} - \frac{1 - (1 + i)^{-m}}{i}\right]$$

或 $PV = A(P/A, i, m+n) - A(P/A, i, m) = A[(P/A, i, m+n) - (P/A, i, m)]$

递延年金现值的计算公式为：

$$PV = A\left[\frac{1-(1+i)^{-(m+n)}}{i} - \frac{1-(1+i)^{-m}}{i}\right] = A[(P/A,\ i,\ m+n) - (P/A,\ i,\ m)]$$

（2）两阶段法。在此方法下，将整个 m + n 期分为 m 递延期阶段与发生收付款项 n 期阶段，其中后 n 期为普通年金形式。先将 m + 1，m + 2，…，m + n − 1，m + n 共 n 期各期发生的收付款项求普通年金现值至 m 期期末，然后将此现值再复利求现值至期初，如图 2-9 所示。

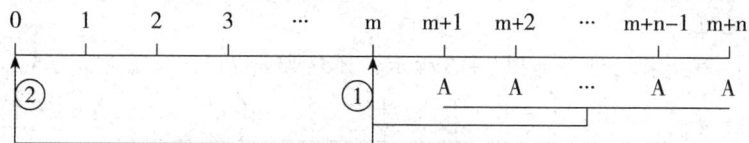

图2-9 递延年金现值计算示意图二

图2-9进一步可以分解为图2-10和图2-11。

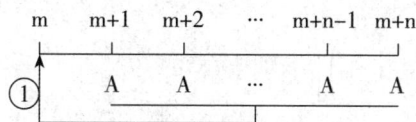

图2-10 n期普通年金现值

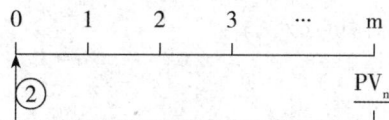

图2-11 m期复利现值

①n期普通年金现值如图2-10所示。

$$PV_n = A\frac{1-(1+i)^{-n}}{i} = A(P/A,\ i,\ n)$$

②m期复利现值如图2-11所示。

$$PV = PV_n(P/F,\ i,\ m) = A\frac{1-(1+i)^{-n}}{i}(P/F,\ i,\ m) = A(P/A,\ i,\ n)(P/F,\ i,\ m)$$

则递延年金现值的计算公式为：

$$PV = A(P/A,\ i,\ n)(P/F,\ i,\ m)$$

（3）终值折现法。先将 n 期普通年金求至 m + n 期期末终值，然后将该终值计算至期初复利现值，如图2-12所示。

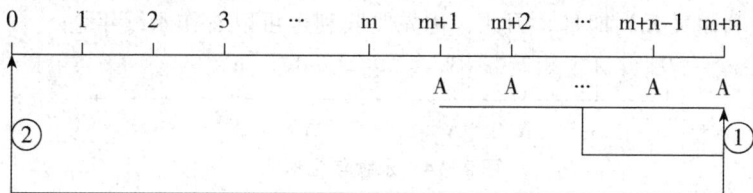

图2-12 递延年金现值计算示意图三

①m + n 期终值。

$$FV_{m+n} = A\frac{(1+i)^n - 1}{i} = A(F/A,\ i,\ n)$$

②将 FV_{m+n} 复利折现至期初现值 PV_0。

$$PV_0 = FV_{m+n}(P/F,\ i,\ m+n) = A\frac{(1+i)^n - 1}{i}(P/F,\ i,\ m+n)$$

或　$PV_0 = A(F/A, i, n)(P/F, i, m+n)$

递延年金现值的计算公式为：

$$PV = A\frac{(1+i)^n - 1}{i}(P/F, i, m+n) = A(F/A, i, n)(P/F, i, m+n)$$

【例2-11】某企业目前开始一个新建项目，施工期为3年，从第四年开始投产，第四年至第八年每年年末的收益均为100万元，同行业该项目投资收益率为8%，试计算该项目未来收益的现值。

这属于递延年金求现值，如图2-13所示，递延期m为3，收益期n为5。

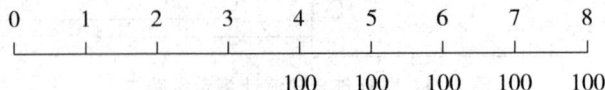

图2-13　项目投资各期收益

方法一：

$$PV = A\left[\left(\frac{P}{A}, i, m+n\right) - \left(\frac{P}{A}, i, m\right)\right]$$

$$= 100 \times \left[\left(\frac{P}{A}, 8\%, 8\right) - \left(\frac{P}{A}, 8\%, 3\right)\right]$$

$$= 100 \times (5.7466 - 2.5771) = 316.95（万元）$$

方法二：

$$PV = A\left(\frac{P}{A}, i, n\right)\left(\frac{P}{F}, i, m\right)$$

$$= 100 \times (P/A, 8\%, 5)(P/F, 8\%, 3)$$

$$= 100 \times 3.9927 \times 0.7938 = 316.94（万元）$$

方法三：

$$PV = A\left(\frac{F}{A}, i, n\right)\left(\frac{P}{F}, i, m+n\right)$$

$$= 100 \times (F/A, 8\%, 5)(P/F, 8\%, 8)$$

$$= 100 \times 5.8666 \times 0.5403 = 316.97（万元）$$

（四）永续年金

永续年金，是指无限期连续等额收付的年金，属于普通年金的特殊形式，如图2-14所示。在实务中，有些国家发行了无期债券，这些债券利息可以视为永续年金；优先股因为有固定的股利而又无到期日，因此，优先股股利也可以看作永续年金。

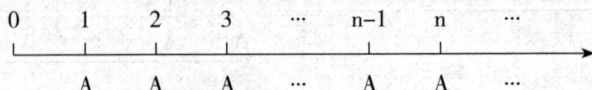

图2-14　永续年金形式

1.永续年金终值

永续年金由于n趋于无穷，没有终点，所以没有终值。

2.永续年金现值

由于永续年金是普通年金在n趋于无穷情况下的特殊形式，因此，永续年金现值可以通过普通年金现值计算公式导出：

$$PV = A\frac{1-(1+i)^{-n}}{i}$$

当 n → ∞ 时，$\lim\limits_{n \to \infty} \dfrac{1}{(1+i)^n} = 0$，故永续年金计算公式为：

$$PV = \frac{A}{i}$$

【例2-12】某公益企业为资助贫困学生上学，准备建立永久资助基金，每年从基金中支出100万元。若银行存款年利率为10%，该公益企业现在应一次性存入多少万元？

$$PV = \frac{A}{i} = 100 \div 10\% = 1\ 000\ （万元）$$

四、货币时间价值特殊问题

（一）不等额系列款项

不等额系列款项，是指在相同间隔期间每期发生的收付不相等的款项，如图2-15所示，$A_1 \neq A_2 \neq A_3 \neq \cdots \neq A_{n-2} \neq A_{n-1} \neq A_n$。

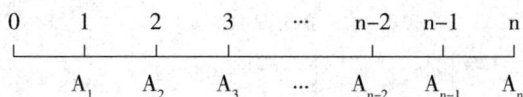

图2-15　不等额系列款项收付形式

1.不等额系列款项终值

不等额系列款项终值，是由每期期末发生的收付款项复利求终值汇总得出的，计算公式如下：

$$FV = A_1(1+i)^{n-1} + A_2(1+i)^{n-2} + A_3(1+i)^{n-3} + \cdots + A_{n-2}(1+i)^2 + A_{n-1}(1+i)^1 + A_n(1+i)^0$$

【例2-13】某企业于2021年1月1日投资一上市企业股票，同类股票年投资报酬率为8%，准备持有6年，每年年末获得每股现金股利情况见表2-1。

表2-1　　　　　　　　　　上市企业股票每年分配的现金股利情况　　　　　　　　　　单位：元

年份	2021	2022	2023	2024	2025	2026
每股现金股利	5	5	4	4.5	4.5	4

该股票6年产生的每股现金股利终值为：

$$\begin{aligned}FV &= A_1(1+i)^{n-1} + A_2(1+i)^{n-2} + A_3(1+i)^{n-3} + \cdots + A_{n-2}(1+i)^2 + A_{n-1}(1+i)^1 + A_n(1+i)^0 \\ &= 5 \times (1+8\%)^5 + 5 \times (1+8\%)^4 + 4 \times (1+8\%)^3 + 4.5 \times (1+8\%)^2 + 4.5 \times (1+8\%)^1 + 4 \times (1+8\%)^0 \\ &= 5 \times 1.4693 + 5 \times 1.4116 + 4 \times 1.2597 + 4.5 \times 1.1664 + 4.5 \times 1.0800 + 4 = 33.55\ （元）\end{aligned}$$

2.不等额系列款项现值

不等额系列款项现值是由每期期末发生收付款项复利计算现值汇总得出的，计算公式如下：

$$PV = \frac{A_1}{1+i} + \frac{A_2}{(1+i)^2} + \frac{A_3}{(1+i)^3} + \cdots + \frac{A_{n-2}}{(1+i)^{n-2}} + \frac{A_{n-1}}{(1+i)^{n-1}} + \frac{A_n}{(1+i)^n}$$

【例2-14】沿用【例2-13】，计算每股现金股利在2021年1月1日的现值。

$$\begin{aligned}PV &= \frac{A_1}{1+i} + \frac{A_2}{(1+i)^2} + \frac{A_3}{(1+i)^3} + \cdots + \frac{A_{n-2}}{(1+i)^{n-2}} + \frac{A_{n-1}}{(1+i)^{n-1}} + \frac{A_n}{(1+i)^n} \\ &= 5 \times (1+8\%)^{-1} + 5 \times (1+8\%)^{-2} + 4 \times (1+8\%)^{-3} + 4.5 \times (1+8\%)^{-4} + 4.5 \times (1+8\%)^{-5} + 4 \times (1+8\%)^{-6} \\ &= 5 \times 0.9259 + 5 \times 0.8573 + 4 \times 0.7938 + 4.5 \times 0.735 + 4.5 \times 0.6806 + 4 \times 0.6302 = 20.98\ （元）\end{aligned}$$

（二）折现率和实际利率

1.折现率

在复利计息方式下，所采用的利率严格意义上称为折现率，在数量上与现值（或者终值）系数之间存在一定关系。如已知现值或终值系数，可以通过直接查相应系数表得到折现率，但是在计算过程中，计算出来的现值或终值系数在相应系数表中往往很难找到对应的准确数字，此时就需要应用财务管理常用的插值法（也称内插法）计算得到对应的折现率。插值法主要用来估计利率与期限，在实务中也称为比例法。

【例2-15】某企业于2021年1月1日向银行借款100 000元，期限为9年，每年年末还本付息额均为20 000元，银行此笔贷款利率为多少？

$PV = A(P/A, i, n)$

$100\,000 = 20\,000 \times (P/A, i, 9)$

$(P/A, i, 9) = 100\,000 \div 20\,000 = 5$

查年金现值系数表，在 n=9 一行中无法找到相应的利率，那么，在该行寻找大于和小于5的年金现值系数，分别为 B_1=5.3282，B_2=4.9464，与之相对应的折现率分别 i_1=12%，i_2=14%。利用插值法，如图2-16所示。

$$
\begin{array}{ccc}
\text{折现率} & & \text{年金现值系数} \\
\left.\begin{array}{c} 12\% \\ ? \\ 14\% \end{array}\right\}? & 2\% & \left.\begin{array}{c} 5.3282 \\ 5 \\ 4.9464 \end{array}\right\} \begin{array}{c} -0.3282 \\ \\ \end{array} \bigg\} -0.3818
\end{array}
$$

图2-16　插值法示意图

由 $\dfrac{i - i_1}{i_2 - i_1} = \dfrac{B - B_1}{B_2 - B_1}$，得：

$i = i_1 + \dfrac{B - B_1}{B_2 - B_1} \times (i_2 - i_1) = 12\% + \dfrac{5 - 5.3282}{4.9464 - 5.3282} \times (14\% - 12\%) = 13.72\%$

2.实际利率

实际利率，也称有效年利率，是每年只复利一次的利率。与之相对应的是名义利率，是指每年复利次数超过一次的年利率。名义利率与实际利率可以相互转换。

假设某企业存入银行本金 PV，银行存款年利率为 r（名义利率），银行1年计息 m 次，则每次利率为 $\dfrac{r}{m}$；另假设这1年该企业存款的实际利率为 i。不管是以实际利率还是以名义利率复利，终值 FV 都是相等的，下面以第一年终值为例来推导实际利率与名义利率之间的关系。

根据复利终值计算公式可以得出：

$PV(1 + i) = PV\left(1 + \dfrac{r}{m}\right)^m$

整理得：

$i = \left(1 + \dfrac{r}{m}\right)^m - 1$

【例2-16】年利率为12%，按季度复利计息，则实际利率为多少？

$i = \left(1 + \dfrac{r}{m}\right)^m - 1 = \left(1 + \dfrac{12\%}{4}\right)^4 - 1 = 12.55\%$

第二节　风险分析

货币时间价值是在无风险和无通货膨胀情况下的投资报酬率，没有涉及风险问题，而企业的财务活动必须考虑风险问题。实证研究表明，投资报酬率的高低取决于投资风险，风险越高要求的报酬率越高。那么，投资风险如何计量？特定的风险需要多少报酬来补偿？这些问题都需要企业对风险有全面的认识。

一、风险定义及分类

（一）风险定义

风险是一个非常重要的财务概念。任何决策都存在风险，这使得风险观念在财务管理中具有普遍意义。风险最简单的定义为"发生财务损失的可能性"。发生损失的可能性越大，风险越高。

这种可能性的结果可能是好的，也可能是坏的，所以风险不仅可以带来超出预期的损失，也可能带来超出预期的收益。本教材中的风险定义为：风险是预期结果的不确定性。风险不仅包括负面效应的不确定性，还包括正面效应的不确定性。

风险的定义要求区分风险和危险。危险专指负面效应，是损失发生及程度的不确定性。企业在具体财务活动中，对于危险，需要识别、衡量、防范和控制，即对危险进行管理。而风险的范围比危险广泛，风险包括危险，危险只是风险的一部分。风险的另一部分是正面效应，可以称之为"机会"。对于机会，企业同样需要识别、衡量、选择和获取。企业财务活动不仅要管理危险，还要识别、衡量、选择和获取增加企业价值的机会。风险的定义反映了人们对财务现象更深刻的认识，也就是危险与机会并存。

（二）风险分类

由于企业自身的复杂性，风险承受主体又不尽相同，按照一定的标准对风险进行分类，有利于企业正确地认识风险，掌握风险的运动规律，有针对性地采用不同的风险对策，实现其财务管理目标。我们可以从不同角度对风险进行分类。

1.按风险来源分类

风险按照其来源，可分为系统风险和非系统风险。

（1）系统风险，是指那些由影响所有企业的因素引起的风险。比如战争、政治动荡、经济衰退、通货膨胀、高利率等非预期的变动，对许多资产都有影响。系统风险影响的资产非常多而且具有相似性，如各种股票处于同一经济系统之中，它们的价格变动有趋同性，多数股票的报酬率在一定程度上正相关。经济繁荣时，多数股票市场价格都上涨；经济衰退时，多数股票市场价格都下跌。尽管各种股票涨跌的幅度有区别，但是多数股票的变动方向是一致的。所以，不管投资多样化有多充分，也不可能消除全部系统风险。

由于系统风险是影响整个资本市场的风险，所以它也称为市场风险。系统风险对于微观主体来说，没有有效的消除方法，所以也称为不可分散风险。

（2）非系统风险，是指由发生于个别企业的特有事件造成的风险。例如，一家企业员工罢工、新产品开发失败、失去重要的销售合同、诉讼失败、宣告发现新矿藏、取得一份重要合同、出现债务危机等，这些事件是非预期的、随机发生的，但它只影响一家或少数企业，不会对整个市场产生太大影响。这种风险可以通过多元化投资组合来分散，即发生于一家企业的不利情况可以被其他企业的有利情况所抵消。

由于非系统风险是个别企业或个别资产所特有的，因此也称为特殊风险或特有风险。非系统风险可以通过多元化组合投资分散抵消，因此也称为可分散风险。

2.按风险具体内容分类

风险按照其具体内容，可分为经济周期风险、利率风险、购买力风险、经营风险、财务风险、违约风险、流动风险、再投资风险等。

（1）经济周期风险，是指由于经济周期变化而引起投资报酬变动的风险，投资者无法回避，但可设法减轻。

（2）利率风险，是指由于市场利率变动而使投资者遭受损失的风险。投资风险与市场利率的关系极为密切，两者呈反方向变化。

（3）购买力风险，又称通货膨胀风险，是指由于通货膨胀而使货币购买力下降的风险。

（4）经营风险，是指由于企业经营状况变化而引起盈利水平改变，从而导致投资报酬率下降的可能性。影响企业经营状况的因素很多，如市场竞争状况、政治经济形势、产品种类、企业规模、管理水平等。

（5）财务风险，是指因不同的筹资（融资）方式带来的风险。由于财务风险是筹资决策带来的，因此又称筹资风险。一般而言，企业资本结构决定企业财务风险高低，负债资本在总资本中所占的比重越大，企业财务杠杆效应越强，财务风险就越高。

（6）违约风险，又称信用风险，是指证券发行人无法按时还本付息而使投资者遭受损失的风险。违约风险源于证券发行人财务状况不佳时出现违约或破产的可能性。

（7）流动风险，又称变现力风险，是指无法在短期内以合理价格转让投资的风险。投资者在投资流动性差的资产时，总是要求获得额外的报酬以补偿流动风险。

（8）再投资风险，是指所持投资到期时再投资不能获得更好投资机会的风险。例如，年初长期债券利率为8%，短期债券利率为9%，投资者为减少利率风险而购买了短期债券；在短期债券到期收回时，若市场利率降到6%，这时的报酬率为6%，不如当初购买长期债券，现在仍可获得8%的报酬率。

二、风险衡量

在财务管理中，风险客观存在，需要企业通过相应的工具来衡量其大小。风险可以通过统计学中的概率工具进行定量衡量，具体测算风险应着重考虑下列因素：

（一）概率分布

概率是用来表示随机事件发生可能性大小的数值。在概率中，把必然发生的事件概率定为1，把不可能发生的事件概率定为0，而一项随机事件的概率介于0与1之间。概率越大，就表示该事件发生的可能性越大。如企业投资一个项目，其投资报酬率为10%的概率是0.5，意味着企业获得10%投资报酬率的可能性是50%。如果把与投资有关事件的所有可能结果都列出来，并且每一种结果都对应相应的概率，便构成了概率分布。

概率分布可以是离散的，也可以是连续的。在财务管理决策分析中，大多采用离散型概率分布。

所有概率分布都必须符合以下规则：（1）所有的概率（p_i）在0和1之间，即$0 \leqslant p_i \leqslant 1$；（2）所有的概率之和必须等于1，即$\sum_{i=1}^{n} p_i = 1$。

【例2-17】现有甲、乙两个项目供企业投资，当经济处于不同周期时，对应投资报酬率发生的概率分布见表2-2。

表2-2　　　　　　　　　　　　　　　投资项目报酬率及概率分布

经济情况	发生概率（p_i）	投资报酬率（K_i）	
		甲	乙
繁荣	0.3	16%	21%
正常	0.4	15%	14%
衰退	0.3	12%	8%

根据表2-2，概率表示每一种经济情况出现的可能性，也就是甲、乙两个项目各种不同投资报酬率出现的可能性。若未来经济情况出现繁荣的可能性为0.3，则甲、乙两个项目分别可获得16%、21%的投资报酬率。

（二）期望值

随机变量期望值（数学预期或均值），是指随机变量的各个取值与其相应概率为权数乘积的加权平均数。它反映随机变量取值平均化，是未来集中趋势的一种量度。其计算公式为：

$$\overline{K} = \sum_{i=1}^{n} (P_i \times K_i)$$

式中：P_i为第i种结果出现的概率，K_i为第i种结果出现后的投资报酬率，n为所有可能结果数。

根据表2-2可知甲、乙两个项目的概率分布，由此可计算出两个项目的期望值分别为（结果保留到个位）：

甲项目期望值（$\overline{K}_{甲}$）=0.3×16%+0.4×15%+0.3×12%=14%

乙项目期望值（$\overline{K}_{乙}$）=0.3×21%+0.4×14%+0.3×8%=14%

甲、乙两个项目期望值相等（即$\overline{K}_{甲}=\overline{K}_{乙}=14\%$），但其概率分布不同（如图2-17所示）。其中，甲项目投资报酬率分散程度小，变动范围在12%~16%；乙项目投资报酬率分散程度大，变动范围在8%~21%。这说明，虽然两个项目期望值相等，但风险不同。为了定量衡量风险高低，还需使用统计学中衡量概率分布离散程度的相应指标。

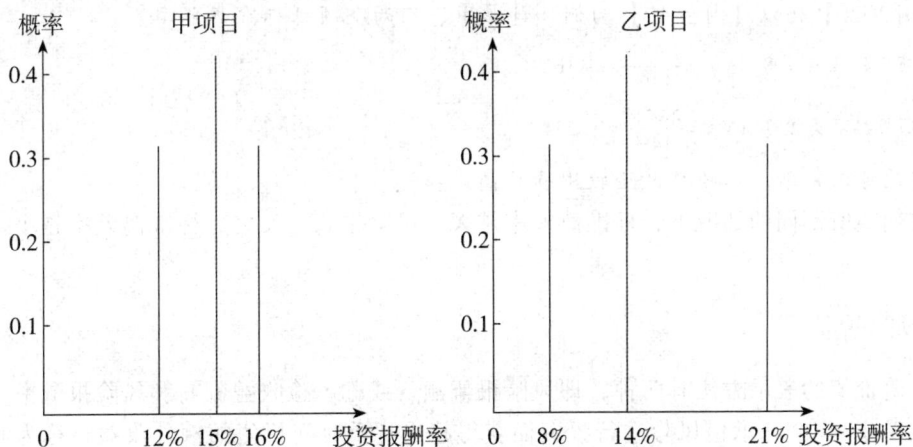

图2-17　甲、乙两个项目投资报酬率概率分布

（三）离散程度

离散程度是用以衡量风险高低的统计指标。一般来说，离散程度越大，风险越高；离散程度越小，风险越低。最常用的表示随机变量离散程度的指标是方差和标准差。

1.方差

方差是用来表示随机变量与期望值之间离散程度的一个量，通常用 δ^2 表示。方差的计算公式为：

$$\delta^2 = \sum_{i=1}^{n} (K_i - \overline{K})^2 \cdot P_i$$

【例2-18】沿用【例2-17】，计算甲、乙两个项目方差如下：

$\delta_{甲}^2 = (16\% - 14\%)^2 \times 0.3 + (15\% - 14\%)^2 \times 0.4 + (12\% - 14\%)^2 \times 0.3 = 0.0003$

$\delta_{乙}^2 = (21\% - 14\%)^2 \times 0.3 + (14\% - 14\%)^2 \times 0.4 + (8\% - 14\%)^2 \times 0.3 = 0.0026$

则 $\delta_{甲}^2 < \delta_{乙}^2$，说明甲项目风险比乙项目低。

2.标准差

标准差是方差的平方根，通常用 δ 表示。其计算公式为：

$$\delta = \sqrt{\sum_{i=1}^{n} (K_i - \overline{K})^2 \cdot P_i}$$

【例2-19】仍以【例2-17】为例，甲、乙两个项目标准差为：

$\delta_{甲} = \sqrt{(16\% - 14\%)^2 \times 0.3 + (15\% - 14\%)^2 \times 0.4 + (12\% - 14\%)^2 \times 0.3} = 1.67\%$

$\delta_{乙} = \sqrt{(21\% - 14\%)^2 \times 0.3 + (14\% - 14\%)^2 \times 0.4 + (8\% - 14\%)^2 \times 0.3} = 5.05\%$

甲项目标准差为1.67%，乙项目标准差为5.05%，同样可以比较出乙项目风险比甲项目高。

（四）标准离差率

有时对不同项目直接比较标准差往往不能准确判断其风险高低，此时需要剔除均值大小不相同的影响。为了解决这个问题，需要引入标准离差率（也称变化系数）指标。标准离差率是标准差与均值之比，是从相对角度进行差异和离散程度的比较。其计算公式为：

$$标准离差率（V）= \frac{\delta}{\overline{K}}$$

【例2-20】仍以【例2-17】为例，计算甲、乙两个项目标准离差率。

$$甲项目标准离差率（V）= \frac{1.67\%}{14\%} = 0.1162$$

$$乙项目标准离差率（V）= \frac{5.05\%}{14\%} = 0.3531$$

由此可以判断，乙项目风险较甲项目高。

在期望值不同的情况下，标准离差率越大，风险越高；反之，标准离差率越小，风险越低。

三、风险价值

风险价值的表示方法有两种，即风险报酬额（或称风险收益额）和风险报酬率（或称风险收益率）。企业承担风险进行投资而获得超出货币时间价值的额外收益，称为风险报酬额。风险报酬额与投资额的比值为风险报酬率。在实际工作中，风险价值通常用风险报酬率来计量。

在不考虑通货膨胀的情况下，企业期望报酬率包括两部分：一部分是无风险报酬率，即货币时间价值；另一部分是风险报酬率，即风险价值。其基本关系是：

投资报酬率＝无风险报酬率＋风险报酬率

风险报酬率＝风险报酬价值系数×风险程度

其中，风险程度用变化系数指标计量。风险报酬价值系数取决于全体投资者的风险回避态度，可以通过统计方法来测定。

投资报酬率＝无风险报酬率＋风险报酬价值系数×风险程度

式中：无风险报酬率是社会最低平均报酬率，如国债的报酬率。

投资报酬率与风险程度的关系如图2-18所示。

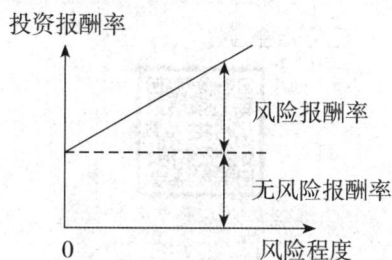

图2-18 投资报酬率与风险程度的关系

【例2-21】仍以【例2-17】为例，假定无风险报酬率为12%，风险报酬价值系数为10%，甲、乙两个项目的投资报酬率分别为：

甲项目的风险报酬率=10%×0.1162=1.16%

甲项目的投资报酬率=12%+1.16%=13.16%

乙项目的风险报酬率=10%×0.3531=3.53%

乙项目的投资报酬率=12%+3.53%=15.53%

●●● 思政园地

科学利用货币时间价值，强化风险意识

企业作为社会主义市场经济的微观主体，在遵守金融法规的前提下，要科学合理地利用货币时间价值，提高货币使用效益，充分评估和防范风险，为社会主义金融市场健康高质量发展做出贡献。

●●● 即测即评

第二章单项选择题

第二章多项选择题

第二章判断题

●●● 业务题

1.某企业拟购置一处房产，有两种付款方案：

（1）从现在起，每年年初支付25万元，连续支付10次，共计250万元；

（2）从第五年起，每年年初支付30万元，连续支付10次，共计300万元。

要求：假定该企业的资本成本为10%，哪种是较合适的方案？

2.某企业欲投资一个项目，有两种可供选择的投资方式：一种是一次性支付50万元；另一种是分次支付，从投资当年开始，每年年初支付20万元，支付3年，年利率为5%。

要求：选择最节约成本的投资方式。

3.A企业是一家矿业企业，现决定将一处矿产开采权公开拍卖，它向全球煤炭企业招标开矿。已知甲企业和乙企业的投标书最有竞争力。甲企业投标书显示：如果该企业取得开采权，从获得开采权的第一年开始，每年年末向A企业交纳10亿美元的开采费，直到10年后开采结束；乙企业投标书显示：该企业在取得开采权时，直接付给A企业40亿美元，在8年后开采结束时再付给A企业60亿美元。A企业要求的年投资报酬率为15%。

要求：A企业应选择甲企业还是乙企业？

第二章业务题参考答案

第三章 筹资管理

【学习目标与要求】

通过本章学习，了解企业资金来源的多样化和不同的取得方式，包括内部融资和外部融资的途径；深入理解权益性筹资和债务性筹资的具体内容，包括它们的方式、优缺点；掌握企业资金需求量预测的基本方法，如因素分析法、销售百分比法、资金习性预测法等，并能够根据企业的实际情况灵活运用这些方法，为企业的筹资决策提供科学依据。

【价值塑造目标】

通过本章学习，培养筹资管理意识和能力，认识筹资对企业经营的重要性；了解筹资不仅是筹集资金的过程，更是优化企业财务结构、降低筹资成本、控制财务风险的过程；学会根据企业实际情况，选择合适的筹资方式和渠道，制订科学的筹资计划，确保企业资金的充足性和流动性；形成稳健的筹资理念，注重筹资成本与效益的平衡，以最低的筹资成本为企业创造最大的价值。

【案例导入】

格力：资本结构变化与筹资关系[①]

一、格力简介

珠海格力电器股份有限公司（以下简称格力）成立于1991年，1996年11月在深交所挂牌上市。格力成立初期，主要是组装生产家用空调，现已发展成为多元化、科技型全球工业集团，产业覆盖家用消费品和工业装备两大领域，产品远销160多个国家和地区。

二、格力资产结构

（一）总资产结构

格力2019年资产总额为 28 297 215.75 万元。其中，流动资产为 21 336 404.1 万元，主要分布在货币资金、存货、其他流动资产等，在流动资产总额中占比分别为58.77%、11.29%和10.82%；非流动资产为 6 960 811.65 万元，主要分布在递延所得税资产和长期投资，分别占非流动资产的18.02%、10.86%。格力2017—2019年总资产结构见表3-1。

---

① 根据格力官方网站（https://www.gree.com/）及格力2017—2019年财务报告编写。

表3-1   格力2017—2019年总资产结构

项目	2019年		2018年		2017年	
	金额（万元）	百分比（%）	金额（万元）	百分比（%）	金额（万元）	百分比（%）
总资产	28 297 215.75	100	25 123 415.73	100	21 496 799.93	100
流动资产	21 336 404.1	75.40	19 971 094.88	79.49	17 153 464.62	79.82
长期投资	756 283.49	2.67	500 451.68	1.99	280 196.3	1.30
固定资产	0	0	1 837 417.72	7.31	17 467 37.15	8.13
其他	6 204 528.16	21.93	2 814 451.45	11.20	2 316 401.87	10.78

（二）流动资产构成

理论上，当企业持有货币性资产数额较大，占流动资产超过50%时，表明企业支付能力和应变能力较强，但应当关注货币性资产的投向。格力2017—2019年流动资产结构见表3-2。

表3-2   格力2017—2019年流动资产结构

项目	2019年		2018年		2017年	
	金额（万元）	百分比（%）	金额（万元）	百分比（%）	金额（万元）	百分比（%）
流动资产	21 336 404.1	100	19 971 094.88	100	17 153 464.62	100
存货	2 408 485.41	11.29	2 001 151.82	10.02	1 656 834.7	9.66
应收账款	851 333.45	3.99	769 965.9	3.86	581 449.16	3.39
其他应收款	0	0	29 659.06	0.15	25 282.57	0.15
交易性金融资产	95 520.86	0.45	101 247.04	0.51	0	0
应收票据	0	0	3 591 156.79	17.98	3 225 614.35	18.80
货币资金	12 540 071.53	58.77	11 307 903.04	56.62	9 961 043.17	58.07
其他	5 440 992.85	25.50	2 170 011.23	10.87	1 703 213.64	9.93

（三）总资产增减变化

格力2019年总资产为28 297 215.75万元，与2018年25 123 415.73万元相比有较大增长，具体来说，格力2017—2019年总资产变化如图3-1所示。

（四）资产增减变化原因

1.资产结构的合理性

从资产各项目与营业收入的比例关系来看，2019年应收账款所占比例基本合理，存货所占比例基本合理。

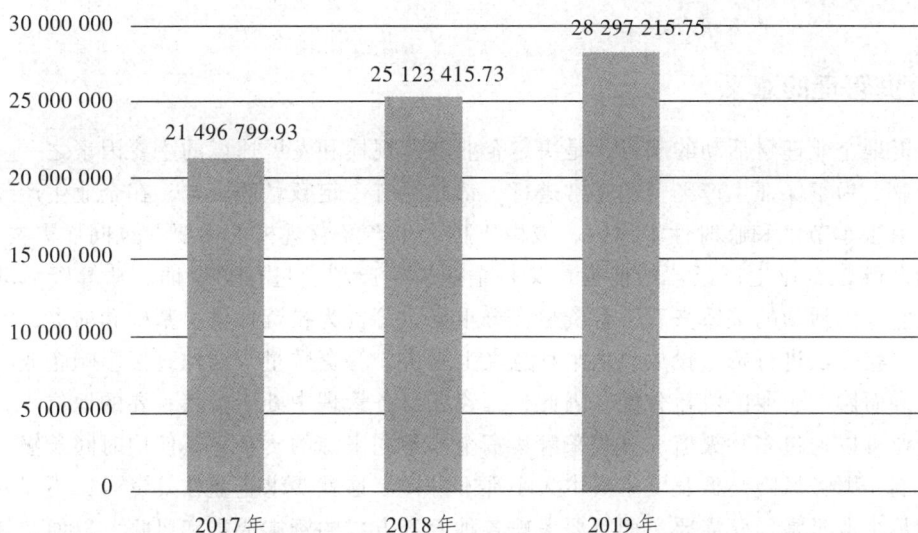

图3-1　格力2017—2019年总资产变化（单位：万元）

2.资产结构的变动情况

从流动资产与收入变化情况来看，流动资产增长快于营业收入增长，资产的盈利能力并没有提高。与2018年相比，资产结构趋于恶化。

3.负债及权益结构

2019年负债总额为17 092 450.09万元，资本金为601 573.09万元，所有者权益为11 204 765.65万元，资产负债率为60.4%。在负债总额中，流动负债为16 956 830.02万元，占负债和权益总额的59.92%；短期借款为1 594 417.65万元，非流动负债为135 620.07万元，金融性负债占资金来源总额6.11%。具体见表3-3。

表3-3　　　　　　　　　　格力2017—2019年负债及权益构成表

项目	2019年		2018年		2017年	
	金额（万元）	百分比（%）	金额（万元）	百分比（%）	金额（万元）	百分比（%）
负债及权益总额	28 297 215.74	100	25 123 415.73	100	21 496 799.93	100
所有者权益	11 204 765.65	39.60	9 271 471.10	36.90	6 683 479.70	31.09

思考与分析：格力资产结构、负债及权益结构变化如何通过筹资方式和改变资本要素结构实现？

第一节　筹资管理概述

一、筹资管理的含义

筹资活动是企业的一项基本财务活动。筹集资金简称筹资，是指企业为满足生产经营和对外投资等活动对资金的需要，通过一定渠道，采取适当方式，获取所需资金的一种行为。

二、筹资管理的意义

筹资是企业理财活动的起点，是决定企业经营规模和发展速度的主要因素之一。任何一家企业，为了保证生产经营的正常进行，都必须有一定数量的资金。在企业生产经营过程中，由于季节性和临时性等原因，或由于扩大生产经营规模的需要，也同样需要筹资。筹资活动既是企业生产经营的前提，又是企业再生产顺利进行的保证。从筹资活动与投资、收益分配活动的关系来看，筹资也十分重要。筹资为投资提供了基础和前提，没有资金筹集，就无法进行资金投放。从某种意义上来讲，筹资数量与结构直接影响企业收益的多少，进而影响企业的收益分配。因此，筹资在财务管理中处于极其重要的地位。

企业可以通过多种渠道、方式来筹集资金。不同来源的资金，其使用时间长短、附加条款限制、财务风险高低及资本成本大小都不一样。这就要求企业在筹资时，不仅要在数量上满足企业日常经营需要，而且要考虑各种筹资方式的资本成本和风险，以便选择最佳筹资方式，实现财务管理目标。

三、筹资基本原则

筹资是企业一项重要而复杂的工作，为了有效地筹集资金，实现筹资管理目标，应遵循如下基本原则：

（一）筹措合法原则

筹措合法原则是指企业筹资要遵守国家法律法规，合法筹措资金。不论是直接筹资还是间接筹资，企业最终都通过筹资行为从社会获取了资金。企业的筹资活动不仅为自身的生产经营提供了资金来源，也会影响投资者的经济利益、影响社会经济秩序。企业必须遵守国家的相关法律法规，依法履行法律法规和投资合同约定的责任，合法合规筹资，依法披露信息，维护各方的合法权益。

（二）规模适当原则

企业筹资的目的既可以是满足生产经营和发展需要，也可以是调整自身资本结构，不论出于哪种目的，企业都需要确定筹资数量。一般而言，企业对资金的需求量是不断变动的。如果资金筹集不足，会影响企业生产经营；而资金筹集过多，也会对企业生产经营产生不利影响，因为企业筹资是有成本的。企业财务人员要认真分析生产经营和市场状况，采用合理方法，预测企业资金的需求数量。

（三）取得及时原则

企业财务人员在筹资时必须熟知货币时间价值的基本原理和计算方法，以便根据资金需求的具体情况，合理安排资金筹集的时间，适时获取所需资金。为此，企业既要避免资金闲置，又要防止获取资金的时间滞后，错过最佳投资时机。

（四）来源经济原则

来源经济原则是指要充分利用各种筹资渠道，选择经济、可行的资金来源。企业所筹集的资金都要付出资本成本的代价，进而给企业的资金使用提出了最低收益要求。不同筹资渠道和方式所取得的资金，其资本成本各有差异。企业应当在考虑筹资难易程度的基础上，针对不同来源资金的成本，认真选择筹资渠道并选择经济、可行的筹资方式，力求降低筹资成本。

（五）结构合理原则

结构合理原则是指筹资管理要综合考虑各种筹资方式，优化资本结构。企业筹资要综合考虑股权资本与债务资本的关系、长期资本与短期资本的关系、内部筹资与外部筹资的关系，合理安排资本结构，保持适当偿债能力，防范企业财务危机。

四、筹资渠道与方式

企业的筹资活动需要通过一定的渠道并采用一定的方式来完成。

（一）筹资渠道

筹资渠道是指客观存在的筹资来源方向与通道。对企业而言，认识和了解各种筹资渠道及其特点，有助于企业拓宽和利用筹资渠道。目前，企业筹资渠道主要有国家财政资金、银行信贷资金、非银行金融机构资金、其他法人资金、居民个人资金、企业内部资金及外商资金等。

1.国家财政资金

国家财政资金是指代表国家投资的政府部门或机构投入企业的国有资本。国家财政资金是国有企业资金的最主要来源，特别是国有独资企业（基本由国家投资形成）。随着国有资本布局的战略性调整，能够通过这一渠道融资的国有企业范围日益缩小。但对于许多国有企业而言，国家财政资金仍然是一种非常重要的资金筹措渠道。

2.银行信贷资金

银行信贷资金是指企业从银行贷款取得的借入资金。银行信贷资金是各类企业非常重要的筹资渠道。尽管随着资本市场的不断发展，直接筹资在企业中发展很快，但银行信贷资金因其资金雄厚、筹资便捷仍然在企业筹资方式中占据主要地位。另外，随着金融体制改革的不断深入，各类银行经营方式日益丰富，经营范围、服务对象也在不断扩大，这也给企业筹资提供了更为广泛的渠道。

3.非银行金融机构资金

非银行金融机构资金是指企业从证券公司、保险公司、租赁公司、信托投资公司、财务公司等非银行金融机构吸收的资金，包括吸收投资和借款。非银行金融机构是金融市场上非常重要的金融中介，既是企业的筹资来源，又是企业众多投资方式的中介。非银行金融机构的发展水平在某种程度上反映了金融市场的发展程度。与银行相比，非银行金融机构尽管财力有限且目前只起辅助作用，但其提供资金方式灵活多样并可提供其他方面的服务，使得其逐渐成为众多企业筹资的重要渠道。

4.其他法人资金

其他法人资金是指企业从其他企业吸收的资金。随着经济发展和企业经营机制转变，企业间横向经济联合日益增多。一方面，企业之间可以通过资金融通，互相调剂资金余缺，以充分利用资金；另一方面，随着金融市场的发展，越来越多的企业开始重视资本营运，也导致企业间融资增加。其他法人资金的具体形式包括吸收直接投资、商业信用和发行股票或债券等。

5.居民个人资金

居民个人资金是指企业从居民个人处吸收的资金。目前，居民个人手中持有的大量货币资金为企业筹资提供了广阔的资金来源。

6.企业内部资金

企业内部资金是指企业通过留存收益等形成的资金，主要是指提取的公积金和未分配利润等。企业内部资金无须通过一定方式去筹集，而是作为一种内源性筹资渠道由企业内部自动生成并转移。企业内部资金是企业筹资的首选，但由于受到企业经营效益的影响，其筹资数量一般是有限的。

7.外商资金

外商资金是指外国投资者投入的资金。吸引外资不仅能够满足企业的资金需求，而且能够引进先进技术和管理经验，为企业发展提供必要的支持。

不同的筹资渠道在提供资金数量、筹资方便程度上不尽相同，有些筹资渠道仅适用于特定企业。企业需结合自身情况，在适用的渠道中合理组合，为企业生产经营和发展需要筹集所需资金。

（二）筹资方式

企业要获得上述这些渠道的资金，还需要采用一定的方式。筹资方式是指企业筹措资金的具体形式和工具，即企业如何取得资金，因此，筹资方式也称为筹资（金融）工具。随着金融市场发展和金融工具创新，企业可以选择的筹资工具日益增加，为企业筹资提供了良好条件。但不同筹资方式各有其特点和适用范围，企业需要结合自身情况做出合理选择。按照资金性质划分，主要有权益性筹资与债务性筹资两种方式。

1.权益性筹资

权益性筹资也称股权筹资，股权筹资能形成股权资本，是企业依法长期拥有、能够自主调配运用的资本。股权资本在企业持续经营期间，投资者不得抽回，因而也称之为企业

微课 3-1

权益筹资

自有资本、主权资本或股东权益资本。股权资本是企业从事生产经营活动和偿还债务的本钱，是代表企业基本资信状况的一个主要指标。股权资本通过吸收直接投资、发行股票、内部积累等方式取得。股权资本由于一般不用还本，形成了企业永久性资本，因而财务风险低，但资本成本相对较高。权益性筹资具体包括吸收直接投资、发行股票、利用留存收益等主要方式。

2.债务性筹资

债务性筹资是企业通过借款、发行债券、融资租赁以及赊销商品或服务等方式取得的资金形成的在规定期限内需要清偿的债务。由于债务性筹资到期要归还本金和支付利息，对企业的经营状况不承担责任，因而具有较高的财务风险，但资本成本相对较低。从经济意义上看，债务性筹资是债权人对企业的一种投资，也要依法享有企业使用债务所取得的经济利益，因而也可以称之为债权人权益。债务性筹资具体包括银行借款、商业信用、发行债券及租赁筹资等主要方式。

第二节　资金需求量预测

资金需求量是筹资的数量依据，企业必须科学合理地进行预测。筹资需求量预测的目的是保证企业筹资既能满足生产经营需要，又不会产生多余的闲置资金。企业在对资金需

求量进行预测时，可以根据具体情况采用因素分析法、销售百分比法、资金习性预测法等主要方法。

一、因素分析法

因素分析法又称分析调整法，是以有关项目基期平均资金需求量为基础，根据预测年度生产经营任务和资金周转加速要求进行分析调整来预测资金需求量的一种方法。这种方法计算简便，容易掌握，但预测结果不太精确。它通常用于品种繁多、规格复杂、资金用量小的项目。

因素分析法的计算公式如下：

$$\text{资金需求量} = \left(\text{基期资金平均占用额} - \text{不合理资金占用额}\right) \times \left(1 \pm \text{预测期销售增减额}\right) \times \left(1 \pm \text{预测期资金周转速度变动率}\right)$$

【例3-1】某企业上年度资金平均占用额为4 400万元，经分析，其中不合理部分为400万元，预计本年度销售增长5%，资金周转速度变动率为2%。本年度资金需求量为：

本年度资金需求量=（4 400-400）×（1+5%）×（1-2%）=4 116（万元）

二、销售百分比法

（一）基本原理

销售百分比法[①]是根据销售增长与资产增长之间的关系，预测未来资金需求量的方法。企业在销售规模扩大时，要相应增加流动资产；如果销售规模增大很多，还必须增加固定资产。为取得扩大销售所需增加的资产，企业需要筹措资金。这些资金一部分来自留存收益，另一部分通过外部筹资取得。其中，销售增长率较高时，仅靠留存收益不能满足资金需要，即使获利较多的企业也需进行外部筹资。因此，企业需要预先知道其筹资需求量，提前安排筹资计划，否则就可能发生资金短缺问题。

销售百分比法将反映生产经营规模的销售因素与反映资金占用的资产因素联系起来，根据销售额与资产之间的数量比例关系，预测企业外部筹资需求量。销售百分比法首先假设某些资产与销售额存在稳定的百分比关系，根据销售额与资产的比例关系预测资产额，根据资产额预测相应的负债和所有者权益，进而确定筹资需求量。

（二）基本步骤

1.确定随销售额变动而变动的资产和负债项目

资产是资金使用的结果，随着销售额变动，经营性资产项目将占用更多的资金。同时，随着经营性资产的增加，相应的经营性短期债务也会增加，如存货增加会导致应付账款增加，此类债务称为"自动性债务"，可以为企业提供暂时性资金。经营性资产与经营性负债的差额通常与销售额保持稳定的比例关系。其中，经营性资产项目包括库存现金、应收账款、存货等；而经营性负债项目包括应付票据、应付账款等，但不包括短期借款、短期融资、非流动负债等筹资性负债。

2.确定经营性资产与经营性负债有关项目与销售额之间的稳定比例关系

如果企业资金周转效率保持不变，经营性资产与经营性负债会随销售额变动而呈正比

---

① 销售百分比法在预测资金需求量时，计算留存利润以销售利润为依据，因此在后面计算中使用销售净利率指标。这里的销售是指产品销售收入，即主营业务收入；销售净利率亦即主营业务净利率。

例变动，保持稳定的百分比关系。企业应当根据历史资料和同业情况，剔除不合理资金占用，寻找它们与销售额之间稳定的百分比关系。

3.确定需要增加的筹资数量

确定了由于销售额增长而需要的资金需求增长额，扣除利润留存后，就是所需要的外部筹资额，计算公式为：

$$外部融资需求量 = \frac{A}{S_1} \times \Delta S - \frac{B}{S_1} \times \Delta S - S_2 \times P \times E$$

式中：A为随销售额而变化的敏感性资产，B为随销售额而变化的敏感性负债，S_1为基期销售额，S_2为预测期销售额，ΔS为销售变动额，P为销售净利率，E为利润留存率，$\frac{A}{S_1}$为敏感性资产与销售额的百分比关系，$\frac{B}{S_1}$为敏感性负债与销售额的百分比关系。

【例3-2】某企业2023年12月31日简要资产负债表见表3-4。假定该企业2023年销售额为10 000万元，销售净利率为10%，利润留存率为40%。2024年销售额预计增长20%，该企业有足够的生产能力，无需追加固定资产投资。

首先，确定有关项目及其与销售额的百分比关系。在表3-4中，N代表不变动项目，是指该项目不随销售额的变化而变化。

表3-4

某企业资产负债表（简表）

2023年12月31日　　　　　　　　　　　　　金额单位：万元

资产	金额	与销售额的关系（%）	负债与所有者权益（或股东权益）	金额	与销售额的关系（%）
货币资金	500	5	短期借款	2 500	N
应收账款	1 500	15	应付账款	1 000	10
存货	3 000	30	应付职工薪酬	500	5
固定资产	3 000	N	应付债券	1 000	N
—	—	—	实收资本（或股本）	2 000	N
—	—	—	其他综合收益	1 000	N
合计	8 000	50	合计	8 000	15

其次，确定需要增加的资金量。从表3-4可以看出，销售收入每增加100元，必须增加50元资产占用，同时自动增加15元借入资金，两者相抵还有35元的资金需求。因此，每增加100元销售收入，该企业必须获得35元外部筹资额。当销售额从10 000万元增加到12 000万元时，按照35%的比率预测，将增加700万元的资金需求。

最后，确定外部筹资需求量。2024年的净利润为1 200万元（12 000×10%），利润留存为40%，则有480万元利润被留存下来，还有220万元的资金必须从外部筹集。

根据以上资料，可求得对外筹资的需求量：

外部筹资需求量=50%×2 000-15%×2 000-40%×1 200=220（万元）

销售百分比法的优点是能为筹资管理提供短期预计财务报表，以适应外部筹资的需要，且易于使用，但在有关因素发生变动的情况下，必须相应地调整原有销售百分比。

三、资金习性预测法

资金习性预测法是指根据资金习性预测未来资金需求量的一种方法。所谓资金习性，是指资金变动同产销量变动之间的依存关系。按照资金同产销量之间的依存关系，可以把资金分为不变资金、变动资金和半变动资金。

不变资金，是指在一定产销量范围内，不受产销量变动的影响而保持固定不变的那部分资金。这部分资金包括为维持营业而占用的最低数额现金、原材料保险储备、必要成品储备、厂房和机器设备等固定资产占用的资金。

变动资金，是指随产销量变动而同比例变动的那部分资金。它一般包括直接构成产品实体的原材料、外购件等占用的资金。另外，在最低储备以外的现金、存货、应收账款等也具有变动资金的性质。

半变动资金，是指虽然受产销量变化影响，但不是同比例变动的资金，如一些辅助材料占用的资金。半变动资金可采用一定方法划分为不变资金和变动资金两部分。

（一）根据资金占用总额与产销量关系预测

这种方式是根据历史上企业资金占用总额与产销量之间的关系，把资金分为不变资金和变动资金两部分，然后结合预计产销量来预测资金需求量。

设产销量为自变量 X，资金占用为因变量 Y，它们之间的关系可表示为：

$$Y = a + bX$$

式中：a 为不变资金，b 为单位产销量所需变动资金。

只要求出 a 和 b，并知道预测期的产销量，就可以预测资金需求情况。a 和 b 可采用回归直线方程求出。

【例3-3】某企业历年产销量和资金变化情况见表3-5。2024年预计产销量为1 500万件，需要预测2024年的资金需求量。

表3-5 产销量与资金变化情况

年度	产销量（X_i）（万件）	资金占用（Y_i）（万元）
2018	1 200	1 000
2019	1 100	950
2020	1 000	900
2021	1 200	1 000
2022	1 300	1 050
2023	1 400	1 100

由 $Y_i = a + bX_i$，将 $n(i = 1, 2, \cdots, n)$ 期等式相加，得：

$$\sum Y_i = na + b\sum X_i \tag{3-1}$$

将 $Y_i = a + bX_i$ 两边同时乘以 X_i，得到 $X_iY_i = aX_i + bX_i^2$，将 $n(i = 1, 2, \cdots, n)$ 期等式相加，得：

$$\sum X_iY_i = a\sum X_i + b\sum X_i^2 \tag{3-2}$$

根据表3-5整理出表3-6。

表3-6 资金需求量预测表（按总额预测）

年度	产销量 （X_i）（万件）	资金占用 （Y_i）（万元）	X_iY_i	X_i^2
2018	1 200	1 000	1 200 000	1 440 000
2019	1 100	950	1 045 000	1 210 000
2020	1 000	900	900 000	1 000 000
2021	1 200	1 000	1 200 000	1 440 000
2022	1 300	1 050	1 365 000	1 690 000
2023	1 400	1 100	1 540 000	1 960 000
n=6	$\sum X_i=7\ 200$	$\sum Y_i=6\ 000$	$\sum X_iY_i=7\ 250\ 000$	$\sum X_i^2=8\ 740\ 000$

将表3-6的值代入式（3-1）和式（3-2）得到：

$$6a+7\ 200b=6\ 000 \tag{3-3}$$

$$7\ 200a+8\ 740\ 000b=7\ 250\ 000 \tag{3-4}$$

联立式（3-3）和式（3-4）求得a=400，b=0.5，得：

$$Y=400+0.5X$$

把2024年预计销售量1 500万件代入上式，得出2024年资金需求量为：

$$400+0.5×1\ 500=1\ 150（万元）$$

（二）采用逐项分析法预测

这种方法就是根据各资金占用项目（库存现金、存货、应收账款、固定资产等）与产销量之间的关系，将各项目资金分成变动资金和不变资金两部分，然后汇总在一起，求出企业变动资金总额和不变资金总额，来预测企业资金需求量。

【例3-4】某企业历年资金占用与销售收入之间的关系见表3-7。

表3-7 资金占用与销售收入之间的关系 单位：元

年度	销售收入（X_i）	资金占用（Y_i）
2019	2 000 000	110 000
2020	2 226 000	130 000
2021	2 342 000	140 000
2022	2 750 000	150 000
2023	3 000 000	160 000

根据以上资料，采用适当方法计算不变资金和变动资金。这里我们假定采用高低点法求a和b。

$$b=\frac{高点资金占用量-低点资金占用量}{高点业务量-低点业务量}=\frac{16\ 0000-110\ 000}{3\ 000\ 000-2\ 000\ 000}=0.05$$

将b=0.05代入2023年Y=a+bX，得：

a=160 000-0.05×3 000 000=10 000（元）

存货、应收账款、流动负债、固定资产等也可根据历史资料进行这样的划分，然后汇总见表3-8。

表3-8　　　　　　　　　　　**资金需求量预测表（分项预测）**　　　　　　　单位：元

项目	年度不变资金（a）	每1元销售收入所需变动资金（b）
流动资产	—	—
货币资金	10 000	0.05
应收账款	60 000	0.14
存货	100 000	0.22
小计	170 000	0.41
减：流动负债	—	—
应付账款及应付费用	80 000	0.11
净资金占用	90 000	0.30
固定资产	—	—
厂房、设备	510 000	0
所需资金合计	600 000	0.30

根据表3-8，得出预测模型为：

Y=600 000+0.30X

如果2024年预计销售额为3 500 000元，则：

2024年的资金需求量=600 000+0.30×3 500 000=1 650 000（元）

企业进行资金习性分析，把资金划分为变动资金和不变资金两部分，从数量上掌握资金同销售收入之间的变化规律，这对准确预测资金需求量有很大帮助。实际上，销售百分比法是资金习性预测法的具体运用。另外，在资金习性预测法中应用线性回归法，必须注意以下三点：

（1）资金需求量与业务量之间线性关系的假定应符合实际情况；

（2）确定a、b数值应利用连续若干年的历史资料，一般要有3年以上资料；

（3）应考虑价格等因素的变动情况。

第三节　债务筹资

企业负债资本筹集方式主要有银行借款、商业信用、发行债券和融资租赁。

一、银行借款

银行借款，是指企业根据与银行或其他非银行金融机构达成的合同或协议借入所需资金的一种筹资方式。根据借款时间长短，银行借款可以分为短期借款和长期借款。

（一）短期借款

短期借款，是指企业向银行或其他非银行金融机构借入的偿还期限在1年以内的各种款项。短期借款主要包括生产周转借款、临时借款和结算借款等。

1.短期借款的信用条件

（1）信贷额度。信贷额度是银行对借款人规定无担保贷款的最高额。信贷额度的有效期通常是1年，但银行并不承担必须提供全部信贷额度的义务。如果企业信用恶化，即使企业有信贷额度，也可能得不到借款。

（2）周转信贷协定。周转信贷协定是银行具有法律义务地承诺提供不超过某一最高限额贷款的协定。在协定的有效期内（通常是1年），只要企业借款总额未超过最高限额，银行必须满足企业在任何时候提出的借款要求。企业享受周转信贷协定待遇，通常要就贷款限额未使用部分付给银行一笔承诺费，这是银行向企业提供此项贷款的一个附加条件。

（3）补偿性余额。补偿性余额是银行要求借款企业在银行保持按贷款额的一定百分比（通常是10%~20%）计算的最低存款余额。对银行来说，补偿性余额可以降低贷款风险，但对企业来说，补偿性余额提高了借款的实际利率，加重了企业的利息负担。

2.短期借款程序

（1）提出申请。企业必须先向银行提出借款申请。

（2）签订借款合同。借款申请经银行审查同意后，借贷双方签订借款合同。

（3）办理借款手续。企业根据借款合同办理借款手续。

（4）取得借款。办理完相关手续后，企业获得相应款项。

（5）还本付息。取得借款后，企业应按合同规定支付利息、偿还本金。

3.短期借款的实际利率计算方法

（1）收款法，也称利随本清法，是借款企业在借款到期时一次性向银行支付利息的方法。在这种方法下，企业负担的实际利率等于银行要求的名义利率。

（2）贴现法，是银行向企业发放贷款时，先从本金中扣除利息部分，到期时借款企业再偿还全部本金的一种计息方法。若采用这种方法，企业实际得到的贷款低于贷款面值，即贷款本金减贷款利息的差额，因此其实际利率高于名义利率。贴现贷款实际利率的计算公式为：

$$贴现贷款的实际利率=\frac{实际负担利息费用}{实际可贷款金额}\times100\%$$

【例3-5】某企业由于经营需要向银行贷款1 200万元，期限为1年，名义利率为8%，年利息为96万元。按照贴现法付息，该企业实际得到的贷款为1 104万元（1 200-96），计算该贷款的实际利率。

贴现贷款的实际利率=96÷（1 200-96）×100%=8.70%

4.短期借款筹资的优缺点

短期借款与长期借款、发行普通股等筹资方式相比，具有灵活简便、速度快、时效性强等优点；但它也存在使用时间短、财务风险高，在有附加条件的情况下资本成本比较高等缺点。

（二）长期借款

长期借款，是指企业向银行或其他非银行金融机构借入的使用期限超过1年的借款，主要用于购建固定资产和满足长期流动资金占用需要。

1.长期借款种类

（1）按照用途不同，长期借款可分为固定资产投资借款、更新改造借款、研发和新产品试制借款等。

（2）按照提供贷款的机构不同，长期借款可分为政策性银行贷款和商业银行贷款。

（3）根据有无担保，长期借款可分为信用贷款和担保贷款。信用贷款，又称信用借款，企业无需向银行提供抵押品作担保，仅凭借款企业信用和担保人信誉发放；担保贷款，是指银行要求企业以一定财产作抵押或以保证人作担保为条件取得的贷款。

2.长期借款程序

（1）提出借款申请。企业必须先向银行递交借款申请，说明借款的原因、时间、数额、使用计划和还款计划等内容。同时，企业还应准备必要的能够证明企业具备借款条件的资料。

（2）银行审批。银行接到企业的借款申请后，应按照计划发放、择优扶持、有物资保证、按期归还等原则，审核企业借款条件，确定是否给予企业贷款。

（3）签订借款合同。借款申请被批准后，借贷双方应就贷款条件进行谈判，然后签订借款合同。

（4）取得借款。借款合同签订后，银行即可在核定的范围内，根据用款计划或实际需要，一次或分次将借款转入企业存款结算账户。

（5）借款归还。企业应按照借款合同的规定，按期清偿利息，贷款到期时支付本金或续签合同；否则，银行可根据合同规定，从借款企业存款户中扣还贷款本息和罚息。

（三）银行借款筹资的优缺点

1.银行借款筹资的优点

（1）筹资速度快。企业发行各种证券筹集长期资金所需的时间一般较长，从印刷证券、申请批准到发行都需要一定时间；而银行借款与发行证券相比，所需时间短、程序简单、不需要中介，所以筹资速度较快。

（2）筹资成本低。企业利用银行借款所支付的利息比发行债券所支付的利息低，也无须支付大量发行费用。

（3）筹资弹性大。企业向银行借款可通过直接商谈来确定借款的时间、数量和利息。在借款期内，如企业情况发生变化，只要经双方同意就可修改借款合同内容。

2.银行借款筹资的缺点

（1）财务风险高。企业向银行举债，必须定期还本付息。若企业经营不善，可能产生不能偿付的风险，使企业陷入财务困境。

（2）限制条件多。长期借款具有较强的政策性和计划性，容易受国家经济政策变动影响。另外，银行借款通常有许多附加限制条件，会影响企业的投资、筹资活动。

（3）筹资数量有限。银行借款不可能像发行股票、债券那样一次性筹集大量资金，利用银行借款筹资有一定的上限。

二、商业信用

（一）商业信用的含义

商业信用，是指商品交易中因延期付款或预收货款而形成的借贷关系，是企业之间的一种直接信用行为。

商业信用是企业短期融通资金的一种重要方式。商业信用随着商品交易而产生，只有参与交易的双方交换商品与交换货币相分离时才产生。它产生于银行信用之前，但银行信用出现之后，商业信用依然存在。

（二）商业信用的形式

应付账款，是指由于赊购商品而形成的一种最典型、最常见的商业信用形式。赊购商品时，买卖双方发生商品交易，买方收到商品后并不立即支付货款，而是延期一段时间以后付款，可满足买方对短期资金的需要。具体来说，应付账款可以通过以下两种情况反映商业信用的应用：

1.延期付款但不提供现金折扣

这是指企业购买商品时，卖方允许企业在交易发生后一定时期内按发票金额支付货款的情形。如N/45是指最长信用期为45天，在45天内按发票金额付款，提前付款不提供现金折扣。此时企业享受的是免费信用，没有信用成本。

2.延期付款但提前付款有现金折扣

在这种情况下，买方若提前付款，卖方可给予一定现金折扣，如"2/10，N/30"，是指最长信用期为30天，若在10天内付款，可获得2%现金折扣。如果企业在信用期内不享受现金折扣，就会产生放弃现金折扣的机会成本。

一般情况下，企业放弃现金折扣的成本可用以下公式表示：

放弃现金折扣成本 = [折扣率 ÷ (1 − 折扣率)] × [360 ÷ (付款期 − 折扣期)]

注意：一般情况下，企业若放弃现金折扣，通常会选择在信用期最后一天付款，所以付款期等于信用期。

企业是享受还是放弃现金折扣应分析放弃现金折扣的成本。当企业放弃现金折扣的成本大于企业筹资的资本成本时，企业就会享受现金折扣；反之，就会放弃现金折扣。

【例3-6】 甲企业从乙企业购入一批商品，价值1 200万元，乙企业的信用条件为"2/10，N/30"。如果甲企业向银行借款的利率为6%，甲企业是否该放弃现金折扣？

甲企业放弃现金折扣成本 = [2% ÷ (1-2%)] × [360 ÷ (30-10)] = 36.73%

因为放弃现金折扣成本为36.73%，大于6%，所以企业应该享受现金折扣。

（三）商业信用筹资的优缺点

1.商业信用筹资优点

（1）筹资简单。利用商业信用筹措资金非常简单，因为商业信用与商品买卖同时进行，属于一种自然性融资，可以随着购销行为产生而获得这项资金，不需要额外的安排。

（2）筹资成本低。如果没有现金折扣或企业不放弃现金折扣，则利用商业信用筹资没有实际成本。

（3）限制条件少。商业信用比其他筹资方式条件宽松，无需担保和抵押。

（4）灵活性强。商业信用筹资具有较大的伸缩性，能够随着购买和销售规模的变化而自动扩张或缩小。

2.商业信用筹资缺点

商业信用期限一般较短，如果企业使用现金折扣，则时间更短；如果放弃现金折扣，则会产生较高的机会成本。

三、发行债券

债券是社会各经济主体为筹集负债资本而向投资人出具的承诺按一定利率定期支付利息，并到期偿还本金的债权债务凭证。发行债券是企业筹集资金的一种重要方式。

（一）债券基本要素

债券基本要素，是指发行的债券必须载明的基本内容，是明确债权人和债务人权利和义务的主要约定。

1.面值

债券面值，是指债券票面价值，是企业对债券持有人在债券到期后应偿还的本金数额，也是企业向债券持有人按期支付利息的计算依据。

2.利率

债券利率，是指债券利息与债券面值的比率，也是债券发行企业承诺以后一定时期支付给债券持有人资金使用报酬的计算标准。

3.付息期

债券付息期，是指企业发行债券的利息支付所对应期间。

4.期限

债券期限，是指债券上载明的偿还债券本金的期限。

（二）债券种类

按不同标准对债券进行分类，可分为如下四类：

1.债券按是否记名，可分为记名债券和无记名债券

（1）记名债券，是指在票面上注明债权人姓名或名称，并在发行企业债权人名册上登记的债券。这种债券在转让时，由债券持有人以背书等方式进行，并在企业的名册上更改债权人姓名或名称。记名债券的优点是比较安全，缺点是手续复杂。

（2）无记名债券，是指无需在债券票面上注明债权人姓名或名称，也不用在发行企业债权人名册上进行登记，还本付息以债券为凭的债券。无记名债券在转让时，其权利随即生效，无需背书。

2.债券按有无抵押担保，可分为信用债券、抵押债券和担保债券

（1）信用债券，又可分为无担保债券和附属信用债券。无担保债券，是指仅凭发行者信用发行的、没有抵押品作抵押或担保人作担保的债券；附属信用债券是对债券发行者的普通资产和收益有要求权的信用债券。发行信用债券限制条件多，只有信誉良好的企业才可发行这种债券。

（2）抵押债券，是指发行企业以特定资产作为抵押品而发行的债券。当企业无足够资金偿还债券时，债权人可将抵押品拍卖以获取资金。

（3）担保债券，是指由一定担保人作担保而发行的债券。当企业无足够资金偿还债券时，债权人可要求担保人偿还。担保人应符合《中华人民共和国民法典》的规定。

3.债券按票面利率是否变动，可分为固定利率债券和浮动利率债券

（1）固定利率债券，是指在发行债券时，债券利率已确定并载于债券券面的债券。

（2）浮动利率债券，是指利率随基本利率变动而变动的债券，发行浮动利率债券的主要目的是应对通货膨胀。

4.其他分类

除上述三种分类外，还有一些其他形式的债券，主要包括可转换债券、零票面利率债券、收益债券等。

（三）债券发行

1.债券发行条件

根据《公司法》的规定，股份有限公司和有限责任公司具有发行债券的资格。

根据《中华人民共和国证券法》的规定，公开发行公司债券，应当符合下列条件：第一，具备健全且运行良好的组织机构；第二，最近3年平均可分配利润足以支付公司债券1年的利息；第三，国务院规定的其他条件。

公开发行公司债券筹集的资金，必须按照公司债券募集办法所列资金用途使用；改变资金用途，必须由债券持有人会议做出决议。公开发行债券筹措的资金，不得用于弥补亏损和非生产性支出。

2.债券发行价格

债券发行价格有三种：等价发行、折价发行和溢价发行。等价发行，又称面值发行、平价发行，是指按债券的面值出售；折价发行，是指以低于债券面值的价格出售；溢价发行，是指以高于债券面值的价格出售。

债券之所以会存在折价发行和溢价发行，是因为在资本市场上，利率是经常变动的，而债券票面利率一般是不动的，要根据市场利率的变动，调整债券发行价格。债券发行价格的计算公式如下：

债券发行价格=利息年金现值+面值复利现值=年债券利息×年金现值系数+债券面值×复利现值系数

年债券利息 = 债券面值 × 票面利率

【例3-7】某企业发行面值为2 000元、票面利率为5%、期限为3年的企业债券。在该企业决定发行债券时，5%的利率是合理的，如果到了债券正式发行时，市场利率发生变化，那么就要调整债券发行价格。我们分三种情况说明如下：

（1）当市场利率为5%时：

债券发行价格= 100 × (P/A, 5%, 3) + 2000 × (P/F, 5%, 3)

=100×2.7232+2 000×0.8638=1 999.92（元）

（2）当市场利率为6%时：

债券发行价格= 100 × (P/A, 6%, 3) + 2000 × (P/F, 6%, 3)

=100×2.6730+2 000×0.8396=1 946.50（元）

（3）当市场利率为4%时：

债券发行价格= 100 × (P/A, 4%, 3) + 2000 × (P/F, 4%, 3)

=100×2.7751+2 000×0.8890=2 055.51（元）

从上述计算可知，当市场利率等于票面利率时，发行价格等于面值，等价发行；当市场利率大于票面利率时，发行价格小于面值，折价发行；当市场利率小于票面利率时，发

行价格大于面值，溢价发行。可见，债券发行价格归根结底是由市场利率决定的。

（四）债券筹资的优缺点

1.债券筹资优点

（1）资本成本低。由于债券发行费用较低，且债券利息通常低于优先股和普通股的股利，债券利息又在税前支付，因此，其资本成本较低。

（2）具有财务杠杆作用。由于债券利息是固定的，如果企业将资金运用得当，企业投资报酬率将高于债券资本成本，多发行债券就能为股东带来更大的利益。

（3）保证股东控制权。债券持有人只有到期收回本金和利息的权利，而无权参与企业经营管理，因而发行债券有利于维护股东对企业的控制权。

2.债券筹资缺点

（1）筹资风险高。企业需按期还本付息，这是企业利用债券筹资必须承担的义务。一旦企业在需要还本付息时经营状况不好，固定还本付息义务会使企业陷入财务危机，若资不抵债，企业将面临破产。

（2）限制条件多。发行债券契约书中往往有一些限制性条款，这种限制比优先股及短期债务严格得多，可能影响企业的正常发展和未来的筹资能力。

（3）筹资数量有限。当企业负债比率超过一定限度后，债券筹资成本会迅速上升，甚至可能导致债券难以发行，因此债券筹资数量有一定限制。

（4）可能产生财务杠杆负作用。当债券资本成本高于企业投资报酬率时，就会产生财务杠杆负作用，此时，债券发行得越多，股东的收益就越少。

四、融资租赁

租赁，是指通过签订资产出让合同的方式，使用资产的一方（承租方）通过支付租金，向出让资产的一方（出租方）取得资产使用权的一种交易行为。在这项交易中，承租方通过得到所需资产的使用权，完成了筹集资金的行为。

（一）租赁特征与分类

1.租赁特征

（1）所有权与使用权相分离。租赁资产所有权与使用权分离是租赁的主要特征之一。银行信用虽然也是所有权与使用权相分离，但载体是货币资金；租赁则是在资金与实物相结合的基础上的分离。

（2）融资与融物相结合。租赁是以商品形态与货币形态相结合提供的信用活动，出租方在向企业出租资产的同时，解决了企业的资金需求，具有信用和贸易双重性质。它不同于一般的借钱还钱、借物还物的信用形式，而是借物还钱，并以分期支付租金方式来体现。租赁的这一特点将银行信贷和财产信贷融合在一起，成为企业融资的一种新形式。

（3）租金的分期回流。在租金偿还方式上，租金与银行信用到期还本付息不一样，采取分期回流的方式。出租方资金一次投入，分期收回。对于承租方而言，通过租赁可以提前获得资产使用价值，分期支付租金便于分期规划未来现金流出量。

2.租赁分类

租赁分为融资租赁和经营租赁。

融资租赁是由出租方按照承租方要求出资购买设备，在较长的合同期内提供给承租方使用的融资信用业务。它是以融通资金为主要目的的租赁。融资租赁的主要特点是：

（1）租赁设备由承租方提出要求购买，或者由承租方直接从制造商或销售商处选定。

（2）租赁期较长，接近资产有效使用期，在租赁期间双方无权取消合同。

（3）由承租方负责设备维修、保养。

（4）租赁期满，按事先约定方法处理设备，可以退还出租方，也可以继续租赁，还可以承租方留购。通常采用承租方留购方式，即以很少的"名义价格"（相当于设备残值）买下该设备。

经营租赁是由出租方向承租方在短期内提供设备，并提供维修、保养、人员培训等的服务性业务，又称服务性租赁。经营租赁的特点主要有：

（1）出租设备一般由租赁企业根据市场需要选定，然后再寻找承租方。

（2）租赁期较短，短于资产有效使用期，在合理的限制条件下承租方可以中途解约。

（3）租赁设备维修、保养由出租方负责。

（4）租赁期满，出租资产由出租方收回。

经营租赁适用于租用技术容易过时的生产设备。融资租赁与经营租赁两者的区别见表3-9。

表3-9   融资租赁与经营租赁的区别

对比项目	融资租赁	经营租赁
业务原理	集融资与融物于一体	无融资租赁特征，只是一种融物方式
租赁目的	融通资金，添置设备	暂时性使用，预防无形损耗的风险
租期	较长，接近资产有效使用期	较短
租金	包括设备价款	仅仅是设备使用费
契约法律效力	不可撤销合同	经双方同意可中途撤销合同
租赁标的	一般为专用设备，也可为通用设备	通用设备居多
维修与保养	专用设备多由承租方负责，通用设备多由出租方负责	全部由出租方负责
承租人	一般为一个	设备经济寿命期内轮流租给多个承租方
灵活方便	不明显	明显

（二）融资租赁基本程序与形式

1.融资租赁基本程序

（1）选择租赁企业，提出委托申请。当企业决定采用融资租赁方式获取某项固定资产时，需要了解各个租赁企业的资信情况、融资条件和租赁费率等，通过分析比较选定一家作为出租单位；然后，向租赁企业申请办理融资租赁。

（2）签订购货协议。由承租企业和租赁企业中的一方或双方，与选定的固定资产供应商进行与购买相关的谈判，在此基础上与供应商签订购货协议。

（3）签订租赁合同。承租企业与租赁企业签订租赁合同，如需要进口设备，还应办理设备进口手续。租赁合同是租赁业务的重要文件,具有法律效力。融资租赁合同内容可分为一般条款和特殊条款两部分。

(4)交货验收。设备供应商将设备发运到指定地点,承租企业要办理验收手续。验收合格后签发交货及验收证书并交给租赁企业,作为其支付货款的依据。

(5)定期交付租金。承租企业按租赁合同的规定,分期交付租金,也就是承租企业对所筹资金分期还款。

(6)合同期满处理设备。承租企业依据合同约定,对设备续租、退租或留购。

2.融资租赁基本形式

(1)直接租赁,是融资租赁的主要形式,承租方提出租赁申请时,出租方按照承租方的要求选购设备,然后再出租给承租方。

(2)售后回租,是指承租方由于急需资金等原因,将其资产出售给出租方,然后以租赁形式从出租方原封不动地租回资产使用权。在这种租赁合同中,除资产所有者名义改变之外,其余情况均无变化。

(3)杠杆租赁,是指涉及承租方、出租方和资金出借方三方的融资租赁业务。一般来说,当所涉及资产价格昂贵时,出租方只投入部分资金,通常为资产价值的20%~40%,其余资金则通过将该资产抵押担保的方式,向第三方(通常为银行)申请贷款解决。然后,出租方将购进设备出租给承租方,用收取的租金偿还贷款,该资产所有权属于出租方。出租方既是债权人也是债务人,如果出租方到期不能按期偿还借款,资产所有权则转移给资金出借方。

(三)融资租赁租金计算

1.租金构成

融资租赁每期租金取决于以下三个因素:

(1)设备原价及预计残值,包括设备买价、运输费、安装调试费、保险费等,以及该设备租赁期满后出售可得的市价。

(2)利息,是指出租方为承租方购置设备垫付资金所应支付的利息。

(3)租赁手续费,是指出租方为承租方承办租赁设备所发生的业务费用和必要利润。

2.租金支付方式

租金支付方式有以下三种分类:

(1)按支付间隔期长短,分为年付、半年付、季付和月付。

(2)按支付时间在期初或期末支付,分为先付和后付。

(3)按每次支付金额,分为等额支付和不等额支付。

在实务中,承租方与出租方商定租金支付方式时,大多为后付等额年金支付方式。

3.租金计算方法

在融资租赁实务中,租金计算大多采用等额年金法。在等额年金法下,租赁双方通常根据利率和租赁手续费率确定一个租费率,作为折现率,其中包括后付和先付两种形式。

【例3-8】某企业于2023年1月1日从租赁企业租入一套设备,价值60万元,租期6年,租赁期满时预计残值5万元,设备归租赁企业,年利率10%,租金每年年末支付一次,则:

每年租金=[600 000 - 50 000 × (P/F, 10%, 6)] ÷ (P/A, 10%, 6)

= ［600 000−50 000×0.5645］÷4.3553=131 283（元）

为了便于有计划地安排租金支付，该企业可编制租金摊销计划表，见表3-10。

表3-10　　　　　　　　　　　　　　　租金摊销计划表　　　　　　　　　　　　　　单位：元

年份	期初本金 ①	支付租金 ②	应计租费 ③=①×10%	本金偿还额 ④=②−③	本金余额 ⑤=①−④
2023	600 000	131 283	60 000	71 283	528 717
2024	528 717	131 283	52 872	78 411	450 306
2025	450 306	131 283	45 031	86 252	364 054
2026	364 054	131 283	36 405	94 878	269 176
2027	269 176	131 283	26 918	104 365	164 811
2028	164 811	131 283	16 481	114 802	50 009*
合计	—	787 698	237 707	549 991	—

*表示50 009是到期残值。尾数9系中间计算过程四舍五入误差导致。

第四节　股权筹资

股权筹资方式主要有吸收直接投资、发行普通股、发行优先股和利用留存收益。这些是企业筹集自有资金的主要方式。

一、吸收直接投资

吸收直接投资，简称吸收投资，是指企业按照"共同投资、共同经营、共担风险、共享利润"的原则直接吸收国家、法人、个人投入资金的筹资方式。

（一）吸收直接投资种类

企业采用吸收直接投资方式筹资一般可分为吸收国家投资、吸收法人投资和吸收个人投资三类。

1.吸收国家投资

吸收国家投资，是指有权代表国家投资的政府部门或者机构以国有资产投入企业，这种情况下投入的资本称为国有资本。

吸收国家投资一般具有以下特点：第一，产权归属于国家；第二，资金的运用和处置受国家约束较强；第三，在国有企业中采用比较广泛。

2.吸收法人投资

吸收法人投资，是指法人单位将依法可以支配的资产投入企业，这种情况下形成的资本称为法人资本。

吸收法人投资一般具有以下特点：第一，发生在法人单位之间；第二，以参与企业利润分配为目的；第三，出资方式灵活多样。

3.吸收个人投资

吸收个人投资，是指社会个人或本企业内部职工以个人合法财产投入企业，这种情况下形成的资本称为个人资本。

吸收个人投资一般具有以下特点：第一，参与投资的人员较多；第二，每人投资的数额相对较小；第三，以参与企业利润分配为目的。

（二）出资方式

企业在采用吸收直接投资方式筹资时，投资者可以用现金出资，也可以用实物、无形资产等作价出资。同时，吸收直接投资无论以何种方式出资，都必须满足两个条件：一是能够用货币计量；二是能够为企业带来经济利益。

1.以货币资产出资

以货币资产出资是吸收直接投资中最重要的出资方式。企业有了货币资产，便可以获取其他物质资源，支付各种费用，满足企业创建开支和随后的日常周转需要。

2.实物资产出资

实物资产出资是指以厂房、建筑物、设备等固定资产和原材料、商品等流动资产所进行的投资。以实物出资作价可在遵守国家有关规定的情况下由双方协商确定或由专业评估机构进行评定。

3.知识产权出资

知识产权通常是指商标权、专利权、专有技术、土地使用权等无形资产。投资者以知识产权出资应符合以下条件：

（1）有助于企业研究、开发和生产出新的高科技产品。

（2）有助于企业提高生产效率，改进产品质量。

（3）有助于企业降低生产消耗、能源消耗等各种消耗。

（4）作价公平合理。

此外，国家相关法律法规对无形资产出资方式另有限制：股东或者发起人不得以劳务、信用、自然人姓名、商誉、特许经营权或者设定担保的财产等作价出资。

（三）吸收直接投资程序

企业吸收其他单位投资，一般要遵循如下程序：第一，确定筹资数量；第二，寻找投资单位；第三，协商投资事宜；第四，签署投资协议；第五，共享投资利润。

（四）吸收直接投资的优缺点

吸收直接投资的优点在于有利于增强企业信誉，尽快形成生产能力，降低财务风险；其缺点是资本成本较高，容易使企业控制权分散。

二、发行普通股

股票是股份有限公司为筹措股权资本而发行的有价证券，是公司签发的证明股东持有公司股份的凭证。股票作为一种所有权凭证，代表对发行公司净资产的所有权。股票只能由股份有限公司发行。

（一）股票的特点与分类

1.股票的特点

（1）永久性。公司发行股票所筹集的资金属于公司的长期自有资金，没有期限，无需归还。换言之，股东在购买股票之后，一般情况下不能要求发行公司退还股金。

（2）流通性。股票作为一种有价证券，在资本市场上可以自由流通，也可以继承、赠送或作为抵押品。股票，特别是上市公司发行的股票具有很强的变现能力，流动性很强。

（3）风险性。由于股票具有永久性，股东成为企业风险的主要承担者。企业风险的表现形式包括股票价格的波动性、红利的不确定性、破产清算时股东处于剩余财产分配的最后顺序等。

（4）参与性。股东作为股份有限公司的所有者，拥有参与企业管理的权利，包括重大决策权、经营者选择权、财务监控权、公司经营的建议和质询权等。此外，股东还有承担有限责任、遵守公司章程等义务。

2.股东的权利

股东最基本的权利是按投入公司的股份额，依法享有公司收益获取权、公司重大决策参与权和选择公司管理者的权利，并以其所持股份为限对公司承担责任。

（1）公司管理权。股东对公司的管理权主要体现在重大决策参与权、经营者选择权、财务监控权、公司经营的建议和质询权、股东大会召集权等方面。

（2）收益分享权。股东有权通过股利方式获取公司的税后利润，利润分配方案由董事会提出并经股东大会批准。

（3）股份转让权。股东有权将其所持有的股票出售或转让。

（4）优先认股权。原有股东拥有优先认购本公司增发股票的权利。

（5）剩余财产要求权。当公司解散、清算时，股东有对清偿债务、清偿优先股股东以后的剩余财产索取的权利。

3.股票的种类

（1）按股东权利和义务，分为普通股股票和优先股股票。

普通股股票，简称普通股，是公司发行的代表股东享有平等的权利、义务，不加特别限制的，股利不固定的股票。普通股是最基本的股票，股份有限公司通常情况下只发行普通股。

优先股股票，简称优先股，是公司发行的相对于普通股具有一定优先权的股票。其优先权利主要表现在股利分配优先权和剩余财产分配优先权上。优先股股东在股东大会上无表决权，在参与公司经营管理上受到一定限制，仅对涉及优先股权利的问题有表决权。

（2）按票面是否记名，分为记名股票和无记名股票。

记名股票是在股票票面上记载股东姓名或将名称记入公司股东名册的股票。无记名股票不登记股东名称，公司只记载股票数量、编号及发行日期。

《公司法》规定，公司向发起人、法人发行的股票，应为记名股票，并应记载该发起人、法人的名称或者姓名，不得另立户名或者以代表人姓名记名；向社会公众发行的股票，可以为记名股票，也可以为无记名股票。

（3）按发行对象和上市地点，分为A股、B股、H股、N股和S股等。

A股即人民币普通股票，由我国境内公司发行，境内上市交易，它以人民币标明面值，以人民币认购和交易。

B股即人民币特种股票，由我国境内公司发行，境内上市交易，它以人民币标明面值，以外币认购和交易。

H股是注册地在内地、在香港上市的股票，以此类推，在纽约和新加坡上市的股票，就分别称为N股和S股。

（二）股份有限公司的设立、股票的发行与上市

1.股份有限公司的设立

设立股份有限公司，应当有2人以上200人以下的发起人，其中须有半数以上的发起人在中国境内有住所。股份有限公司的设立可以采取发起设立或者募集设立的方式。发起设立，是指由发起人认购公司应发行的全部股份而设立公司。募集设立，是指由发起人认购公司应发行股份的一部分，其余股份向社会公开募集或者向特定对象募集而设立公司。

以募集设立方式设立股份有限公司的，发起人认购的股份不得少于公司股份总数的35%；法律、行政法规另有规定的，从其规定。

股份有限公司的发起人应当承担下列责任：

（1）公司不能成立时，对设立行为所产生的债务和费用负连带责任；

（2）公司不能成立时，对认股人已缴纳的股款，负返还股款并加算银行同期存款利息的连带责任；

（3）在公司设立过程中，由于发起人的过失致使公司利益受到损害的，应当对公司承担赔偿责任。

2.股份有限公司首次发行股票的一般程序

（1）发起人认足股份、交付股资。发起设立方式的发起人认购公司全部股份，募集设立方式的发起人认购的股份不得少于公司股份总数的35%。发起人可以用货币出资，也可以用非货币资产作价出资。在发起设立方式下，发起人交付全部股资后，应选举董事会、监事会，由董事会办理公司设立的登记事项；在募集设立方式下，发起人认足其应认购的股份并交付股资后，其余部分向社会公开募集或者向特定对象募集。

（2）提出公开募集股份的申请。募集设立的公司，发起人向社会公开募集股份时，必须向国务院证券监督管理部门递交募股申请，并报送批准设立公司的相关文件，包括公司章程、招股说明书等。

（3）公告招股说明书，签订承销协议。公开募集股份申请经国家批准后，应公告招股说明书。招股说明书应包括公司章程、发起人认购的股份数、本次每股的票面价值和发行价格、募集资金的用途等。同时，与证券公司等证券承销机构签订承销协议。

（4）招认股份，缴纳股款。发行股票的公司或其承销机构一般用广告或书面通知办法招募股份。认股人一旦填写了认股书，就要承担认股书中约定交纳股款的义务。如果认股人总股数超过发起人拟招募总股数，可以采取抽签方式确定哪些认股人有权认股。

认股人应在规定的期限内向代收股款的银行交纳股款，同时交付认股书。股款收足后，发起人应委托法定的机构验资，并出具验资证明。

（5）召开创立大会，选举董事会、监事会。发行股份的股款募足后，发起人应在规定期限内（法定时间为30天内）主持召开创立大会。创立大会由发起人、认股人组成，有代表股份总数半数以上的认股人出席方可举行。创立大会通过公司章程，选举董事会和监事会成员，并有权对公司的设立费用进行审核，对发起人用于抵作股款的财产的作价进行审核。

（6）办理公司设立登记，交割股票。经创立大会选举的董事会，应在创立大会结束后

30天内，办理申请公司设立的登记事项。登记成立后，即向股东正式交付股票。

3.股票的发行方式

（1）公开间接发行。公开间接发行股票，是指股份有限公司通过中介机构向社会公众公开发行股票。采用募集设立方式成立的股份有限公司，向社会公开发行股票时，必须由有资格的证券经营中介机构，如证券公司、信托投资公司等承销。这种发行方式的发行范围广，发行对象多，易于足额筹集资本。公开发行股票还有利于提高公司的知名度，扩大其影响力，但公开发行方式审批手续复杂严格，发行成本高。

（2）非公开直接发行。非公开直接发行股票，是指股份有限公司只向少数特定对象直接发行股票，不需要中介机构承销。采用发起设立方式成立和向特定对象募集方式发行新股的股份有限公司，向发起人和特定对象发行股票，采用直接将股票销售给认购者的自销方式。这种发行方式弹性较大，企业能控制股票的发行过程，节省发行费用，但发行范围小，不易及时足额筹集资本，发行后股票的变现性差。

4.股票的上市交易

（1）股票上市的目的。

① 便于筹措新资金。证券市场是一个资本商品的买卖市场，证券市场上有众多的资金供应者。同时，股票上市经过了政府机构的审查批准并接受严格的管理，执行股票上市和信息披露的规定，容易吸引社会投资者。另外，公司上市后，还可以通过增发、配股、发行可转换债券等方式进行再融资。

② 促进股权流通和转让。股票上市后，便于投资者购买，提高了股权的流动性和股票的变现能力，便于投资者认购和交易。

③ 便于确定公司价值。股票上市后，公司股价有市价可循，便于确定公司的价值。对于上市公司来说，即时的股票交易行情就是对公司价值的市场评价。同时，市场行情也能为公司收购兼并等资本运作提供询价基础。

股票上市对公司也有不利影响，主要有：上市成本较高，手续复杂严格；公司将负担较高的信息披露成本；信息公开的要求可能暴露公司的商业机密；股价有时会歪曲公司的实际情况，影响公司声誉；可能分散公司的控制权，造成管理上的困难。

（2）股票上市的条件。公司公开发行的股票进入证券交易所交易，必须受到严格的条件限制。《中华人民共和国证券法》规定，申请证券上市交易，应当符合证券交易所上市规则规定的上市条件，应当对发行人的经营年限、财务状况、最低公开发行比例和公司治理、诚信记录等提出要求。公司首次公开发行新股，应当符合下列条件：

① 具备健全且运行良好的组织机构。

② 具有持续经营能力。

③ 最近3年财务会计报告被出具无保留意见审计报告。

④ 发行人及控股股东、实际控制人最近3年不存在贪污、贿赂、侵占财产、挪用财产或者破坏社会主义市场经济秩序的刑事犯罪。

⑤ 经国务院批准的国务院证券监督管理机构规定的其他条件。上市公司发行新股，应当符合经国务院批准的国务院证券监督管理机构规定的条件，具体管理办法由国务院证券监督管理机构规定。

5.股票上市的暂停、终止与特别处理

当上市公司出现经营情况恶化、存在重大违法违规行为或其他原因导致不符合上市条件时，就可能被暂停或终止上市。

上市公司出现财务状况或其他状况异常的，其股票交易将被证券交易所特别处理（Special Treatment，ST）。在上市公司的股票交易被实行特别处理期间，其股票交易遵循下列规则：第一，股票报价日涨跌幅限制为5%；第二，股票名称改为原股票名前加"ST"；第三，上市公司的中期报告必须经过审计。

（三）上市公司的股票发行

上市的股份有限公司在证券市场上发行股票包括公开发行和非公开发行两种。

公开发行股票又分为首次上市公开发行股票和上市公开发行股票，非公开发行即向特定投资者发行。

1.首次上市公开发行股票

首次上市公开发行股票（Initial Public Offering，IPO），是指股份有限公司向社会公开发行股票并上市流通和交易。实施IPO的公司，自股份有限公司成立起，持续经营时间应当在3年以上（经国务院特别批准的除外），应当符合中国证监会《首次公开发行股票并上市管理办法》规定的相关条件，并经中国证监会核准。实施IPO的基本程序是：

（1）公司董事会依法就本次股票发行的具体方案、本次募集资金使用的可行性及其他事项做出决议，并提请股东大会批准。

（2）公司股东大会就本次发行股票做出决议。

（3）由保荐人保荐并向中国证监会申报。

（4）中国证监会受理，并审批核准。

（5）自中国证监会核准发行之日起，公司应在6个月内公开发行股票；超过6个月未发行的，核准失效，须经中国证监会重新核准后方可发行。

2.上市公开发行股票

上市公开发行股票，是指股份有限公司已经上市后，通过证券交易所在证券市场上对社会公开发行股票。上市公开发行股票包括增发和配股两种方式。增发，是指上市公司向社会公众发售股票的再融资方式。配股，是指上市公司向原有股东配售股票的再融资方式。

3.非公开发行股票

上市公司非公开发行股票，是指上市公司采用非公开方式，向特定对象发行股票的行为，也叫定向增发。定向增发的对象可以是老股东，也可以是新投资者，但发行对象不超过10名；发行对象为境外战略投资者的，应当经国务院相关部门事先批准。上市公司定向增发的优势在于：

（1）有利于引入战略投资者和机构投资者；

（2）有利于利用上市公司的市场化估值溢价，将母公司资产通过资本市场放大，从而提升母公司的资产价值；

（3）定向增发是一种主要的并购手段，特别是资产并购型定向增发，有利于集团企业整体上市，同时减轻并购的现金流压力。

（四）引入战略投资者

1.战略投资者的概念与要求

我国在新股发行中引入战略投资者，允许战略投资者在公司发行新股中参与配售。

按中国证监会的规则解释，战略投资者是指与发行人具有合作关系或有合作意向和潜力，与发行公司业务联系紧密且欲长期持有发行公司股票的法人。从国外风险投资机构对战略投资者的定义来看，战略投资者是指通过帮助公司融资、提供营销与销售支持的业务或通过个人关系增加投资价值的公司或个人投资者。

一般来说，成为战略投资者的基本要求是：第一，要与公司的经营业务联系紧密；第二，要出于长期投资目的而较长时间持有股票；第三，要具有相当的资金实力，且持股数量较多。

2.引入战略投资者的作用

战略投资者具有资金、技术、管理、市场、人才等方面优势，能够增强企业核心竞争力和创新能力。上市公司引入的战略投资者能够和上市公司之间形成紧密的、伙伴式的合作关系，并由此增强公司的经营实力，提高公司的管理水平，改善公司的治理结构。

（1）提升公司形象，提高资本市场认同度。战略投资者往往是实力雄厚的境内外大公司、大集团，甚至是国际、国内500强，其对公司股票的认购，是对公司未来价值的认可和期望。

（2）优化股权结构，健全公司法人治理。战略投资者占一定股权份额并长期持股，能够分散公司控制权，吸引战略投资者参与公司管理，改善公司治理结构。战略投资者带来的不仅是资金和技术，还有先进的管理方式和优秀的管理团队。

（3）提高公司资源整合能力，增强公司的核心竞争力。战略投资者往往有较好的实业基础，能够带来先进的工艺技术和广阔的营销市场；致力于长期投资合作，能促进公司的产品结构、产业结构的调整升级；有助于形成产业集群，整合公司的经营资源。

（4）达到阶段性融资目标，加快公司上市融资的进程。战略投资者具有较强的资金实力，并与发行人签订有关配售协议，长期持有股票，能够给新上市的公司提供长期稳定的资金，帮助上市公司用较低的成本融得较多的资金，提高公司的融资效率。

从现有情况来看，我国上市公司确定战略投资者还处于募集资金最大化的实用原则阶段。谁的申购价格高，谁就能成为战略投资者，管理型、技术型的战略投资者还很少。资本市场中的战略投资者多是追逐持股价差、有较强承受能力的股票持有者，一般是大型证券投资机构。

（五）发行普通股股票的筹资特点

1.两权分离，有利于公司自主经营管理

通过对外发行股票筹资，公司的所有权与经营权相分离，分散了公司控制权，有利于公司自主管理、自主经营。普通股筹资的股东众多，公司日常经营管理事务主要由公司董事会和经理层负责，但公司的控制权分散，公司也容易被经理人控制。

2.资本成本较高

由于股票投资的风险较高，收益具有不确定性，投资者就会要求较高的风险补偿。因此，股票筹资的资本成本较高。

3.提高公司的社会声誉，促进股权流通和转让

发行普通股筹资，股东的大众化为公司带来了广泛的社会影响，特别是上市公司，其股票的流通性强，有利于市场确认公司的价值。发行普通股筹资以股票作为媒介，便于股权的流通和转让，有利于吸收新的投资者。但是，流通性强的股票交易也容易在资本市场上被恶意收购。

4.不易及时形成生产能力

发行普通股筹资吸收的一般是货币资金，还需要通过购置和建造才能形成生产经营能力。相对于吸收直接投资方式来说，发行普通股筹资不易及时形成生产能力[①]。

（六）发行普通股筹资优缺点

发行普通股筹资是股份有限公司的一种主要权益资本筹资方式，是进行其他筹资的基础。从公司的立场来考查、评价发行普通股筹资，其优缺点如下：

1.发行普通股筹资优点

（1）没有固定支付利息的负担；

（2）没有固定到期日，不用偿还本金；

（3）筹资限制较少，筹资风险低；

（4）能分散经营风险；

（5）增强公司举债能力，提高公司信誉；

（6）改善公司组织结构和财务结构；

（7）提高社会知名度。

2.发行普通股筹资缺点

（1）公司要承担相当高的资本成本；

（2）容易分散控制权，被收购风险增加。

此外，新股东分享公司未发行新股前积累盈余，会降低普通股每股净收益，可能引起股价下跌。

三、发行优先股

（一）优先股的性质和发行动机

优先股是相对于普通股而言的，一般是指在分配企业收益和剩余财产时享有优先权的股票。优先股是一种特殊股票，具有权益资本和负债资本双重性质。优先股无固定到期日，不用偿还本金，股利从税后利润中支付，这些都与普通股相同，属于权益资本；优先股有固定的股息负担，先于普通股取得收益和分享剩余财产，这些又与债券相同，兼有负债属性。

发行优先股除了筹资动机外，还有防止企业股权分散化、调剂资金余缺、改善资金结构、维持举债能力等动机。

（二）优先股的种类

优先股按照股利能否累积，分为累积优先股和非累积优先股；按照能否转换为普通股，分为可转换优先股和不可转换优先股；按照能否参与红利分配，分为参与优先股和非

---

① 财政部会计资格评价中心.财务管理［M］.北京：经济科学出版社，2023.

参与优先股；按照是否可赎回，分为可赎回优先股和不可赎回优先股。

（三）优先股筹资的优缺点

企业利用优先股筹资的主要优点有：

（1）通过发行优先股增加股本，可增强公司实力和信誉，增强向外举债能力。

（2）优先股股利固定，有一定的弹性。利用优先股筹资获得的资金是企业长期权益资本，没有固定到期日、无需还本、风险较低。

企业利用优先股筹资的主要缺点有：筹资成本高，限制条款多，财务负担重等。

四、利用留存收益

（一）留存收益的性质

从性质上看，企业通过合法有效的经营所实现的税后净利润，都属于企业的所有者。企业将本年度的利润部分甚至全部留存下来的原因有很多，主要包括：

（1）收益的确认和计量是建立在权责发生制基础上的，企业有利润，但企业不一定有相应的现金净流量增加，因而企业不一定有足够的现金将利润部分或全部派发给所有者。

（2）法律法规从保护债权人利益以及要求企业可持续发展等角度出发，限制企业将利润全部分配出去。根据《公司法》的规定，企业每年的税后利润必须提取10%的法定公积金，企业法定公积金累计额为注册资本的50%以上时，可以不再提取。

（3）企业基于自身扩大再生产和筹资的需求，也会将一部分利润留存下来。

（二）留存收益筹资途径

1.提取盈余公积金

盈余公积金，是指有指定用途的留存净利润。盈余公积金是从当期企业净利润中提取的积累资金，其提取基数是本年度的净利润。盈余公积金主要用于企业未来的经营发展，经投资者审议后也可以用于转增资本（实收资本）和弥补以前年度经营亏损，但不得用于以后年度的对外利润分配。

2.未分配利润

未分配利润，是指未限定用途的留存净利润。未分配利润有两层含义：第一，这部分净利润本年没有分配给公司的股东；第二，这部分净利润未指定用途，可以用于企业未来的经营发展、转增资本（实收资本）、弥补以前年度经营亏损及以后年度的利润分配。

（三）利用留存收益筹资的特点

1.不用发生筹资费用

企业筹集长期资本，与普通股筹资相比，利用留存收益筹资不需要发生筹资费用，资本成本较低。

2.维持公司的控制权分布

利用留存收益筹资，不用对外发行新股或吸收新投资者，由此增加的权益资本不会改变公司的股权结构，不会稀释原有股东的控制权。

3.筹资数额有限

留存收益的最大数额是企业当期的净利润和以前年度未分配利润之和，不像外部筹资那样可以一次性筹集大量资金。如果企业发生亏损，那么当年就没有利润留存。另外，股东和投资者从自身利益出发，往往希望企业每年发放一定的利润，保持一定的利润分配比例。

●●● 思政园地

诚信守法，节约成本

财务人员必须诚信守法，在筹资过程中务必遵循成本节约原则，慎重分析、比较资本成本与筹资风险的高低，自觉、主动地维护社会主义市场经济秩序。

●●● 即测即评

第三章单项选择题

第三章多项选择题

第三章判断题

●●● 业务题

1. 某企业通过赊购的方式获得价值 50 万元的商品，销货方提供的信用条件是 "2/10，N/30"。若该企业在第 28 天付款，计算放弃折扣的成本为多少？如果该企业现有一投资项目，正好投资 50 万元，收益率为 35%，该企业是享受现金折扣还是放弃？

2. A 企业向 B 企业销售一批价值为 5 000 元的材料，开出的信用条件是 "3/10，N/60"。市场利率为 12%，B 企业放弃这一信用条件是否划算？

3. 某企业向银行贷款 500 万元，期限为 1 年，名义利率为 8%，年利息为 40 万元。按照贴现法付息，计算该笔贷款的实际利率。

第三章业务题参考答案

●●● 实训模块一 筹资活动

一、实训目的

通过本实训，能够运用销售百分比法预测资金需求量。

二、理论知识

资金预测方法中的销售百分比法。

三、实训内容

中华公司 2023 年销售额为 30 000 万元，销售净利率为 5%，股利发放率为净利润的 60%，固定资产的利用程度已达到饱和状态，长期股权投资和无形资产与销售收入无关，非流动负债与销售收入无关。该公司 2023 年 12 月 31 日资产负债表（简表）见表 3-11。

表 3-11

中华公司资产负债表（简表）

2023 年 12 月 31 日

单位：万元

资　产	金额	负债和所有者权益（或股东权益）	金额
货币资金	600	应付票据	1 500
应收账款（净额）	4 500	应付账款	3 000
存货	5 100	非流动负债	2 500
固定资产（净额）	6 900	股本	15 000
长期投资	3 000	其他综合收益	600
无形资产	2 500	负债及所有者权益（或股东权益）总计	22 600
资产总计	22 600		

假定该公司预测 2024 年销售收入为 35 000 万元，并仍按基期年股利发放率支付股利，其他综合收益可以抵减筹资额。

（一）实训条件

在会计手工实训室进行。

（二）实训要求

预测 2024 年对外筹资的资金需求量。

（三）实训组织方式及步骤

1. 组织方式

以学生自己动手为主，通过分组讨论进行，指导老师在其中起指导作用。

2. 实训步骤

（1）将班级同学分组，2~3 人一组，并进行组内分工。

（2）明确实训目标，告知实训内容，进行实训。

（3）各组汇报实训结果。

（4）公布实训结果，并进行总结评价。

实训模块一参考答案

第四章 资本成本与资本结构

【学习目标与要求】

通过本章学习，理解资本成本的概念，掌握不同来源资本成本的计算方法，并能根据企业的实际情况选择合适的资本成本计算方法；熟悉经营杠杆、财务杠杆和综合杠杆的含义及作用机制，理解它们对企业风险与收益的影响；掌握资本结构的概念，理解不同资本结构对企业财务绩效和市场价值的影响，并学会运用最佳资本结构决策方法，为企业的财务决策提供科学依据。

【价值塑造目标】

通过本章学习，培养对资本成本与资本结构的深入理解和应用能力；认识资本成本是企业筹资决策和投资决策的重要依据，了解资本成本对企业经营决策的影响，并学会通过优化资本结构来降低企业综合资本成本，提升企业价值；理解经营杠杆、财务杠杆和综合杠杆的作用，学会利用杠杆效应来合理规避财务风险，实现企业的稳健发展，从而形成科学的财务决策理念，为企业创造更大的价值。

【案例导入】

云南白药：资本结构动态演化[1]

一、云南白药简介

云南白药集团股份有限公司（以下简称云南白药）在深圳证券交易所上市（股票代码000538）。云南白药前身为成立于1971年6月的云南白药厂。1993年5月3日，经云南省经济体制改革委员会批准，云南白药厂进行现代企业制度改革，成立云南白药实业股份有限公司，在云南省工商行政管理局注册登记。经中国证监会批准，云南白药实业股份有限公司于1993年11月首次向社会公众发行股票2 000万股（含20万内部职工股），定向发行400万股，发行价格为3.38元/股，发行后总股数为8 000万股。1996年10月，经临时股东大会讨论决定，该公司更名为云南白药集团股份有限公司。云南白药于2006年5月29日实施股权分置改革。

云南白药经过多年发展，截至2019年9月30日，净利润增长率为31.25%，在行业中排名第17位；净资产收益率为16.51%，排名第8位；每股收益为1.24元，排名第3位。云

---

① 根据云南白药官方网站（http://www.yunnanbaiyao.com.cn/）及云南白药2015—2019年财务报告编写。

南白药在行业发展中处于较前水平。

二、云南白药资本结构变化概况

（一）资产负债结构及资产负债率

云南白药近5年资产负债率除了在2015年达到50.61%外，其他4年从2016年的35.46%逐渐上涨到2019年的43.47%，资产负债率均高于行业平均水平30.65%。由表4-1可知，云南白药一直处于盈利状况，所以，其持续上升的资产负债率有利于其发展，而且适当的负债能带来节税利益。

表4-1　　　　　　　　云南白药2015—2019年资产负债率具体情况　　　　　　　金额单位：元

项目	2019年3月31日	2018年12月31日	2017年12月31日	2016年12月31日	2015年12月31日
资产	8 207 424 384.17	7 633 056 302.81	6 005 348 659.55	4 937 169 577.56	3 039 546 185.98
负债	3 567 425 873.48	3 218 487 233.03	2 375 473 767.02	1 750 533 138.89	1 538 384 500.03
资产负债率	43.47%	42.17%	39.56%	35.46%	50.61%
净利润	331 600 284.31	463 531 822.92	609 195 227.52	926 343 505.56	225 429 440.91
流动比率	2.03	2.10	2.28	2.59	1.76

在流动比率方面，除了2015年流动比率为1.76外，2016—2019年均在2.0以上，刚好处于标准比率，说明云南白药短期偿债能力较强，债权人权益有保障。

（二）负债结构

从表4-2可以看出，云南白药流动负债占总负债比例在92.20%~98.74%之间波动，而非流动负债占总负债比例在1.26%~7.80%之间，流动负债占总负债比例远高于非流动负债占总负债比例，说明云南白药负债结构具有高流动性。

表4-2　　　　　　　　云南白药2015—2019年负债结构具体情况

项目	2019年3月31日	2018年12月31日	2017年12月31日	2016年12月31日	2015年12月31日
资产负债率	43.47%	42.17%	39.56%	35.46%	50.61%
流动负债/总债	94.66%	94.16%	92.20%	98.74%	96.42%
非流动负债/总债	5.34%	5.84%	7.80%	1.26%	3.58%

由表4-3可以看出，短期借款只占流动负债很小一部分，在流动负债中占比更多的是应付预收款和其他应付款，在最近5年占流动负债的90%以上。由于在缴纳企业所得税时，向银行或者其他公司的借款利息能在应纳税所得额中扣除，而云南白药中短期借款只占流动负债非常小的比例，所以短期借款在节税方面并不能起很大的作用。由于应付预收款和其他应付款在流动负债中占了绝大部分，这也发挥了财务杠杆作用。在利润率相等的情况下，相比没有应付预收款和其他应付款的企业能获得更多的利润。

表4-3　　　　　　　云南白药2015—2019年流动负债重要项目所占的比例

项目	2019年3月31日	2018年12月31日	2017年12月31日	2016年12月31日	2015年12月31日
短期借款/流动负债	0.30%	0.33%	0.46%	1.24%	3.35%
应付预收款/流动负债	69.75%	66.57%	63.10%	60.34%	59.21%
其他应付款/流动负债	24.04%	27.23%	30.60%	29.97%	29.70%

（三）股权结构

与负债相比，股权融资具有较大优势。债务融资所受的约束程度比较大，例如银行借款或发行债券的主要依据是公司新投资项目的预期收益率，对项目的审查比较严格，对资金投向约束较强，而且银行具有对其贷款使用情况的监督权，从而构成对企业行为经常性和制度性的约束。与之相反，股权投资不能对上市公司管理层构成强有力的治理约束，所以上市公司管理层更愿意通过配股而不是向银行借款或者发行债券来筹集资金。截至2018年7月8日，云南白药股本结构为有限制条件股份占总股份的9.37%，无限制条件股份占总股份的90.63%。另外，云南白药一直有53.84%的股份由国有法人持有，国有股比例相对正常，并持有较高的留存收益。2015—2019年留存收益情况见表4-4。

表4-4   云南白药2015—2019年留存收益情况   单位：元

项目	2019年3月31日	2018年12月31日	2017年12月31日	2016年12月31日	2015年12月31日
留存收益	2 694 428 408.92	2 468 998 968.01	1 649 640 615.25	1 206 136 390.85	789 121 349.17

云南白药每年定期或者不定期分红、送股或转增股份。根据2020年1月7日云南白药非公开发行限售股份上市流通提示公告，解除限售股份为该公司2008年公开发行股份，上市流通数量为65 000 000股，占该公司股份总额的9.36%。这意味着云南白药绝大部分股份是无限制条件股份，从而使得其股份在市场上的流动性更强了，有利于稳定市场预期，完善价格形成基础。

思考与分析：（1）云南白药2015—2019年资本结构发生了哪些变化？其主要原因是什么？（2）云南白药资本结构如何进一步优化？

第一节　资本成本

一、资本成本概念

资本成本，是指企业为筹集和使用资本而付出的代价，包括筹资费用和用资费用。资本成本是资本所有权与使用权分离的结果。对出资者而言，由于让渡了资本使用权，要求获得一定补偿，资本成本表现为让渡资本使用权所带来的投资报酬。对筹资者而言，由于取得了资本使用权，必须付出一定代价，资本成本表现为获得资本使用权所付出的代价。

二、资本成本构成内容

资本成本主要包括筹资费用和用资费用。

（一）筹资费用

筹资费用，是指企业在资本筹措过程中为获取资本而付出的代价，如向银行支付的借款手续费，因发行股票、公司债券而支付的发行费等。筹资费用通常在资本筹集时一次性发生，在资本使用过程中不再发生。因此，筹资费用可视为筹资数额的一项扣除。

（二）用资费用

用资费用，是指企业在资本使用过程中因占用资本而付出的代价，如向银行等债权人支付的利息、向股东支付的股利等。用资费用是因为占用了他人资本而必须支付的，是资本成本的主要内容。

三、资本成本计算模式

资本成本既可以用绝对数表示，也可以用相对数表示。用绝对数表示的，如借入长期资本是指资金用资费用和筹资费用；用相对数表示的，如借入长期资本就是使用费用与实际取得资金有效额之间的比率。但是资本成本不能简单地等同于利息率，两者在含义和数值上是有区别的。在财务管理中，资本成本一般用相对数表示，即资金使用费用与有效筹资额（筹资数额扣除筹资费用后的差额）的比率。其计算公式为：

$$K = \frac{D}{P - F} = \frac{D}{P(1 - f)}$$

式中：K为资本成本，以百分比表示；D为资金用资费用；P为筹资额；F为筹资费用；f为筹资费用率。

四、个别资本成本

个别资本成本，是指单一融资方式的资本成本，包括银行借款资本成本、企业债券资本成本、融资租赁资本成本、优先股资本成本、普通股资本成本和留存收益资本成本等。其中，前三类是债务资本成本，后三类是权益资本成本。在财务管理中，个别资本成本可用于比较和评价各种筹资方式。

（一）资本成本计算基本模式

1.一般模式

为了便于分析比较，资本成本通常采用不考虑货币时间价值的一般通用模型计算，用相对数表达。计算时，将初期筹资费用作为筹资额的扣除项，扣除筹资费用后的筹资额称为筹资净额。

需要注意的是，若资金来源为负债，还存在税前资本成本和税后资本成本的区别。计算税后资本成本，需要从年资金用资费用中减去资金用资费用税前扣除导致的所得税节约额。

2.折现模式

对于金额大、时间超过1年的长期资本，更准确的资本成本计算方式是折现模式，即将债务未来还本付息或股权未来股利分红的折现值与目前筹资净额相等时的折现率作为资本成本，即：

筹资净额现值−未来资本清偿额现金流量现值=0

得：资本成本=所采用的折现率

（二）银行借款资本成本

银行借款资本成本，是指借款利息和筹资费用。由于银行借款利息一般作为财务费用计入税前成本费用，可以起到抵税作用，因此，企业实际负担的借款费用应从利息支出中减少企业所得税税额。银行借款资本成本的计算公式为：

$$K_L = \frac{I(1-T)}{L(1-f)} = \frac{i(1-T)}{1-f}$$

式中：K_L 为银行借款资本成本，I 为银行借款年利息，L 为银行借款筹资总额，T 为企业所得税税率，i 为银行借款利息率，f 为筹资费用率。

【例4-1】某企业向银行借入1 000万元，期限为10年，年利率为6%，每年付息一次，到期一次还本。假定筹资费用率为0.5%，企业所得税税率为25%。则该笔银行借款资本成本为：

$$K_L = \frac{I(1-T)}{L(1-f)} = \frac{i(1-T)}{1-f} = \frac{1\,000 \times 6\% \times (1-25\%)}{1\,000 \times (1-0.5\%)} = 4.52\%$$

（三）债券资本成本

债券资本成本与银行借款资本成本的主要区别在于：一是债券筹资费用较高，不能忽略不计；二是债券发行价格与债券面值可能不一致。债券资本成本的计算公式为：

$$K_b = \frac{I(1-T)}{B_0(1-f)} = \frac{Bi(1-T)}{B_0(1-f)}$$

式中：K_b 为债券资本成本；I 为债券每年支付的利息；T 为企业所得税税率；B 为债券面值；i 为债券票面利率；B_0 为债券筹资额，即发行价；f 为债券筹资费用率。

【例4-2】某企业拟发行一笔期限为5年的债券，债券面值为1 000万元，票面利率为5%，每年支付一次利息，发行费率为发行价格的3%，企业所得税税率为25%。则该笔债券的资本成本为：

$$K_b = \frac{I(1-T)}{B_0(1-f)} = \frac{1\,000 \times 5\% \times (1-25\%)}{1\,000 \times (1-3\%)} = 3.87\%$$

如果该笔债券以溢价1 100万元价格发行，则其资本成本为：

$$K_b = \frac{1\,000 \times 5\% \times (1-25\%)}{1\,100 \times (1-3\%)} = 3.51\%$$

如果该笔债券以折价980万元价格发行，则其资本成本为：

$$K_b = \frac{1\,000 \times 5\% \times (1-25\%)}{980 \times (1-3\%)} = 3.94\%$$

（四）融资租赁资本成本

融资租赁各期的租金包括每期本金偿还和各期手续费（即出租方各期利润），其资本成本只能按贴现模式计算。

【例4-3】某企业于2021年1月1日从租赁公司租入一套设备，价值60万元，租期6年，租赁期满时预计残值5万元，期满设备归租赁公司；年利率为10%，租金每年年末支付一次，每年租金131 283元。则该设备的融资租赁资本成本为：

600 000−50 000×(P/F，K_b，6)=131 283×(P/A，K_b，6)

K_b=10%

（五）优先股资本成本

企业发行优先股，既要支付筹资费用，又要定期支付股利。它与债券不同的是股利在税后支付，且没有固定到期日。优先股资本成本的计算公式为：

$$K_p = \frac{D}{P_0(1-f)}$$

式中：K_p 为优先股资本成本，D 为优先股每年股利，P_0 为发行优先股总额，f 为优先股筹资费用率。

【例4-4】某企业按面值发行100万元优先股，股息为10%，发行费率为4%。则该优先股的资本成本为：

$$K_p = \frac{100 \times 10\%}{100 \times (1-4\%)} = 10.42\%$$

企业破产时，优先股股东的求偿权位于债权人之后，优先股股东风险高于债权人风险，因此，优先股股利率一般大于负债利息率。另外，优先股股息支付不能抵扣企业所得税，因而与税后负债资本成本相比，优先股资本成本略高。

（六）普通股资本成本

普通股的特点是无到期日，股利是从企业税后利润中支付的，没有抵税利益，且每年支付股利不是固定的，原因是每年支付的股利是与当年经营状况密切相关的。普通股资本成本的计算方法主要有两种：

1.股利增长模型

假定股利以固定年增长率（g）递增，则普通股资本成本的计算公式为：

$$K_s = \frac{D_1}{P_0(1-f)} + g$$

式中：K_s 为普通股资本成本，D_1 为预期第一年年末的股利，P_0 为普通股市价，f 为普通股筹资费用率，g 为不变的股利年增长率。

在实务中，股利既不可能保持不变，也不可能永远按照恒定比率增长，甚至有些企业根本不发放股利。股利增长模型适用于定期发放股利，且股利增长十分稳定的企业。

【例4-5】某企业普通股每股发行价为100元，筹资费用率为5%，预计下期每股股利为12元，以后每年股利增长率为2%。该企业普通股资本成本为：

$$K_s = \frac{12}{100 \times (1-5\%)} + 2\% = 14.63\%$$

2.资本资产定价模型

根据资本资产定价模型，假设普通股股东的相关风险是市场风险，那么股东所期望的风险收益率就取决于股票的 β 系数和市场风险报酬率，普通股资本成本的计算公式为：

$$K_s = R_f + \beta(R_m - R_f)$$

式中：K_s 为普通股资本成本，R_f 为无风险利率（一般以国债利率代替），β 为某企业股票收益相对于市场上所有股票收益的变动幅度，R_m 为市场平均收益率。

【例4-6】某企业普通股的 β 系数为1.5，无风险利率为5%，市场股票平均收益率为10%。则该普通股资本成本为：

$$K_s = 5\% + 1.5 \times (10\% - 5\%) = 12.5\%$$

（七）留存收益资本成本

留存收益是企业税后净利润形成的，是一种所有者权益，其实质是所有者向企业追加的投资。企业利用留存收益筹资无需发生筹资费用。如果企业将留存收益用于再投资，所获得收益率低于股东进行一项风险相似投资项目的收益率，企业就应该将其分配给股东。留存收益资本成本表现为股东追加投资要求的报酬率，其计算与普通股相同，也分为股利增长模型和资本资产定价模型，不同点在于留存收益资本成本不考虑筹资费用。留存收益资本成本的计算公式为：

$$K_e = \frac{D_1}{P_0} + g$$

式中：K_e 为留存收益资本成本，D_1 为预期第一年年末的股利，P_0 为普通股市价，g 为不变的股利年增长率。

【例4-7】某企业普通股每股市价为150元，第一年年末的股利为15元，以后每年增长5%。则留存收益资本成本为：

$$K_e = \frac{15}{150} + 5\% = 15\%$$

五、综合资本成本

由于受多种因素制约，企业不可能只使用某种单一的筹资方式，往往需要通过多种方式筹集所需资本。为进行筹资决策，就要计算确定企业全部长期资本的总成本——综合资本成本。

综合资本成本，又称加权平均资本成本（或简称平均资本成本），一般是以各种资本占全部资本的比重为权数，对个别资本成本进行加权平均确定的。其计算公式为：

$$K_w = \sum_{j=1}^{n} K_j W_j$$

式中：K_w 为综合资本成本，K_j 为第 j 种个别资本成本，W_j 为第 j 种个别资本占全部资本的比重（权数）。

综合资本成本计算存在权数价值选择问题，即各种个别资本按什么权数来确定比重，可供选择的价值形式有账面价值、市场价值、目标价值等。

（一）账面价值权重

账面价值权重，即以各种个别资本会计报表账面价值为基础来计算资本权数，确定各种资本占总资本的比重。其优点是：资料容易取得，可以直接从资产负债表中得到，而且计算结果比较稳定。其缺点是：当债券和股票的市价与账面价值差距较大时，按账面价值计算出来的资本成本不能反映目前从资本市场上筹集资本的现时机会成本，不适合评价现时的资本结构。

（二）市场价值权重

市场价值权重，即以各种个别资本的现行市价为基础来计算资本权数，确定各种资本占总资本的比重。其优点是：能够反映现时资本成本，有利于进行资本结构决策。其缺点是：现行市价处于经常变动之中，不容易取得，而且现行市价反映的只是现时资本结构，不适合未来的筹资决策。

（三）目标价值权重

目标价值权重，即以各种个别资本预计的未来价值为基础来确定资本权数，确定各种资本占总资本的比重。目标价值是目标资本结构下的产物，是企业筹措和使用资金对资本结构的一种要求。对于企业筹措的新资金，就其需要反映期望的资本结构来说，目标价值是有益的，它适用于未来的筹资决策，但目标价值的确定难免具有主观性。

以目标价值为基础计算资本权重，能体现决策相关性。目标价值权重的确定，可以选择未来的市场价值，也可以选择未来的账面价值。选择未来的市场价值，与资本市场现状联系比较紧密，能够与现时的资本市场状况结合起来。因此，目标价值权重的确定一般以现时市场价值为依据。但市场价值波动频繁，可行方案是选用市场价值的历史平均值，如30日、60日、120日均价等。总之，目标价值权重是主观愿望和预期的表现，依赖财务管理人员的价值判断和职业经验。

【例4-8】某企业账面反映的资本共500万元，其中借款100万元、应付长期债券50万元、普通股250万元、保留盈余100万元；其成本分别为6.7%、9.17%、11.26%、11%。该企业的综合资本成本为：

$$K_w=6.7\%\times\frac{100}{500}+9.17\%\times\frac{50}{500}+11.26\%\times\frac{250}{500}+11\%\times\frac{100}{500}=10.09\%$$

六、边际资本成本

（一）边际资本成本概念

由于任何一家企业都不可能以一个既定资本成本筹集到无限多的资金，超过一定限度，资本成本就会变化。

边际资本成本，是指资金每增加一个单位而增加的成本。在实务中，边际资本成本通常在某一筹资区间内保持稳定，当企业以某种筹资方式筹资超过一定限度时，边际资本成本就会提高，此时，即使企业保持原有的资本结构，也仍有可能导致综合资本成本上升。因此，企业在新的筹资过程中，必须计算边际资本成本，以便正确进行追加筹资决策。

（二）边际资本成本计算

边际资本成本计算的具体步骤如下：

（1）确定目标资本结构。

（2）测算个别资本成本。

（3）计算筹资总额分界点。筹资总额分界点，是指在保持某个资本成本不变的条件下可以筹集到的资金总额。一旦筹资额超过筹资总额分界点，即使维持现有资本结构，其资本成本也会增加。

（4）计算边际资本成本。根据计算出的筹资总额分界点，可得出若干组新的筹资范围，对各筹资范围分别计算综合资本成本，即可得到各种筹资范围的边际资本成本。

【例4-9】某企业目前有长期资本500万元，其中银行借款100万元、公司债券120万元、优先股80万元、普通股200万元。该企业为满足投资需求，准备追加资本。经研究分析，该企业目前的资本结构为最优资本结构，因此决定追加筹资后仍维持原资本结构，即银行借款占20%、企业债券占24%、优先股占16%、普通股占40%。该企业财务人员分析了资本市场状况和该企业的筹资能力，认为随着资本额的增长，各种资本的资本成本也会发生变动，具体数据见表4-5。

表4-5   某企业目标资本结构构成及筹资能力分析

资本种类	目标资本结构	追加筹资额	个别资本成本
银行借款	20%	50 000元以内	4%
		50 000~200 000元	5%
		200 000元以上	6%
企业债券	24%	150 000元以内	8%
		150 000~300 000元	9%
		300 000元以上	10%
优先股	16%	200 000元以内	11%
		200 000元以上	13%
普通股	40%	250 000元以内	14%
		250 000~500 000元	15%
		500 000元以上	16%

根据目标资本结构和各种筹资方式资本成本的分界点，计算筹资总额分界点。其计算公式为：

$$BP_i = \frac{TF_i}{W_i}$$

式中：BP_i 为筹资总额分界点，TF_i 为第 i 种筹资方式的成本分界点，W_i 为第 i 种筹资方式在目标资本结构中所占的比重。

该企业计算的筹资总额分界点见表4-6。

表4-6   某企业筹资总额分析

资本种类	目标资本结构	个别资本成本	追加筹资额	筹资总额分界点
银行借款	20%	4%	50 000元以内	50 000÷0.2=250 000（元）
		5%	50 000~200 000元	200 000÷0.2=1 000 000（元）
		6%	200 000元以上	—
企业债券	24%	8%	150 000元以内	150 000÷0.24=625 000（元）
		9%	150 000~300 000元	300 000÷0.24=1 250 000（元）
		10%	300 000元以上	—
优先股	16%	11%	200 000元以内	200 000÷0.16=1 250 000（元）
		13%	200 000元以上	—
普通股	40%	14%	250 000元以内	250 000÷0.4=625 000（元）
		15%	250 000~500 000元	500 000÷0.4=1 250 000（元）
		16%	500 000元以上	—

根据表4-6计算出的筹资总额分界点,可以得到5组筹资总额范围,分别是:0~250 000(含)元;250 000~625 000(含)元;625 000~1 000 000(含)元;1 000 000~1 250 000(含)元;1 250 000元以上。对以上5组筹资范围分别计算其综合资本成本,即可得到各种筹资范围的边际资本成本。计算结果见表4-7。

表4-7   某企业筹资范围边际资本成本分析

筹资总额范围	资本种类	目标资本结构	资本成本	边际资本成本
0~250 000(含)元	银行借款	20%	4%	4%×20%=0.8%
	企业债券	24%	8%	8%×24%=1.92%
	优先股	16%	11%	11%×16%=1.76%
	普通股	40%	14%	14%×40%=5.6%
	合计			10.08%
250 000~625 000(含)元	银行借款	20%	5%	5%×20%=1%
	企业债券	24%	8%	8%×24%=1.92%
	优先股	16%	11%	11%×16%=1.76%
	普通股	40%	14%	14%×40%=5.6%
	合计			10.28%
625 000~1 000 000(含)元	银行借款	20%	5%	5%×20%=1%
	企业债券	24%	9%	9%×24%=2.16%
	优先股	16%	11%	11%×16%=1.76%
	普通股	40%	15%	15%×40%=6%
	合计			10.92%
1 000 000~1 250 000(含)元	银行借款	20%	6%	6%×20%=1.2%
	企业债券	24%	9%	9%×24%=2.16%
	优先股	16%	11%	11%×16%=1.76%
	普通股	40%	15%	15%×40%=6%
	合计			11.12%
1 250 000元以上	银行借款	20%	6%	6%×20%=1.2%
	企业债券	24%	10%	10%×24%=2.4%
	优先股	16%	13%	13%×16%=2.08%
	普通股	40%	16%	16%×40%=6.4%
	合计			12.08%

从表4-7可以看出，在不同的筹资范围内，综合资本成本是不同的，并且随着筹资额的增加而不断上升。企业在增加投资时，应该将投资报酬率和需要新增筹资的边际资本成本相比较。如果投资项目的投资报酬率大于新增筹资的边际资本成本，该投资方案是可取的；否则，是不可取的。

第二节 杠杆原理

企业在资本结构决策中，必须考虑的一个重要因素就是杠杆原理。财务管理中的杠杆原理是指由于固定费用（包括生产经营方面固定性经营成本和财务方面固定性资本成本）的存在，当业务量发生比较小的变化时，利润会发生比较大的变化。这种由于杠杆原理而产生的收益称为杠杆利益，但它同时又存在相关风险。资本结构决策需要在杠杆利益与其相关风险之间进行权衡。

一、经营杠杆

（一）经营杠杆概念

经营杠杆，是指由于固定性经营成本的存在，而使企业的资产报酬（息税前利润）变动率大于业务量变动率的现象。经营杠杆反映了资产报酬的波动性，用以评价企业的经营风险。用息税前利润（EBIT）表示资产总报酬，则：

$$EBIT = S - V - F = (p - b)Q - F = M - F$$

式中：EBIT为息税前利润，S为销售额，V为变动性经营成本，F为固定性经营成本，Q为产销业务量，p为销售单价，b为单位变动成本，M为边际贡献。

上式中，影响EBIT的因素包括产品售价、产品需求、产品成本等。当产品成本中存在固定成本时，如果其他条件不变，产销业务量增加虽然不会改变固定成本总额，但会降低单位产品分摊的固定成本，从而提高单位产品利润，使息税前利润增长率大于产销业务量增长率，进而产生经营杠杆效应。当不存在固定性经营成本时，所有成本都是变动性经营成本，边际贡献等于息税前利润，此时息税前利润变动率与产销业务量变动率完全一致。

（二）经营杠杆系数

企业只要存在固定性经营成本，就会产生经营杠杆效应，但不同的产销业务量，其经营杠杆效应的大小是不一样的。测算经营杠杆效应的常用指标为经营杠杆系数。经营杠杆系数是息税前利润变动率与产销业务量变动率的比，计算公式为：

$$经营杠杆系数 = \frac{息税前利润变动率}{产销业务量变动率}$$

或 $$DOL = \frac{\Delta EBIT/EBIT}{\Delta Q/Q}$$

式中：DOL为经营杠杆系数，ΔEBIT为息税前利润变动额，ΔQ为产销业务量变动值。

上式可整理为：

$$DOL = \frac{基期边际贡献}{基期息税前利润} = \frac{M}{M - F} = \frac{EBIT + F}{EBIT}$$

上式具体推导过程为：

$EBIT = (p - b)Q - F, \Delta EBIT = (p - b)\Delta Q$

$\dfrac{\Delta EBIT}{EBIT} = \dfrac{(p - b)\Delta Q}{(p - b)Q - F}$

则：

$DOL = \dfrac{(p - b)\Delta Q / [(p - b)Q - F]}{\Delta Q / Q} = \dfrac{(p - b)Q}{(p - b)Q - F} = \dfrac{M}{EBIT} = \dfrac{M}{M - F}$

（注意：由 $EBIT = S - V - F = (p - b)Q - F = M - F$ 可得 $EBIT = M - F$ 或 $M = EBIT + F$。）

【例4-10】某企业生产A产品，其中固定性经营成本为60万元、变动成本率为40%。当销售额分别为400万元、200万元、100万元时，其经营杠杆系数分别计算如下：

由 $DOL = \dfrac{(p - b)\Delta Q / [(p - b)Q - F]}{\Delta Q / Q} = \dfrac{(p - b)Q}{(p - b)Q - F}$

可得：$DOL = \dfrac{(p - b)Q}{(p - b)Q - F} = \dfrac{pQ - bQ}{pQ - bQ - F} = \dfrac{S - bQ}{pQ - bQ - F}$

$bQ = S \times$ 变动成本率

当销售额为400万元时：$DOL = \dfrac{400 - 400 \times 40\%}{400 - 400 \times 40\% - 60} = 1.33$

当销售额为200万元时：$DOL = \dfrac{200 - 200 \times 40\%}{200 - 200 \times 40\% - 60} = 2$

当销售额为100万元时：$DOL = \dfrac{100 - 100 \times 40\%}{100 - 100 \times 40\% - 60} \to \infty$

以上计算结果表明：

（1）在固定性经营成本不变时，经营杠杆系数说明销售额变动所引起息税前利润变动的幅度。当销售额为400万元时，销售额增减会引起息税前利润1.33倍的增减变动；而销售额为200万元时，销售额增减则引起息税前利润2倍的增减变动。

（2）在固定性经营成本不变时，销售额越大，经营杠杆系数越小，经营风险就越低；反之，销售额越小，经营杠杆系数越大，经营风险也就越高。当销售额为200万元时，其经营风险明显高于销售额为400万元时的经营风险。

（3）当销售额处于盈亏临界点（即保本点）时，经营杠杆系数趋于无穷大。当销售额为100万元时，企业经营只能保本；如果销售额稍有增加，企业便可盈利；如果销售额稍有减少，企业便会亏损。

企业可以通过增加销售额、降低产品单位变动成本、降低固定成本比重等措施使经营杠杆系数下降，降低经营风险。当然，这往往要受到各种条件的制约。

（三）经营杠杆与经营风险

经营风险，是指企业由于生产经营的原因而导致资产报酬波动的风险。引起企业经营风险的主要原因是市场需求和生产成本等因素的不确定性，经营杠杆本身并不是资产报酬不确定的根源，而只是资产报酬波动的表现。但是，经营杠杆放大了市场需求和生产成本等因素变化对利润波动的影响。经营杠杆系数越大，资产报酬等利润波动程度越大，经营风险也就越高。根据经营杠杆系数的计算公式，有：

$DOL = \dfrac{EBIT + F}{EBIT} = 1 + \dfrac{F}{EBIT}$

上式表明，在企业不发生经营性亏损、息税前利润为正的前提下，经营杠杆系数最低为1,不会为负数;只要存在固定性经营成本,经营杠杆系数总是大于1。

影响经营杠杆的因素包括企业成本结构中的固定成本比重、息税前利润水平。其中,息税前利润水平又受产品销售数量、销售价格、成本水平(单位变动成本和固定成本总额)的影响。固定成本比重越大、成本水平越高、产品销售数量越多、销售价格水平越低,经营杠杆效应越大,反之亦然。

二、财务杠杆

(一)财务杠杆概念

财务杠杆,是指由于固定性资本成本的存在而使企业每股收益变动率大于息税前利润变动率的现象。财务杠杆反映股权资本报酬波动性,用以评价企业的财务风险,用每股收益表示普通股权益资本报酬,相关计算公式为:

$$TE = (EBIT - I)(1 - T)$$

$$EPS = (EBIT - I)(1 - T) \div N$$

式中:TE为全部普通股净收益,EPS为每股收益,I为债务资本利息,T为企业所得税税率,N为普通股股数。

上式中,影响每股收益的因素包括资产报酬、资本成本、企业所得税税率等。当存在固定利息费用等资本成本时,如果其他条件不变,息税前利润增加虽然不改变固定利息费用总额,但会降低每1元息税前利润分摊的利息费用,从而提高每股收益,使得每股收益增长率大于息税前利润增长率,进而产生财务杠杆效应。当不存在固定利息、股息等资本成本时,息税前利润就是利润总额,此时利润总额变动率与息税前利润变动率完全一致。如果两期企业所得税税率和普通股股数保持不变,每股收益变动率与利润总额变动率也完全一致,进而与息税前利润变动率一致。

(二)财务杠杆系数

只要企业融资方式中存在固定性资本成本,就存在财务杠杆效应。如固定利息、固定融资租赁费等的存在,都会产生财务杠杆效应。在同一固定资本成本支付水平上,不同息税前利润水平对固定资本成本承受的负担是不一样的,其财务杠杆效应大小也是不一样的。测算财务杠杆效应的常用指标为财务杠杆系数。财务杠杆系数是每股收益变动率与息税前利润变动率的比,其计算公式为:

$$财务杠杆系数 = \frac{普通股每股收益变动率}{息税前利润变动率}$$

或 $$DFL = \frac{\Delta EPS/EPS}{\Delta EBIT/EBIT}$$

式中:DFL为财务杠杆系数,ΔEPS为每股收益变动额,$\Delta EBIT$为息税前利润变动额,EBIT为息税前利润。

为了便于计算,根据每股利润的计算公式,上式可简化为:

$$EPS = \frac{(EBIT - I)(1 - T)}{N}, \quad \Delta EPS = \frac{\Delta EBIT(1 - T)}{N}$$

则: $$DFL = \frac{EBIT}{EBIT - I}$$

式中:I为债务年利息额,T为企业所得税税率,N为流通在外普通股股数。

如果企业存在优先股,则普通股利润应为基期息税前利润减去利息费用、企业所得税和优先股股利后的余额，即：

$$DFL = \frac{EBIT}{EBIT - I - D/(1 - T)}$$

式中：D为优先股股利，其他符号的含义与前述公式中含义相同。

【例4-11】甲、乙、丙为同行业企业，相关资料见表4-8。

表4-8　　　　　　　　　　　　财务杠杆系数计算与比较表　　　　　　　　　金额单位：元

项目	甲企业	乙企业	丙企业
普通股股本	2 000 000	1 500 000	1 000 000
流通股股数	20 000	15 000	10 000
债务（年利率8%）	0	500 000	1 000 000
资产总额	2 000 000	2 000 000	2 000 000
息税前利润	200 000	200 000	200 000
债务利息	0	40 000	80 000
税前利润	200 000	160 000	120 000
企业所得税（税率25%）	50 000	40 000	30 000
税后利润	150 000	120 000	90 000
财务杠杆系数	1	1.25	1.67
每股收益	7.5	8	9
息税前利润增加	200 000	200 000	200 000
债务利息	0	40 000	80 000
税前利润	400 000	360 000	320 000
企业所得税（税率25%）	100 000	90 000	80 000
税后利润	300 000	270 000	240 000
每股收益	15	18	24

其他相关资料说明如下：

（1）财务杠杆系数表明的是息税前利润增长所引起每股收益增长的幅度。如甲企业息税前利润增长1倍时，其每股收益也增长1倍（15÷7.5-1）；乙企业息税前利润增长1倍时，其每股收益增长1.25倍（18÷8-1）；丙企业息税前利润增长1倍时，其每股收益增长1.67倍（24÷9-1）。

（2）在资本总额、息税前利润相同的情况下，负债比率越高，财务杠杆系数越大，财务风险越高，但预期每股收益也越高。如乙企业与甲企业相比，负债比率高（乙企业资产负债率为500 000÷2 000 000×100%=25%，甲企业资产负债率为0），财务杠杆系数高（乙企业为1.25，甲企业为1），财务风险高，但每股收益也高（乙企业为8元，甲企业为7.5

元）；丙企业与乙企业相比，负债比率更高（丙企业资产负债率为 1 000 000÷2 000 000× 100%=50%），财务杠杆系数更高（丙企业为 1.67），财务风险更高，但每股收益更高（丙企业为 9 元）。

负债比率是可以控制的。企业可以通过合理安排资本结构，适度负债，使财务杠杆利益抵消风险增加所带来的不利影响。

（三）财务杠杆与财务风险

财务风险，是指企业由于筹资原因产生的资本成本负担而导致的每股收益波动的风险。引起企业财务风险的主要原因是资产报酬的不利变化和资本成本的固定负担。由于财务杠杆的作用，当息税前利润下降时，企业仍然需要支付固定的资本成本，这会导致普通股剩余收益以更快的速度下降。财务杠杆放大了资产报酬变化对每股收益的影响，财务杠杆系数越高，每股收益的波动程度越大，财务风险也就越高。只要存在固定性资本成本，财务杠杆系数总是大于1。

影响财务杠杆的因素包括企业资本结构中债务资本的比重、每股收益水平、企业所得税税率。其中，每股收益水平又受息税前利润、固定资本成本（利息）高低的影响。债务成本比重越高、固定资本成本支付额越高、息税前利润水平越低，财务杠杆效应越大，反之亦然。

三、综合杠杆

（一）综合杠杆概念

经营杠杆和财务杠杆可以独自发挥作用，也可以综合发挥作用，综合杠杆用来反映两者之间共同作用的结果，即权益资本报酬与产销业务量之间的变动关系。固定性经营成本的存在，会产生经营杠杆效应，导致产销业务量变动对息税前利润变动有放大作用；同样，固定性资本成本的存在，会产生财务杠杆效应，导致息税前利润变动对每股收益变动有放大作用。两种杠杆共同作用，将导致产销业务量的变动引起每股收益更大的变动。

综合杠杆，也称复合杠杆或总杠杆，是指固定经营成本和固定资本成本的存在导致每股收益变动率大于产销业务量变动率的现象。

（二）综合杠杆系数

只要企业同时存在固定性经营成本和固定性资本成本，就会产生综合杠杆效应。产销业务量变动通过息税前利润变动传导至每股收益，使得每股收益发生更大的变动。综合杠杆系数是经营杠杆系数和财务杠杆系数的乘积，是每股收益变动率与产销业务量变动率的比，其计算公式为：

$$综合杠杆系数 = \frac{普通股每股收益变动率}{产销业务量变动率}$$

$$或 \quad DCL = \frac{\Delta EPS/EPS}{\Delta Q/Q} = DOL \times DFL$$

式中：DCL 为综合杠杆系数，其他符号的含义与前述公式中含义相同。

【例 4-12】某企业有 20 万元债务，年利率为 8%，产品销售单价为 50 元，变动营业成本为每件 25 元，每年固定营业成本为 10 万元。确定生产和销售量为 8 000 件时的经营杠杆系数、财务杠杆系数和综合杠杆系数。

M=8 000×（50-25）=200 000（元）

F=100 000 元

EBIT=M-F=200 000-100 000=100 000（元）

I=200 000×8%=16 000（元）

$$DOL=\frac{M}{M-F}=\frac{200\ 000}{200\ 000-100\ 000}=2$$

$$DFL=\frac{EBIT}{EBIT-I}=\frac{100\ 000}{100\ 000-16\ 000}=1.19$$

DCL=DOL×DFL=2×1.19=2.38

　　如果没有财务杠杆，该企业综合杠杆系数等于经营杠杆系数，上例值为2（没有财务杠杆的企业DFL=1）。但是，该企业的财务杠杆将DOL数字放大了1.19倍，从而得到综合杠杆系数为2.38。

　　（三）综合杠杆与总风险

　　企业总风险即复合风险，是指企业未来每股收益的不确定性，它是由经营风险和财务风险组成的。综合杠杆系数反映了企业每股收益变动率随企业产销业务量变动率变动的程度，这种放大的作用是经营杠杆和财务杠杆共同作用的结果。综合杠杆系数越大，总风险就越高。

微课4-1

杠杆原理

　　经营杠杆和财务杠杆可以用多种方式联合以得到一个理想的综合杠杆系数和企业总风险水平。高经营风险可以被较低的财务风险抵消。适当的企业总风险水平需要在企业总风险和期望收益之间进行权衡，这一权衡过程必须与股东价值最大化目标一致。

第三节　资本结构

　　企业应重视自身资本结构，这就需要综合考虑与资本结构有关的影响因素，运用适当的方法确定最佳资本结构，提升企业价值。若企业现有资本结构不合理，应通过筹资活动优化资本结构，使其趋于科学、合理，以实现企业财务管理目标。

一、资本结构含义

　　资本结构，是指企业资本总额中各种资本的构成及比例关系。在筹资活动中，资本结构有广义和狭义之分。广义资本结构包括全部债务与股东权益的构成比例，狭义资本结构则指非流动负债与股东权益的构成比例。在狭义资本结构下，短期债务作为营运资金来管理。

　　不同资本结构会给企业带来不同后果。企业利用债务资本进行举债经营具有双重作用，既可以发挥财务杠杆效应，也可能带来财务风险。因此，企业必须权衡财务风险和资本成本的关系，确定最佳资本结构。

　　从理论上讲，最佳资本结构是存在的，但由于企业内部条件和外部环境经常变化，动态地保持最佳资本结构十分困难。在实务中，目标资本结构通常是企业结合自身实际进行适度负债经营所确立的最佳资本结构。

二、最佳资本结构决策

企业资本结构决策就是要确定最佳资本结构，并且在财务风险适度的条件下，使其预期综合资本成本最低，同时使企业价值最大化。或者说，资本结构优化要求企业权衡负债低资本成本和高财务风险关系，确定合理资本结构。资本结构优化的目标是降低综合资本成本或提高每股收益。

一般情况下，资本结构决策通常采用每股收益分析法、综合资本成本比较法及企业价值法。

（一）每股收益分析法

为了确定最佳资本结构，企业可通过观察每股收益变化来判断资本结构是否合理，即能够提高每股收益的资本结构就是合理的资本结构。在资本结构管理中，利用债务资本的目的之一就在于债务资本能够产生财务杠杆效应，利用负债筹资的财务杠杆作用可以增加股东财富。

每股收益受到经营利润水平、债务资本成本水平等因素影响，分析每股收益与资本结构的关系，可以找到每股收益无差别点。所谓每股收益无差别点，是指在不同筹资方式下，每股收益都相等时所对应的息税前利润和业务量水平。根据每股收益无差别点，可以判断在什么样的息税前利润或业务量水平下，适合采用何种筹资组合方式，进而确定企业资本结构应如何安排。

在每股收益无差别点上，无论是采用债务还是股权筹资方式，每股收益都是相等的。当预期息税前利润或业务量水平大于每股收益无差别点时，应当选择财务杠杆效应较大的筹资方案，反之亦然。

如果用 EPS_1 和 EPS_2 分别表示两个不同筹资方案的每股收益，则在每股收益无差别点上，存在 EPS1=EPS2，即：

$$\frac{(\overline{EBIT} - I_1)(1 - T) - D_1}{N_1} = \frac{(\overline{EBIT} - I_2)(1 - T) - D_2}{N_2}$$

式中：$\overline{EBIT}$ 为每股收益无差别点的息税前利润，I_1、I_2 为两种筹资方式下的利息，D_1、D_2 为两种筹资方式下的优先股股利，N_1、N_2 为两种筹资方式下发行在外的普通股股数。

【例4-13】某企业现有资本1 000万元。其中，银行借款400万元，贷款年利率为10%；发行在外普通股10万股，股本总额600万元。由于生产经营的需要，该企业需追加筹资600万元。追加筹资之后，年息税前利润将达到180万元，适用的企业所得税税率为25%。现有两个方案可供选择：

方案甲：追加筹资通过发行普通股股票，发行10万股，每股60元；

方案乙：追加筹资通过银行借款，贷款年利率为10%。

根据上述资料可得：

$$\frac{(\overline{EBIT} - 400 \times 10\%)(1 - 25\%)}{10 + 10} = \frac{(\overline{EBIT} - 400 \times 10\% - 600 \times 10\%)(1 - 25\%)}{10}$$

$\overline{EBIT}=160$万元

将 $\overline{EBIT}=160$万元代入上面等式两边的任意一边，可得：

$$EPS = \frac{(\overline{EBIT} - I)(1 - T)}{N} = \frac{(160 - 400 \times 10\%)(1 - 25\%)}{10 + 10} = 4.5 \text{（元）}$$

或

$$EPS = \frac{(160 - 400 \times 10\% - 600 \times 10\%)(1 - 25\%)}{10} = 4.5 \text{（元）}$$

上述关系可以用图4-1表示。

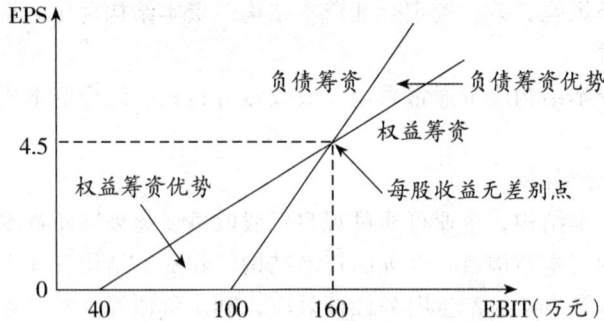

图4-1 方案甲、乙每股收益无差别点

从图4-1可以看出，每股收益无差别点对应的息税前利润为160万元，每股收益为4.5元。

（1）当企业息税前利润高于160万元时，利用银行借款进行负债筹资能够获得更高每股收益。

（2）当企业息税前利润低于160万元时，利用发行普通股股票进行权益资本筹资可以获得更高每股收益。

由于筹资后息税前利润可以达到180万元，所以该企业应该向银行借款进行负债筹资，这样能够获得更高每股收益，即方案乙。

（二）综合资本成本比较法

综合资本成本比较法，是通过计算和比较各种可能筹资组合方案的综合资本成本，选择综合资本成本最低的方案，即能够降低综合资本成本的资本结构就是合理的资本结构。这种方法侧重于从资本投入角度对筹资方案和资本结构进行优化分析。

【例4-14】某企业欲筹资300万元，有三个备选方案，其资本结构分别是：

方案甲：银行借款50万元、债券150万元、普通股股本100万元；

方案乙：银行借款70万元、债券80万元、普通股股本150万元；

方案丙：银行借款100万元、债券120万元、普通股股本80万元。

银行借款、债券、普通股股本的个别资本成本见表4-9。

表4-9　　　　　　　　　　　　　**筹资额及个别资本成本**　　　　　　　　　　金额单位：万元

筹资方式	方案甲		方案乙		方案丙	
	筹资额	资本成本	筹资额	资本成本	筹资额	资本成本
银行借款	50	6%	70	6.5%	100	7%
债券	150	9%	80	7.5%	120	8%
普通股股本	100	15%	150	15%	80	15%
合计	300	—	300	—	300	—

根据上述资料，可以计算各方案的综合资本成本。

方案甲：$K_w = 6\% \times \dfrac{50}{300} + 9\% \times \dfrac{150}{300} + 15\% \times \dfrac{100}{300} = 10.5\%$

方案乙：$K_w = 6.5\% \times \dfrac{70}{300} + 7.5\% \times \dfrac{80}{300} + 15\% \times \dfrac{150}{300} = 11.02\%$

方案丙：$K_w = 7\% \times \dfrac{100}{300} + 8\% \times \dfrac{120}{300} + 15\% \times \dfrac{80}{300} = 9.53\%$

通过以上计算与比较，方案丙的综合资本成本最低。在其他有关因素相同的条件下，方案丙是最好的筹资方案，其形成的资本结构（即银行借款100万元、债券120万元、普通股股本80万元）可确定为该企业的最佳资本结构。

（三）企业价值法

企业价值法，是在考虑市场风险的基础上，以企业市场价值为标准，进行资本结构优化。能够提升企业价值的资本结构就是合理的资本结构。这种方法主要用于对现有资本结构进行调整，适用于资本规模较大的上市企业资本结构优化分析。同时，在企业价值最大的资本结构下，企业综合资本成本也是最低的。

假设V表示企业价值，B表示债务资本价值，S表示权益资本价值，企业价值应该等于其资本市场价值，即：

$$V = S + B$$

为了简化分析，假设企业各期EBIT保持不变，债务资本价值等于其面值，权益资本价值可通过下式计算：

$$S = \frac{(EBIT - I)(1 - T)}{K_s}$$

且 $K_s = R_f + \beta(R_m - R_f)$

此时有：$K_w = K_b \dfrac{B}{V}(1-T) + K_s \dfrac{S}{V}$

【例4-15】某企业息税前利润为400万元，资本总额账面价值为2 000万元。假设无风险报酬率为6%，证券市场平均报酬率为10%，企业所得税税率为25%。经测算，不同债务水平下税前债务资本成本和普通股资本成本见表4-10。

表4-10　　　　　　　不同债务水平下税前债务资本成本和普通股资本成本

债务资本价值（万元）	税前债务利率	β系数	普通股资本成本
0	—	1.50	12.00%
200	8.00%	1.55	12.20%
400	8.50%	1.65	12.60%
600	9.00%	1.80	13.20%
800	10.00%	2.00	14.00%
1 000	12.00%	2.30	15.20%
1 200	15.00%	2.70	16.80%

根据表4-10资料，可计算出不同资本结构下企业价值和综合资本成本，见表4-11。

表4-11　　　　　　　　　　　　　　　　企业价值和综合资本成本　　　　　　　　　　　　　　金额单位：万元

债务 资本价值	股票 市场价值	企业价值	债务税后 资本成本	普通股 资本成本	综合资本成本
0	2 500	2 500	—	12.00%	12.00%
200	2 361	2 561	6.00%	12.20%	11.72%
400	2 179	2 579	6.38%	12.60%	11.63%
600	1 966	2 566	6.75%	13.20%	11.69%
800	1 714	2 514	7.50%	14.00%	11.93%
1 000	1 382	2 382	9.00%	15.20%	12.60%
1 200	982	2 182	11.25%	16.80%	13.75%

（1）当债务资本价值=0时：

债务税后资本成本 $K_b' = K_b(1-T) = 0 \times (1-25\%) = 0$

普通股资本成本 $K_s = R_f + \beta(R_m - R_f) = 6\% + 1.5 \times (10\% - 6\%) = 12.00\%$

股票市场价值 $S = \dfrac{(EBIT - I)(1 - T)}{K_s} = (400 - 0 \times 0) \times (1-25\%) \div 12.00\% = 2\,500$（万元）

企业价值 $V = 0 + 2\,500 = 2\,500$（万元）

综合资本成本 $K_w = K_b \dfrac{B}{V}(1-T) + K_s \dfrac{S}{V}$

或　　　　　　　　 $= K_b' \dfrac{B}{V} + K_s \dfrac{S}{V}$

$$= 0 \times \dfrac{0}{2500} \times (1-25\%) + 12.00\% \times \dfrac{2\,500}{2\,500} = 12.00\%$$

（2）当债务资本价值=200万元时：

债务税后资本成本 $K_b' = K_b(1-T) = 8.00\% \times (1-25\%) = 6.00\%$

普通股资本成本 $K_s = R_f + \beta(R_m - R_f) = 6\% + 1.55 \times (10\% - 6\%) = 12.20\%$

股票市场价值 $S = \dfrac{(EBIT - I)(1 - T)}{K_s} = (400 - 200 \times 8.00\%) \times (1-25\%) \div 12.20\% = 2\,361$（万元）

企业价值 $V = 200 + 2\,361 = 2\,561$（万元）

综合资本成本 $K_w = K_b \dfrac{B}{V}(1-T) + K_s \dfrac{S}{V}$

或　　　　　　　　 $= K_b' \dfrac{B}{V} + K_s \dfrac{S}{V}$

$$= 8.00\% \times \dfrac{200}{2\,561} \times (1-25\%) + 12.20\% \times \dfrac{2361}{2561}$$

$$= 11.72\%$$

（3）当债务资本价值=400万元时：

债务税后资本成本 $K_b' = K_b(1-T) = 8.50\% \times (1-25\%) = 6.38\%$

普通股资本成本 $K_s = R_f + \beta(R_m - R_f) = 6\% + 1.65 \times (10\% - 6\%) = 12.60\%$

股票市场价值 $S = \dfrac{(EBIT - I)(1 - T)}{K_s} = (400 - 400 \times 8.50\%) \times (1-25\%) \div 12.60\% = 2\,179$（万元）

企业价值 V=400+2 179=2 579（万元）

综合资本成本 $K_w=K_b\dfrac{B}{V}(1-T)+K_s\dfrac{S}{V}$

或　　　　　　$=K_b'\dfrac{B}{V}+K_s\dfrac{S}{V}$

$\qquad\qquad=8.50\%\times\dfrac{400}{2\,579}\times(1-25\%)+12.60\%\times\dfrac{2\,179}{2\,579}$

$\qquad\qquad=11.63\%$

（4）当债务资本价值=600 万元时：

债务税后资本成本 $K_b'=K_b(1-T)=9.00\%\times(1-25\%)=6.75\%$

普通股资本成本 $K_s=R_f+\beta(R_m-R_f)=6\%+1.8\times(10\%-6\%)=13.20\%$

股票市场价值 $S=\dfrac{(EBIT-I)(1-T)}{K_s}=(400-600\times9.00\%)\times(1-25\%)\div13.20\%=1\,966$（万元）

企业价值 V=600+1 966=2 566（万元）

综合资本成本 $K_w=K_b\dfrac{B}{V}(1-T)+K_s\dfrac{S}{V}$

或　　　　　　$=K_b'\dfrac{B}{V}+K_s\dfrac{S}{V}$

$\qquad\qquad=9.00\%\times\dfrac{600}{2\,566}\times(1-25\%)+13.20\%\times\dfrac{1\,966}{2\,566}$

$\qquad\qquad=11.69\%$

（5）当债务资本价值=800 万元时：

债务税后资本成本 $K_b'=K_b(1-T)=10.00\%\times(1-25\%)=7.50\%$

普通股资本成本 $K_s=R_f+\beta(R_m-R_f)=6\%+2\times(10\%-6\%)=14.00\%$

股票市场价值 $S=\dfrac{(EBIT-I)(1-T)}{K_s}=(400-800\times10.00\%)\times(1-25\%)\div14.00\%=1\,714$（万元）

企业价值 V=800+1 714=2 514（万元）

综合资本成本 $K_w=K_b\dfrac{B}{V}(1-T)+K_s\dfrac{S}{V}$

或　　　　　　$=K_b'\dfrac{B}{V}+K_s\dfrac{S}{V}$

$\qquad\qquad=10.00\%\times\dfrac{800}{2\,514}\times(1-25\%)+14.00\%\times\dfrac{1\,714}{25\,146}$

$\qquad\qquad=11.93\%$

（6）当债务资本价值=1 000 万元时：

债务税后资本成本 $K_b'=K_b(1-T)=12.00\%\times(1-25\%)=9.00\%$

普通股资本成本 $K_s=R_f+\beta(R_m-R_f)=6\%+2.3\times(10\%-6\%)=15.20\%$

股票市场价值 $S=\dfrac{(EBIT-I)(1-T)}{K_s}=(400-1\,000\times12.00\%)\times(1-25\%)\div15.20\%=1\,382$（万元）

企业价值 V=1 000+1 382=2 382（万元）

综合资本成本 $K_w=K_b\dfrac{B}{V}(1-T)+K_s\dfrac{S}{V}$

或　　　　　　$=K_b'\dfrac{B}{V}+K_s\dfrac{S}{V}$

$\qquad\qquad=12.00\%\times\dfrac{1\,000}{2\,382}\times(1-25\%)+15.20\%\times\dfrac{1\,382}{2\,382}$

$\qquad\qquad=12.60\%$

（7）当债务资本价值=1 200万元时：

债务税后资本成本 $K_b' = K_b(1 - T) = 15.00\% \times (1-25\%) = 11.25\%$

普通股资本成本 $K_s = R_f + \beta(R_m - R_f) = 6\% + 2.7 \times (10\%-6\%) = 16.80\%$

股票市场价值 $S = \dfrac{(EBIT - I)(1 - T)}{K_s} = (400 - 1\,200 \times 15.00\%) \times (1-25\%) \div 16.80\% = 982$（万元）

企业价值 $V = 1\,200 + 982 = 2\,182$（万元）

综合资本成本 $K_w = K_b \dfrac{B}{V}(1-T) + K_s \dfrac{S}{V}$

或　　　　　$= K_b' \dfrac{B}{V} + K_s \dfrac{S}{V}$

$$= 15.00\% \times \frac{1\,200}{2\,182} \times (1-25\%) + 16.80\% \times \frac{1\,382}{2\,382}$$

$$= 13.75\%$$

可以看出，在没有债务资本的情况下，企业价值等于股票的账面价值。当企业增加一部分债务时，财务杠杆开始发挥作用，股票的市场价值大于其账面价值，企业价值上升，综合资本成本下降。在债务达到400万元时，企业价值最高，综合资本成本最低。债务超过400万元以后，随着利率不断上升，财务杠杆的作用逐步减弱甚至发挥相反作用，企业价值下降，综合资本成本上升。因此，债务为400万元时的资本结构是该企业的最佳资本结构。

●●● 思政园地

依法融资，优化资本结构

在社会主义市场经济条件下，各类微观主体的资本配置以市场为导向、以政府有限干预为辅助。各类企业在市场经济中的资本配置是通过协调外部资本市场与内部资本结构来进行的。依法融资是企业维护社会主义资本市场秩序的前提，是企业持续经营的基础，更是企业优化资本结构的保障。

●●● 即测即评

| 第四章单项选择题 | 第四章多项选择题 | 第四章判断题 |

●●● 业务题

1.某企业年销售额100万元，变动成本率70%，全部固定成本和费用20万元，总资产50万元，资产负债率40%，负债平均利息率8%，假设企业所得税税率为25%。该企业拟改变经营计划，追加投资40万元，每年固定成本增加5万元，可以使销售额增加20%，并使变动成本率下降至60%。该企业以提高净资产收益率同时降低总杠杆系数作为改变经营计划的标准。

要求：若所需资金以追加实收资本取得，计算净资产收益率、经营杠杆系数、财务杠杆系数和总杠杆系数，判断是否应该改变经营计划；若所需资金以10%的利率借入，计算净资产收益率、经营杠杆系数、财务杠杆系数和总杠杆系数，判断是否应该改变经营计划。

2.某企业2024年年初的负债及所有者权益总额为9 000万元。其中，公司债券为1 655万元（2024年年初按面值发行，票面年利率为8%，每年年末付息，3年后到期一次还本）；普通股股本为4 000万元（每股面值2元）；资本公积为1 345万元；其余为留存收益1 000万元，优先股股本1 000万元，每年支付优先股股息100万元。2024年该企业为扩大生产规模，需要再筹集1 000万元资金，有两个筹资方案可供选择：

方案一，增发普通股，预计每股发行价格为5元；

方案二，增发债券，按面值发行，票面年利率为8%，每年年末付息，3年后到期一次还本。

预计2024年可实现息税前利润2 000万元，适用的企业所得税税率为25%，已知银行存款年利率为10%。

要求：（1）计算为了到期偿还1 655万元的债券本金需要建立的偿债基金。

（2）计算增发股票方案下2024年增发的普通股股数和2024年全年债券利息。

（3）计算增发债券方案下2024年全年利息。

（4）计算两种筹资方式下的偿债基金。

（5）计算每股收益无差别点，并据此进行筹资决策（不考虑风险）。

3.某公司目前的资本结构为：长期债券800万元，普通股1 000万元，留存收益200万元。其他有关信息如下：

（1）长期债券面值为100元/张，票面利率为8%，期限为10年，每年付息一次，到期还本，发行价为90元/张，发行费用为每张债券3.6元；

（2）股票的β系数为1.73，国库券的利率为5%，市场平均收益率8%；

（3）当前每股市价为5元，筹资费率为3%，本年已派发现金股利0.5元，估计股利增长率维持在2%；

（4）企业所得税税率为25%；

要求：（1）计算长期债券的成本；

（2）按照资本资产定价模型计算留存收益成本；

（3）按照股利增长模型计算普通股成本；

（4）计算加权平均资本成本。

第四章业务题参考答案

第五章 投资管理

【学习目标与要求】

通过本章学习,理解投资的概念及种类,包括生产性投资和非生产性投资、直接投资与间接投资等,并明确项目投资的含义、特点、影响因素以及进行项目投资的程序;掌握项目投资现金流量的含义与估算方法,了解投资现金流量对投资决策的重要性;熟悉并掌握静态及动态财务可行性评价指标,如投资回收期、净现值、内部收益率等,并能够根据企业的实际情况灵活运用这些指标进行投资决策分析。

【价值塑造目标】

通过本章学习,培养对投资管理的全面理解和实际应用能力;认识投资是企业实现长期发展的重要手段,了解投资决策对企业未来发展的深远影响;学会运用科学的投资分析方法评估投资项目的风险和收益,做出明智的投资决策;培养风险意识,学会在投资决策中考虑风险因素,寻求风险与收益之间的平衡,形成正确的投资观念,为企业和个人创造更大的价值。

【案例导入】

四通股份:年产800万平方米特种高性能陶瓷板材项目[①]

一、项目投资概况

2019年,四通股份根据战略规划,在现有经营规模基础上,由全资子公司广东东唯新材料有限公司实施"年产800万平方米特种高性能陶瓷板材项目(第一期)",计划新建一条年产160万平方米的特种高性能陶瓷板材生产线及生产所需仓库、供电、环保、检测中心等生产配套设施,并建设新材料研究院。本次非公开发行股票募集资金总额不超过50 000万元(含本数),扣除发行费用后,将投资于"年产800万平方米特种高性能陶瓷板材项目(第一期)"。本项目建设期为24个月,分为详细设计方案、建筑工程、设备采购、设备安装、附属工程、配套绿化、工程验收和试生产、投产营运八个阶段。本次募投项目具体投资构成见表5-1,预计项目投资资金使用进度情况见表5-2。

---

① 根据四通股份官方网站(https://www.gree.com/)及2019年该公司项目投资可行性分析报告编写。

表 5-1　　　　　　　　　　　　　**项目投资具体构成一览表**　　　　　　　　　金额单位：万元

序号	投资构成	投资金额	拟使用募集资金金额	是否属于资本性支出	是否存在董事会前投入
1	工程费用	48 640.00	48 640.00	是	否
1.1	建设工程费用	24 000.00	24 000.00	是	否
1.2	设备投资	22 500.00	22 500.00	是	否
1.3	安装工程	2 140.00	2 140.00	是	否
2	固定资产其他费用	1 580.00	1 360.00	是	否
3	土地购置费用	22 620.00	—	是	否
4	其他资产费用	1 000.00	—	否	否
5	预备费	3 000.00	—	否	否
6	流动资金	8 000.00	—	否	否
6.1	铺底流动资金	2 400.00	—	否	否
6.2	其他流动资金	5 600.00	—	否	否
	合计	84 840.00	50 000.00	—	—

表 5-2　　　　　　　　　　　**预计项目投资资金使用进度情况一览表**　　　　　　　　单位：万元

资金类型	投入总金额	第一年	第二年	第三年
项目总投资	84 840.00	49 730.00	27 110.00	8 000.00
其中：募集资金	50 000.00	27 110.00	22 890.00	—

二、项目投资可行性

"年产 800 万平方米特种高性能陶瓷板材项目（第一期）"立项前期，国家陆续出台相关鼓励政策，该项目符合国家产业升级的政策要求；由于岩板性能突出，具备广泛应用空间，未来岩板可替代天然石材，应用于高端室内装饰领域、建筑幕墙工程领域、高端定制家具等领域，产业前景良好。当时，岩板属于国际及国内陶瓷行业热门产品，发展前景良好，符合四通股份业务发展现状及发展战略，有利于增强经营能力，经四通股份管理层审慎研究后认为，该募集资金投资项目是必要且可行的。

思考与分析：从财务管理角度分析四通股份项目投资可采用哪些项目评价指标进行可行性分析？为什么？

第一节　投资管理概述

一、投资的含义及种类

（一）投资的含义

投资，是指在一定时期内，特定经济主体（包括政府、企业和个人）以本金回收并获利为基本目的，将货币、实物资产等作为资本投放于某一个具体对象，以在未来期间内获取预期经济利益的经济行为。企业投资建设厂房、购买生产机器设备、投资有价证券等均属于投资范畴。

（二）投资的种类

投资按照不同标准，可以分为不同的类型。

1. 根据投资内容不同分类

投资根据其内容不同，可分为流动资金投资、固定资产投资、无形资产投资、房地产投资、有价证券投资、期货与期权投资、信托投资和保险投资等多种形式。

2. 根据投资涉及领域不同分类

投资根据其涉及领域不同，可分为生产性投资和非生产性投资。

（1）生产性投资，又称生产资料投资，是指投资主体将资金投入生产、建设等物质生产领域并形成生产能力或产出生产资料的一种投资。此投资最终将形成投资主体的各种生产性资产，如固定资产、无形资产等非流动资产与流动资金投资。其中，前者属于资本投资，后者属于周转资金投资。

（2）非生产性投资，是指将资金投入非物质生产领域，不能形成生产能力，但能形成社会消费或服务能力，满足人们物质文化生活需要的一种投资。这种投资的最终成果是形成各种非生产性资产。

3. 根据投资主体投资行为的介入程度不同分类

投资根据其主体投资行为的介入程度不同，可分为直接投资和间接投资。

（1）直接投资，是指不借助金融工具等中介标的物，由投资者直接将资金交付给被投资对象使用的投资行为，包括企业内部直接投资和对外直接投资。前者形成企业内部直接用于生产经营的各种资产，如各种货币资金、实物资产、无形资产等；后者形成企业持有的各种股权性资产，如持有子公司或联营公司股份等。

（2）间接投资，是指投资主体通过购买被投资对象发行的金融工具等中介标的物，将资金间接转移交付给被投资对象使用的投资行为，如企业购买特定投资对象发行的股票、债券、基金等有价证券。

4. 根据投资方向不同分类

投资根据其方向不同，可分为对外投资和对内投资。

（1）对外投资，是指企业为购买其他企业发行的有价证券或金融产品而以货币资金、实物资产、无形资产向其他企业（如联营企业、子公司等）注入资金而发生的投资。

（2）对内投资，是指企业将资金投放于为取得供本企业生产经营使用的固定资产、无形资产、其他资产和垫支流动资金而形成的一种投资。从企业角度看，对内投资就是项目投资。

本章介绍的投资是属于直接投资范畴的企业内部投资——项目投资。

二、项目投资的含义与特点

（一）项目投资的含义

项目投资，是指投资主体以特定建设项目为投资对象的一种长期投资行为。对企业而言，项目投资涉及机器、设备、厂房等固定资产购建与更新改造等生产性投资。相对于有价证券等金融工具投资而言，项目投资属于企业对内投资和直接投资。

（二）项目投资的特点

与其他形式的投资相比，项目投资具有以下特点：

1.投资主体是企业

财务管理讨论的项目投资，其主体是企业，而非个人、政府或专业投资机构。不同主体的投资目的不同，从而导致决策的标准和评价方法等也有区别。

企业筹集资金投资于固定资产和流动资产，期望通过这些资产获得报酬，增加企业价值。企业进行投资获得的报酬率必须超过筹资资本成本，超过部分才能增加企业价值。如果投资报酬率低于筹资资本成本，将会减少企业价值。因此，项目投资优劣的评价标准应以资本成本为基础。

2.投资数额大

企业进行项目投资，特别是战略性的扩大生产能力投资，一般需要较多的资金，其投资额往往是企业通过多种筹资方式筹集的，在企业总资产中占有相当大比重。因此，项目投资对企业未来现金流量和财务状况都将产生深远的影响。

3.影响时间长

项目投资的投资期在一个营业周期以上（或1年以上），属于长期投资，对企业未来的生产经营活动将产生重大影响。

4.变现能力差

项目投资在1年或超过1年的一个营业周期内难以变现，即使在短期内变现，其变现能力也较差。所以，项目投资一旦开始进行，要改变是相当困难的，不是无法实现就是代价太大。

5.投资风险高

影响项目投资未来收益的因素特别多，加上投资额大、影响时间长和变现能力差等特点，其投资风险比其他短期投资风险高，会对企业未来营运产生决定性的影响。

三、项目投资影响因素

企业进行项目投资决策时，要根据其经营战略和方针，由相关管理人员确定有关的投资目标、方向、领域，制定实施方案。一般而言，企业项目投资决策主要考虑需求、时期和时间价值、成本等主要影响因素。

（一）需求因素

企业进行项目投资决策时，必须考虑实施后各期生产产品或提供服务产生的收入水平。产品或服务需求量越大，各期实现的营业收入就越多，盈利也就越多。因此，这主要取决于市场对项目投资建成之后产品或服务的需求程度。

（二）时期和时间价值因素

1.时期因素

时期因素是由项目计算期构成情况决定的。项目计算期，是指项目投资从投资建设开始到最终清理结束整个过程的全部时间，包括建设期和营运期。其中，建设期，是指项目从资金正式投入开始到项目建成投产为止所需要的时间。建设期第一年年初称为建设起点，建设期最后一年年末称为投产日。在实务中，通常应参照项目建设合理工期或项目建设进度计划合理确定建设期。项目计算期最后一年年末称为终结点，一般假定项目最终报废或清理均发生在终结点（更新改造除外）。从项目的投产日到终结点之间的时间间隔称为营运期，包括试产期和达产期（完全达到设计生产能力的时期）两个阶段。试产期，是指项目投入生产，但生产能力尚未完全达到设计能力时的过渡阶段。达产期，是指生产营运达到设计预期水平后的期间。营运期一般应根据项目主要设备的经济使用寿命确定。

如图5-1所示，项目计算期、建设期和营运期之间有以下关系：

项目计算期（n）=建设期（s）+营运期（p）

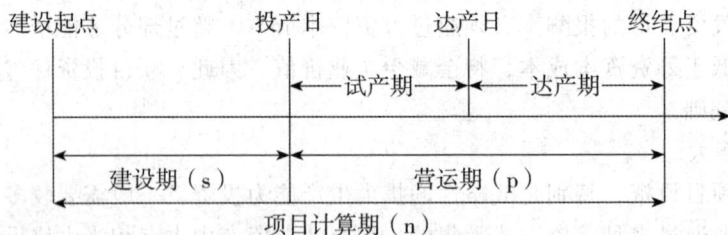

图5-1　项目计算期构成

【例5-1】某企业于2023年1月1日开始投资建设一座厂房，厂房将于2024年12月31日建成并投入使用，试产时间为2年，厂房使用时间为20年。根据上述资料，估算该厂房投资项目各项指标。

建设期（s）=2年

营运期（p）=20年

达产期=营运期-试产期=20-2=18（年）

项目计算期（n）=建设期（s）+营运期（p）=2+20=22（年）

2.时间价值因素

企业对项目投资进行分析时，需根据项目计算期不同时点上价值数据的特征，按照一定的折现率对其进行折算，从而计算出相关的动态项目评价指标。企业科学地选择折现率，对于投资决策至关重要。

（三）成本因素

项目投资成本因素包括投入和产出两个阶段广义成本费用。

1.投入阶段成本

项目投资投入阶段成本是由建设期和营运期初期所发生的原始投资所决定的。

原始投资，又称初始投资，是指企业为使该项目完全达到设计生产能力、开展正常经营而投入的全部现实资金，包括建设投资和流动资金投资。建设投资，是指在建设期内按一定生产经营规模和建设内容进行的投资。流动资金投资，又称垫支流动资金或营运资金投资，是指项目投产后一次或分次投放于营运资金项目的投资增加额。

在财务可行性评价中，原始投资与建设期资本化利息之和为项目总投资，这是一个反映项目投资总体规模的指标，如图5-2所示。

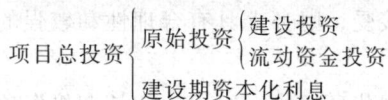

$$\text{项目总投资}\begin{cases}\text{原始投资}\begin{cases}\text{建设投资}\\ \text{流动资金投资}\end{cases}\\ \text{建设期资本化利息}\end{cases}$$

图5-2 项目投入阶段成本关系

【例5-2】某企业投资建设一座厂房，建设期为2年，营运期为20年。全部建设投资分别安排在建设起点、建设期第一年年末和第二年年末，总共分三次投入，投资额分别为50万元、100万元和56万元；全部流动资金投资安排在投产后第一年年末和第三年年末，分两次投入，投资额分别为25万元和15万元。根据项目筹资方案，建设期2年中借款利息资本化为30万元。根据上述资料，可估算该项目各项指标。

建设投资=50+100+56=206（万元）

流动资金投资=25+15=40（万元）

原始投资=建设投资+流动资金投资=206+40=246（万元）

项目总投资=原始投资+建设期资本化利息=246+30=276（万元）

2.产出阶段成本

项目投资产出阶段发生的成本主要是由营运期发生的经营成本、税金及附加和企业所得税决定的。经营成本又称付现营运成本，简称付现成本，是指在营运期内，为满足正常生产经营而动用货币资金支付的成本费用。从企业投资者的角度看，税金及附加和企业所得税都属于成本费用的范畴，因此，在投资决策中需要考虑这些因素。

严格地讲，在各项广义成本因素中，除了企业所得税外，均需综合考虑项目的工艺、技术、生产和财务等条件，通过开展相关的专业分析才能予以确定。

四、项目投资程序

（一）提出投资领域和投资对象

此步骤需要企业在把握良好投资机会的情况下，根据长远发展战略、中长期投资计划和投资环境的变化来确定投资到哪里、投资什么。

（二）评价投资方案可行性

企业在评价投资项目的环境、市场、技术和生产可行性的基础上，对财务可行性做出总体评价。

（三）投资方案比较与选择

企业在财务可行性评价的基础上，对可供选择的多个投资方案进行比较，以期选出最优方案。

（四）投资方案的执行

这是企业项目投资行为的具体实施阶段。

（五）投资方案再评价

企业在投资方案的执行过程中，应注意原来做出的投资决策是否合理、正确，一旦出现新情况，要随时根据变化了的情况做出新的评价和调整。

五、项目投资可行性分析

企业项目投资的可行性就是对环境的不利影响最小，技术上具有先进性和适应性，产品在市场上能够被容纳或被接受，财务上具有合理性和较强的盈利能力，对国民经济有贡献，能够创造社会效益。

广义可行性分析是指在现代环境中，组织一个长期投资项目之前，必须进行的有关该项目投资必要性的全面考察与系统分析，以及有关该项目未来在技术、财务乃至国际经济等诸方面能否实现其投资目标的综合论证与科学评价。它是有关决策者（包括宏观投资管理当局与投资当事人）做出正确可靠投资决策的前提与保证。

狭义可行性分析专指在实施广义可行性分析过程中，与编制相关研究报告相联系的有关工作。

广义可行性分析包括机会分析、初步可行性分析和最终可行性分析三个阶段，具体又包括环境与市场分析、技术与生产分析和财务可行性分析等主要分析内容。其中，财务可行性分析是指在已完成相关环境与市场分析、技术与生产分析的前提下，围绕已具备技术可行性建设项目而开展的有关该项目在财务方面是否具有投资可行性的一种专门分析评价方法。

第二节　项目投资现金流量估算

财务可行性要素，是指在项目投资财务可行性分析过程中，计算一系列财务可行性评价指标所必须予以充分考虑的、与项目直接相关的、能够反映项目投入产出关系的各种主要经济因素的统称。

财务可行性分析的重要前提是按照一定的定量分析技术估算所有的财务可行性要素，进而才能计算出有关的财务评价指标。

在估算时必须注意的是，尽管相当多的要素与财务会计的指标在名称上完全相同，但由于可行性研究存在明显的特殊性，这些要素与财务会计指标在计量口径和估算方法上往往大相径庭，千万不能生搬硬套财务会计的现成结论。

项目投资财务可行性要素估算主要体现为对项目现金流量的定量估算。

一、现金流量含义

项目投资决策中的现金流量，是指由一个长期投资方案所引起企业现金支出和现金收入增加的数量。现金流量中的"现金"是指广义现金，不仅包括各种货币资金，而且包括需要投入的非货币资源的变现价值。例如，一个项目需要使用原有厂房、设备和材料等，则相关现金流量是指它们的变现价值，而不是其账面价值。

项目投资现金流量通常包括现金流入量、现金流出量和现金净流量。

（一）现金流入量

现金流入量（Cash Inflow，CI_t），又称现金流入，是指在其他条件不变时能使现金存量增加的变动量。项目投资现金流入量的主要内容包括营业收入、补贴收入、回收固定资产余值和回收流动资金等产出类财务可行性要素。例如，企业新建一条生产线，通常会引起现金流入的环节为营业现金流入、生产线出售或报废时的残值收入、收回投资计算期垫支的流动资金等。

1.营业现金流入

营业现金流入，是指项目投产后扩大了企业的生产能力，生产出来的产品或服务销售出去后能够使企业销售收入增加，是项目投产后每年实现新增的全部销售收入或业务收入，是营运期主要的现金流入量。

2.回收固定资产残值

回收固定资产残值，是指固定资产出售或报废时取得的现金收入，应当作为投资方案的一项现金流入，一般发生在项目投资的终结点。

3.收回垫支流动资金

收回垫支流动资金，是指生产线出售或报废时，原垫支的流动资金投资可以全部用于其他目的，应作为项目投资的一项现金流入。

（二）现金流出量

现金流出量（Cash Outflow，CO_t），又称现金流出，是指在其他条件不变时能够使现金存量减少的变动量。项目投资现金流出量的主要内容包括建设投资、流动资金投资、经营成本、维持营运投资、税金及附加和企业所得税等投入类财务可行性要素。例如，企业增加一条生产线，通常会引起以下现金流出：

1.增加生产线价款

购置生产线的价款可能是一次性支出，也可能分几次支出。

2.垫支流动资金

由于该生产线扩大了企业生产能力，引起对流动资金的需求增加。企业需要追加流动资金，也是由于购置该生产线引起的，应列入该方案现金流出量。只有在营业终了或出售（报废）该生产线时，才能收回这些资金。

3.付现成本

付现成本是与投资项目有关的以现金支付的各种成本费用，是生产经营期间最主要的流出项目。付现成本是相对于非付现成本而言的，前者指的是需要每年支付现金的成本，而后者主要指折旧和摊销。所以，付现成本可以用营业成本减折旧和摊销来估计，用公式表示如下：

付现成本=营业成本−非付现成本（折旧、摊销）

4.税金支出

税金支出主要指项目投产后依法应缴纳的各项税款，包括增值税、消费税、企业所得税等。

（三）现金净流量

项目投资现金净流量（Net Cash Flow，NCF_t），是指在项目计算期内由建设项目每年现金流入量与每年现金流出量之间的差额所形成的序列指标。其理论计算公式为：

某年现金净流量 = 该年现金流入量 − 该年现金流出量

$NCF_t = CI_t - CO_t (t = 0, 1, 2, 3, \cdots, n)$

现金净流量有两个特征：第一，无论是在营运期内还是在建设期内，都存在现金净流量。第二，项目计算期不同阶段现金流入量和现金流出量的发生可能性不同，使得各阶段现金净流量在数值上表现出不同的特点，如建设期内现金净流量一般小于或等于零，营运期内现金净流量则多为正值。

微课5-1

项目投资的现金流量及其估算（上）

现金净流量包括企业所得税前现金净流量和企业所得税后现金净流量。前者不受筹资方案和企业所得税政策变化的影响，是全面反映投资项目本身获利能力的基础数据。计算时，现金流出量中不考虑企业所得税调整因素。后者则将企业所得税视为现金流出，可用于评价在考虑企业所得税因素时项目投资对企业价值所作的贡献，可以在税前现金净流量的基础上，直接扣除企业所得税调整求得。

二、现金流量估算

在项目投资中，现金流量估算的核心是计算投资方案现金净流量。除更新改造项目外，项目投资现金净流量估算按其所涉及时间不同，可分为建设期、营运期、终结点现金净流量估算。

（一）建设期现金净流量估算

若建设期为0，原始投资均在建设期内投入，则初始现金净流量就是建设期现金净流量。其计算公式为：

建设期现金净流量 = −原始投资 = −（建设投资 + 流动资金投资）

若建设期不为0，则必须按年度分别确定各年的原始投资额。

【例5-3】某企业拟新增一条生产线，需投资设备100万元、专利技术50万元、流动资金20万元，投资项目当年投产。

此时建设期为0，原始投资均在建设期内投入，则建设期现金净流量计算如下：

建设期现金净流量（NCF_0）= −（100+50+20）= −170（万元）

（二）营运期现金净流量估算

营运期现金净流量，是指投资项目投入使用后，在其寿命周期内，由于生产经营所带来的现金流入和现金流出差额。其计算公式为：

营运期某年现金净流量（NCF_t）= 现金流入量（CI_t）−现金流出量（CO_t）

　　　　　　　　　　　　　　= 营业收入 −（付现成本+企业所得税）

　　　　　　　　　　　　　　= 营业收入 −（营业成本−折旧−摊销）−企业所得税

　　　　　　　　　　　　　　= 营业收入 −营业成本−企业所得税+折旧+摊销

　　　　　　　　　　　　　　= 净利润+折旧+摊销

（三）终结点现金净流量估算

终结点现金净流量，是指投资项目完结时发生的现金流量。其计算公式为：

$$\text{终结点现金净流量} = \text{经营期最后一期现金净流量} + \text{回收固定资产净残值及出售时的税赋损益} + \text{收回垫支的流动资金}$$

（四）现金净流量估算举例

【例5-4】某企业拟购建一项固定资产，需要投资100万元，按直线法折旧，使用寿命为10年，预计投产后每年可以获得净利润10万元，假定不考虑企业所得税因素。

情形①：建设起点投入资金100万元，当年完工并投产，固定资产无残值；

情形②：建设期为1年，其余条件同情形①；

情形③：期满有净残值10万元，其余条件同情形①；

情形④：建设期为1年，建设期年初、年末各投入50万元，期末无残值。

要求：根据上述资料估算不同情形下现金净流量。

（1）根据情形①资料，可得：

建设期（s）=0

项目计算期（n）=0+10=10（年）

每年折旧额=$\dfrac{100-0}{10}$=10（万元）

第一年年初现金净流量（NCF_0）=-100万元

第一年至第十年各年年末现金净流量（$NCF_{1\sim10}$）=10+10=20（万元）

（2）根据情形②资料，可得：

建设期（s）=1年

项目计算期（n）=1+10=11（年）

每年折旧额=$\dfrac{100-0}{10}$=10（万元）

第一年年初的现金净流量（NCF_0）=-100万元

第一年年末的现金净流量（NCF_1）=0

第二年到第十一年各年年末的现金净流量（$NCF_{2\sim11}$）=10+10=20（万元）

（3）根据情形③资料，可得：

建设期（s）=0

项目计算期（n）=0+10=10（年）

每年的折旧额=$\dfrac{100-10}{10}$=9（万元）

第一年年初的现金净流量（NCF_0）=-100万元

第一年至第九年各年年末的现金净流量（$NCF_{1\sim9}$）=10+9=19（万元）

第十年年末的现金净流量（NCF_{10}）=10+9+10=29（万元）

需要注意的是，第十年年末为终结点现金流量，要考虑回收固定资产残值的现金流入。

（4）根据情形④资料，可得：

建设期（s）=1年

项目计算期（n）=1+10=11（年）

每年折旧额=$\dfrac{100-0}{10}$=10（万元）

第一年年初的现金净流量（NCF_0）=-50万元

第一年年末的现金净流量（NCF_1）=-50万元

第二年到第十一年各年年末的现金净流量（$NCF_{2\sim11}$）=10+10=20（万元）

【例5-5】某企业准备购建一台机器设备，需在建设起点一次性投入全部资金400万元，建设期为1年；设备预计使用寿命为10年，期末有10万元净残值，按直线法计提折旧；设备投产后预计每年可使该企业新增销售收入200万元，每年付现成本为40万元。企业所得税税率为25%。

要求：估算该项目设备投资在整个计算期的现金净流量情况。

（1）项目计算期（n）=1+10=11（年）

（2）建设期：

第一年年初的现金净流量（NCF_0）=-400万元

第一年年末的现金净流量（NCF_1）=0

（3）经营期：

每年折旧额=$\dfrac{400-10}{10}$=39（万元）

第二年至第十一年各年年末的净利润=（200-40-39）×（1-25%）=90.75（万元）

第二年至第十年各年年末的现金净流量（NCF_{2-10}）=90.75+39=129.75（万元）

（4）终结点现金净流量：

第十一年年末的现金净流量（NCF_{11}）=129.75+10=139.75（万元）

【例5-6】某企业准备购入一台机器设备以扩充生产能力，现有A、B两个方案可供选择。

方案A：在建设期期初一次性投资10 000万元，使用寿命为5年，采用直线法计提折旧，期末无残值。5年中每年销售收入为10 000万元，每年付现成本为6 000万元。

方案B：在建设期期初一次性投资13 000万元，使用寿命为5年，采用直线法计提折旧，期末设备残值为3 000万元。5年中每年销售收入为11 000万元，初始付现成本为6 000万元，以后随着设备陈旧逐年增加修理维护费500万元。另外，建设期期初需要垫支流动资金2 000万元。

两个方案企业所得税税率均为25%。

要求：估算A、B两个方案在项目计算期的现金净流量。

方案A每年折旧额=$\dfrac{10\,000-0}{5}$=2 000（万元）

方案B每年折旧额=$\dfrac{13\,000-3\,000}{5}$=2 000（万元）

下面以表格的形式计算两个方案经营现金净流量，再根据初始点、营运期、终结点现金流量计算两个方案全部现金净流量。A、B两个方案经营现金净流量见表5-3。

表5-3　　　　　　　　　　　　　A、B两个方案经营现金净流量　　　　　　　　　　单位：万元

年限	1	2	3	4	5
方案A					
销售收入（1）	10 000	10 000	10 000	10 000	10 000
付现成本（2）	6 000	6 000	6 000	6 000	6 000
折旧（3）	2 000	2 000	2 000	2 000	2 000
税前利润（4）=（1）-（2）-（3）	2 000	2 000	2 000	2 000	2 000
企业所得税（5）=（4）×25%	500	500	500	500	500
税后利润（6）=（4）-（5）	1 500	1 500	1 500	1 500	1 500
现金净流量（7）=（3）+（6）	3 500	3 500	3 500	3 500	3 500

续表

年限	1	2	3	4	5
方案B					
销售收入（8）	11 000	11 000	11 000	11 000	11 000
付现成本（9）	6 000	6 500	7 000	7 500	8 000
折旧（10）	2 000	2 000	2 000	2 000	2 000
税前利润（11）=（8）-（9）-（10）	3 000	2 500	2 000	1 500	1 000
企业所得税（12）=（11）×25%	750	625	500	375	250
税后利润（13）=（11）-（12）	2 250	1 875	1 500	1 125	750
现金净流量（14）=（10）+（13）	4 250	3 875	3 500	3 125	2 750

　　如果考虑初始投资现金流量和终结点回收额，则两个投资方案在计算期内的现金流量见表5-4。

表5-4　　　　　　　　　　　A、B两个方案计算期内现金流量　　　　　　　　单位：万元

年份	0	1	2	3	4	5
方案A						
固定资产投资	-10 000	—	—	—	—	—
营业现金流量	—	3 500	3 500	3 500	3 500	3 500
现金流量合计	-10 000	3 500	3 500	3 500	3 500	3 500
方案B						
固定资产投资	-13 000	—	—	—	—	—
营运资金垫支	-2 000	—	—	—	—	—
营业现金流量	—	4 250	3 875	3 500	3 125	2 750
固定资产残值	—	—	—	—	—	3 000
营运资金收回	—	—	—	—	—	2 000
现金流量合计	-15 000	4 250	3 875	3 500	3 125	7 750

微课5-2

第三节　投资可行性评价指标

　　项目投资现金流量估算是企业项目投资财务可行性定量分析的基础，也是具体判断投资项目是否值得企业去投资的财务可行性评价指标的计算依据。

项目投资的
现金流量及
其估算（下）

一、财务可行性评价指标定义及类型

(一) 财务可行性评价指标定义

财务可行性评价指标,又称财务投资决策评价指标(或简称评价指标),是指用于衡量项目投资财务效益高低和评价投入产出关系是否合理,以及评价其是否具有财务可行性所依据的一系列量化指标的统称。这些指标不仅可以用于评价投资方案的财务可行性,而且可以与不同的决策方法相结合,作为多方案比较与选择决策的量化标准与尺度。

(二) 财务可行性评价指标类型

财务可行性评价指标很多,可以按照不同的标准进行分类。

1.按照是否考虑货币时间价值分类

按照是否考虑货币时间价值,财务可行性评价指标可分为静态评价指标和动态评价指标。

静态评价指标(简称静态指标),又称非贴现指标,是指在计算过程中不考虑货币时间价值因素的指标。该指标具体包括静态投资回收期和总投资收益率。

动态评价指标(简称动态指标),又称贴现指标,是指在计算过程中充分考虑和利用货币时间价值因素的指标。该指标包括净现值、净现值率、现值指数和内部收益率。

2.按照指标性质不同分类

按照指标性质不同,财务可行性评价指标可分为在一定范围内越大越好的正指标和越小越好的反指标两类。上述指标中只有静态投资回收期属于反指标。

3.按照指标在决策中的重要性分类

按照指标在决策中的重要性,财务可行性评价指标可分为主要指标、次要指标和辅助指标。上述分类中的净现值、现值指数、内部收益率等为主要指标,静态投资回收期为次要指标,总投资收益率为辅助指标。

从总体来看,计算财务可行性评价指标需要考虑的因素包括财务可行性要素、项目计算期构成、货币时间价值和投资风险。其中,前两项是计算任何财务可行性评价指标都要考虑的因素,可以通过测算投资项目各年现金净流量来集中反映;货币时间价值则是计算动态指标应当考虑的因素;投资风险既可以通过调整项目现金净流量来反映,也可以通过修改折现率指标来反映。

本章主要介绍第一种分类标准所涉及的静态投资回收期、总投资收益率、净现值、净现值率、现值指数和内部收益率六项财务可行性评价指标。

二、静态评价指标

(一) 静态投资回收期

静态投资回收期(简称回收期),是指投资项目的未来现金净流量与原始投资额相等时所经历的时间,即原始投资额通过未来现金流量回收所需要的时间。它有两种形式:包括建设期的投资回收期(记作PP)和不包括建设期的投资回收期(记作PP')。

项目投资静态投资回收期通常存在两种情况:项目投资营运期内每年现金净流量相等和项目投资营运期内每年现金净流量不相等。项目计算期及各期现金净流量如图5-3所示。

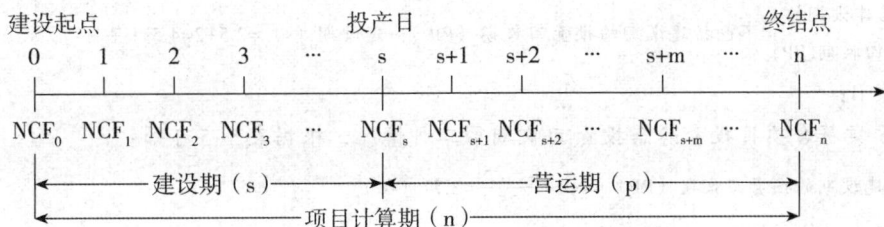

图5-3 项目计算期及各期现金净流量

1.项目投资营运期内每年现金净流量相等

项目投资营运期内每年现金净流量相等，即 $NCF_{s+1} = NCF_{s+2} = \cdots = NCF_{s+m} = \cdots = NCF_n$，且其合计大于或等于建设期发生的原始投资，则项目投资静态投资回收期计算公式为：

$$不包括建设期的投资回收期（PP'）= \frac{建设期发生原始投资合计}{营运期年现金净流量}$$

包括建设期的投资回收期（PP）=不包括建设期的投资回收期（PP'）+建设期（s）

需要注意的是，如果全部流动资金投资均不发生在建设期内，则上式分子应调整为建设投资合计。

2.项目投资营运期内每年现金净流量不相等

项目投资营运期内每年现金净流量不相等，即 $NCF_{s+1} \neq NCF_{s+2} \neq \cdots \neq NCF_{s+m} \neq \cdots \neq NCF_n$，则项目投资静态投资回收期要按逐年累计现金净流量来确定。项目投资静态投资回收期应等于累计现金净流量为0的年限，其计算公式为：

$$包括建设期的投资回收期（PP）= \left(\begin{array}{c}累计现金净流量第一\\次出现正值的期数\end{array} - 1\right) + \frac{上期累计现金净流量绝对值}{当期现金净流量}$$

$$\begin{array}{l}不包括建设期的\\投资回收期（PP'）\end{array} = \left(\begin{array}{c}累计现金净流量第一\\次出现正值的期数\end{array} - 1\right) + \frac{上期累计现金净流量绝对值}{当期现金净流量} - 建设期（s）$$

$$= 包括建设期的投资回收期（PP）- 建设期（s）$$

【例5-7】某企业有A、B两个投资方案。方案A为建造一座厂房，建设期为2年，原始投资额为100万元，营运期每年产生的现金净流量相等，均为40万元，项目计算期为10年；方案B为机器设备投资，建设期为1年，使用年限为5年，各年现金流量数据见表5-5。

表5-5 　　　　　　　　　　**方案B各年现金流量**　　　　　　　　　　单位：万元

年份	0	1	2	3	4	5	6
现金净流量	−100	—	30	45	35	20	20
累计现金净流量	—	−100	−70	−25	10	30	50

要求：估算方案A、B两个项目投资静态投资回收期。

方案A：

此方案符合项目投资静态投资回收期第一种情况。

$$不包括建设期的投资回收期（PP'）= \frac{100}{40} = 2.5（年）$$

$$\text{包括建设期的投资回收期(PP)} = \text{不包括建设期的投资回收期(PP')} + \text{建设期(s)} = 2.5 + 2 = 4.5 \text{(年)}$$

方案B：

此方案符合项目投资静态投资回收期第二种情况，根据表5-5可知：

$$\text{包括建设期的投资回收期(PP)} = 4 - 1 + \frac{|-25|}{35} = 3.71 \text{(年)}$$

$$\text{不包括建设期的投资回收期(PP')} = 3.71 - 1 = 2.71 \text{(年)}$$

静态投资回收期的优点是：能够直观地反映原始投资的返本期限，便于理解，计算简单，可以直接利用回收期之前的现金净流量信息。

其缺点是：没有考虑货币时间价值因素和回收期满以后发生的现金净流量，不能正确反映投资方式不同对项目的影响。

只有静态投资回收期指标小于或等于基准投资回收期的投资项目才具有财务可行性。

（二）总投资收益率

总投资收益率，又称投资报酬率（Return On Investment，ROI），是指达产期正常年份的年息税前利润[①]或营运期年均息税前利润占项目总投资的百分比。其计算公式为：

$$\text{总投资收益率(ROI)} = \frac{\text{年息税前利润或年均息税前利润}}{\text{项目总投资}} \times 100\%$$

【例5-8】某企业投资一个项目，总投资为13 000万元，投资后每期产生的息税前利润分别为2 250万元、1 875万元、1 500万元、1 125万元、750万元。则该项目的总投资收益率为：

$$\text{总投资收益率(ROI)} = \frac{(2\,250 + 1\,875 + 1\,500 + 1\,125 + 750) \div 5}{13\,000} \times 100\% = 11.54\%$$

总投资收益率的优点是计算公式简单；缺点是没有考虑货币时间价值因素，不能正确反映建设期长短及投资方式和回收额有无等对项目的影响，分子、分母计算口径可比性差，无法直接利用现金净流量信息。

只有总投资收益率指标大于或等于基准总投资收益率指标的投资项目才具有财务可行性。

三、动态评价指标

（一）净现值

净现值（Net Present Value，NPV），是指在项目计算期内，按设定折现率或基准收益率计算的各期现金净流量现值的代数和。其计算公式为：

$$\text{NPV} = \sum_{t=0}^{n} \frac{\text{NCF}_t}{(1+r)^t}$$

式中：NPV为净现值，NCF_t为第t年的现金净流量，r为贴现率（资本成本或企业要求的报酬率），n为项目计算期。

在计算投资项目净现值时，应根据项目现金净流量具体情况，确定如何折现比较简便。下面列示四种不同情况，确定具体折现方法：

（1）全部投资在建设起点一次性投入，建设期为0，投产后每年现金净流量相等，即

[①] 息税前利润=营业收入-不包括财务费用的总成本费用-税金及附加

$NCF_{s+1} = NCF_{s+2} = NCF_{s+3}\cdots = NCF_n$。

【例5-9】某企业准备投资一个新项目，项目计算期期初一次性投资400 000元，建设期为0，投产后每年现金净流量为95 000元，经营期为5年，该企业必要报酬率为10%。

要求：计算该投资项目的净现值。

净现值（NPV）$=NCF_{1-5}\times$（P/A，10%，5）$-NCF_0$

$=95\,000\times3.7908-400\,000=-39\,874$（元）

（2）全部投资在建设起点一次性投入，建设期为0，投产后每年现金净流量不等，即 $NCF_{s+1} \neq NCF_{s+2} \neq NCF_{s+3}\cdots \neq NCF_n$。

【例5-10】某企业准备投资一个新项目，投资额为240 000元，建设期为0，营运期为4年，每年现金净流量见表5-6。

表5-6　　　　　　　　　　　　　投资项目现金净流量　　　　　　　　　　　单位：元

年份	0	1	2	3	4
现金净流量	−240 000	20 000	60 000	100 000	140 000

若该企业必要报酬率为8%，试计算该项目净现值。

净现值（NPV）$=20\,000\times$（P/F，8%，1）$+60\,000\times$（P/F，8%，2）$+100\,000\times$

（P/F，8%，3）$+140\,000\times$（P/F，8%，4）$-240\,000$

$=20\,000\times0.9259+60\,000\times0.8573+100\,000\times0.7938+140\,000\times0.7350-240\,000$

$=12\,236$（元）

（3）全部投资在建设起点一次性投入，建设期不为0，投产后每年现金净流量相等。

【例5-11】某企业拟建设一条新生产线，需投资500 000元，在建设起点一次性投入，按直线法计提折旧，使用寿命为10年，期末无残值。该项目建设期为2年，预计投产后每年可获利50 000元。假定该项目必要报酬率为10%。根据上述资料，可以计算该项目的净现值如下：

建设期现金净流量（NCF_0）$=-500\,000$元

年折旧$=500\,000\div10=50\,000$（元）

投产后每年的现金净流量（NCF_{3-12}）$=50\,000+50\,000=100\,000$（元）

净现值（NPV）$=100\,000\times$（P/A，10%，10）$\times$（P/F，10%，2）$-500\,000$

$=100\,000\times6.1446\times0.8264-500\,000=7\,789.74$（元）

（4）全部投资在建设期内分次投入，建设期不为0，投产后每年现金净流量相等。

【例5-12】有关资料与【例5-11】相同，但建设期内资金分别在第一年年初和第二年年初各投入250 000元，则该项目净现值计算如下：

净现值（NPV）$=100\,000\times$（P/A，10%，10）$\times$（P/F，10%，2）$-$〔$250\,000+250\,000\times$（P/F，10%，1）〕

$=100\,000\times6.1446\times0.8264-$（$250\,000+250\,000\times0.9091$）

$=30\,514.74$（元）

净现值的优点有三点：第一，考虑了货币时间价值，增强了投资经济性评价；第二，考虑了计算期内全部现金净流量，体现了流动性和收益性的统一；第三，考虑了投资

风险。

净现值的缺点是也有三点：第一，不能反映投资项目的实际收益水平，进行互斥项目评价时，如果不同方案投资额不相等，就无法确定投资方案优劣；第二，现金净流量和折现率准确与否直接影响净现值的正确性；第三，计算相对复杂。

（二）净现值率

净现值率（Net Present Value Rate，NPVR），是指投资项目净现值占原始投资现值总和的比率，亦可将其理解为单位原始投资现值所创造的净现值。其计算公式为：

$$净现值率（NPVR）= \frac{项目的净现值}{原始投资额的现值之和}$$

【例5-13】以【例5-10】的资料计算净现值率。

$$净现值率（NPVR）= \frac{12\,236}{240\,000} = 0.05$$

净现值率的决策标准可以按照净现值的决策标准推断，净现值率大于或等于0时，方案才具有可行性，否则不可行。

净现值率的优点是：可以从动态角度反映项目投资资金投入与净产出之间的关系，计算过程比较简单；其缺点是：无法直接反映投资项目的实际收益率。

（三）现值指数

现值指数（Present Value Index，PVI），是指投资项目的未来现金净流量现值与原始投资现值的比率。其计算公式为：

$$现值指数（PVI）= \frac{未来现金净流量现值}{原始投资额现值}$$

若在已知项目净现值的情况下，亦可通过净现值率推算现值指数，其计算公式为：

$$现值指数（PVI）= 1 + 净现值率（NPVR）$$

【例5-14】以【例5-10】的资料计算现值指数。

$$现值指数（PVI）= \frac{20\,000 \times 0.9259 + 60\,000 \times 0.8573 + 100\,000 \times 0.7938 + 140\,000 \times 0.7350}{240\,000}$$

$$= \frac{252\,236}{240\,000} = 1.05$$

或：

$$现值指数（PVI）= 1 + 净现值率$$
$$= 1 + 0.05 = 1.05$$

现值指数的决策标准可通过与1的关系推断，若现值指数大于或等于1，方案才具有可行性，否则不可行。现值指数越大，方案越好。

现值指数的优点是：克服了净现值指标不便于对原始投资现值不同的独立方案进行比较和评价这一不足；其缺点是：无法直接反映投资项目的实际收益率。

（四）内部收益率

内部收益率（Internal Rate of Return，IRR），也称内含报酬率，是指项目投资实际可望达到的收益率。实际上，它是能使项目净现值等于0的折现率，即：

$$NPV = \sum_{t=0}^{n} \frac{NCF_t}{(1 + IRR)^t} = 0$$

内部收益率计算应视投资计算期内每期现金净流量是否相等采用不同的方法。

1.经营期内各年现金净流量相等且原始投资一次性于项目计算期期初投入，无建设期

（1）计算年金现值系数。

$$年金现值系数=\frac{原始投资额的现值}{每年等额现金净流量}=(P/A，IRR，n)$$

（2）在年金现值系数表有关年数（n年）栏内如果找到与上述系数相同的值，那么该系数所对应的利率就是所要求的内部收益率。若找不到等于上述年金现值系数的值，则找出表上同期略大于以及略小于上述年金现值系数的两个利率。

（3）根据相邻近两个利率以及年金现值系数，采用插值法计算内部收益率。

【例5-15】某企业拟投资建设一条新生产线，建设期为0，在项目投资期初一次性投入200 000元，期末无残值；新生产线在经营期5年内每年现金净流量均为47 500元。

根据上述资料，计算该项目内部收益率步骤如下：

（1）计算年金现值系数。

$$年金现值系数=\frac{200\,000}{47\,500}=4.2105$$

（2）经查年金现值系数表，在5年的年金现值系数表中查得与4.2105相邻的两个数值为4.2124和4.1002，与之对应的利率分别是6%和7%，由此可以确定该项目的内部收益率在6%～7%之间。

（3）采用插值法计算内部收益率。

利率	年金现值系数
6%	4.2124
IRR	4.2105
7%	4.1002

若利率与年金现值系数存在某种线性关系，那么存在以下等式：

$$\frac{IRR-6\%}{4.2105-4.2124}=\frac{7\%-6\%}{4.1002-4.2124}$$

$$IRR=6\%+\frac{4.2105-4.2124}{4.1002-4.2124}\times(7\%-6\%)=6.017\%$$

2.经营期内各年现金净流量不等

（1）通常采用逐步测试法。先估计一个折现率，用它来计算方案的净现值。如果净现值为正数，说明方案本身收益率超过估计折现率，应提高折现率后进一步测试；如果净现值为负数，说明方案本身收益率低于估计折现率，应降低折现率后进一步测试。经过多次测试，找出使项目净现值由正数变为负数或由负数变为正数的相邻两个折现率，该项目内部收益率就在这两个相邻折现率之间。

（2）根据相邻两个折现率，采用插值法计算内部收益率。

【例5-16】某企业投资一个新项目，一次性投资150 000元，项目计算期内各年现金净流量见表5-7。

表5-7　　　　　　　　　　　　**各年现金净流量表**　　　　　　　　　　单位：元

年份	0	1	2	3	4	5
现金净流量	−150 000	38 000	35 600	33 200	32 800	78 400

每年现金净流量不相等，因此，必须采用逐步测试法，测试过程见表5-8。

表5-8   **项目投资净现值计算表**   金额单位：元

年份	现金净流量（NCF）	折现率10%		折现率12%		折现率14%	
		现值系数	现值	现值系数	现值	现值系数	现值
0	−150 000	1.0000	−150 000.00	1.0000	−150 000.00	1.0000	−150 000.00
1	38 000	0.9091	34 545.80	0.8929	33 930.20	0.8772	33 333.60
2	35 600	0.8264	29 419.84	0.7972	28 380.32	0.7695	27 394.20
3	33 200	0.7513	24 943.16	0.7118	23 631.76	0.6750	22 410.00
4	32 800	0.6830	22 402.40	0.6355	20 844.40	0.5921	19 420.88
5	78 400	0.6209	48 678.56	0.5674	44 484.16	0.5194	40 720.96
净现值合计	—	—	9 989.76	—	1 270.84	—	−6 720.36

根据表5-8，内部收益率应在12%～14%之间，使用插值法：

折现率	净现值
12%	1 270.84
IRR	0
14%	−6 720.36

若折现率与净现值之间存在某种线性关系，那么存在以下等式：

$$\frac{IRR - 12\%}{0 - 1\,270.84} = \frac{14\% - 12\%}{-6\,720.36 - 1\,270.84}$$

$$IRR = 12\% + \frac{0 - 1\,270.84}{-6\,720.36 - 1\,270.84} \times (14\% - 12\%) = 12.32\%$$

在使用内部收益率进行决策时，当方案的内部收益率大于或等于企业要求的必要报酬率或资本成本时，该方案可行；反之，不可行。

内部收益率的优点是：考虑了货币时间价值，能从动态角度直接反映投资项目的实际收益水平，不受基准收益率高低的影响，比较客观；其缺点是：计算过程复杂，要用计算机辅助完成，也可以使用Excel软件的IRR函数计算。

四、项目投资可行性评价指标运用

（一）项目投资方案

项目投资评价就是根据计算的评价指标做出最终投资决策，从多个备选方案中对比选优。同一个投资项目完全可以采取不同的技术路线和运作手段来实现。如新建一个投资项目，其投资规模可大可小，建设期有长有短，建设方式可分别采取自营方式和出包方式。这些具体选择最终要通过设计不同的投资方案来体现。投资方案就是基于投资项目要达到的目标而形成的有关具体投资设想与时间安排，或者说是未来投资行动的预案。一个投资项目可以只设计一个投资方案，也可以设计多个可供选择的方案。

根据项目投资中投资方案的数量，投资方案可分为单一方案和多个方案；根据投资项目之间的相互关系，可分为独立项目和互斥项目。下面重点介绍独立项目和互斥项目。

1.独立项目

独立项目是相容性投资，各投资项目之间互不关联、互不影响，可以同时存在。在独立项目中，选择某一个方案并不排斥选择另一个方案。就一组完全独立的项目而言，其存在的前提条件是：

（1）投资资金来源无限制。

（2）投资资金无优先使用的排序。

（3）各投资项目所需的人力、物力均能得到满足。

（4）不考虑地区、行业之间的相互关系及影响。

（5）每一个投资方案是否可行仅取决于该方案的经济效益，与其他方案无关。

符合上述条件的就是独立项目。例如，某企业拟进行几项投资活动，这一组投资方案包括扩建生产车间、购置一辆运输汽车、新建办公楼等。在这一组投资方案中，各方案之间没有什么关联，互相独立，不存在相互比较和选择的问题。该企业既可以全部不接受，也可以接受其中一个、接受多个或全部接受。

评价独立项目时，需要利用评价指标考查独立项目是否具有财务可行性，通常一个项目同时满足以下条件：净现值≥0，净现值率≥0，现值指数≥1，内部收益率>资本成本，则该项目具有财务可行性；反之，则不具有财务可行性。静态投资回收期与总投资收益率可作为辅助指标评价投资项目。需要注意的是，当辅助指标与主要指标（贴现指标）的评价结论发生矛盾时，应以主要指标结论为准。

2.互斥项目

互斥项目是非相容性投资，各投资项目之间相互关联、相互替代，不能同时存在。因此，互斥项目具有排他性。例如，某企业拟投资增加一条生产线（购置设备），既可以自行生产制造，也可以向国内其他厂家订购，还可以向某外商订货。这一组设备购置方案就是互斥方案，因为在这三个方案中，只能选择其中一个方案。

由于各备选方案的投资额、项目计算期不一致，在进行对比择优时也有一定差异，因而要根据各方案的项目计算期、投资额是否相等，采用不同的方法进行决策。

（1）互斥项目的投资额、项目计算期都相等。此时可采用净现值或内部收益率等评价指标。净现值法，是通过比较互斥项目净现值指标的大小来选择最优方案的方法；内部收益率法，是通过比较互斥项目内部收益率指标的大小来选择最优方案的方法。净现值或内部收益率最大的方案最优。

【例5-17】某企业将现有资金2 000 000元投资生产线，有A、B、C、D四个互斥方案可供选择，项目计算期为10年，必要报酬率为10%，经计算相关指标见表5-9。

表5-9　　　　　　　　　　　　　　　项目投资相关指标

方案	净现值（元）	内部收益率
A	120 000	14.42%
B	87 550	11.03%
C	−20 240	5.83%
D	162 800	18.41%

根据表5-9的资料可知，方案C净现值为−20 240元，小于0；内部报酬率为5.83%，小于必要报酬率10%。它不符合财务可行性的必要条件，应舍去。

A、B、D三个备选方案的净现值分别为120 000元、87 550元、162 800元，均大于0；且内部收益率分别为14.42%、11.03%、18.41%，均大于必要报酬率10%。所以，这三个方案都具有财务可行性。D方案净现值最大，内部收益率最高，所以D方案最优。

（2）互斥项目投资额不相等，但项目计算期相等。此时应采用净现值率法或差额法。净现值率法，就是通过比较备选方案净现值率的高低来选择最优方案，通常净现值率高的方案最优。差额法，是指在两个投资总额不同的方案差额现金流量（ΔNCF）的基础上，计算差额净现值（ΔNPV）或差额内部收益率（ΔIRR），并据以判断方案优劣的方法。这种方法通常以投资额大的方案现金净流量减投资额小的方案现金净流量，当ΔNPV≥0或ΔIRR≥必要报酬率时，投资额大的方案最优；反之，投资额小的方案最优。

【例5-18】某企业拟进行一条生产线投资，方案A的原始投资现值为150万元，项目计算期第一年到第十年每年现金净流量均为29.29万元；方案B的原始投资额为100万元，项目计算期第一年到第十年每年现金净流量为20.18万元。假定基准折现率为10%。

要求：（1）使用净现值率进行决策；

（2）使用差额净现值进行决策；

（3）使用差额内部收益率进行决策。

根据上述资料，可以得出：

（1）以基准折现率求出各指标。

方案A的净现值（NPV_A）$=29.29 \times (P/A, 10\%, 10)-150$

$$=29.29 \times 6.1446-150=29.98（万元）$$

方案B的净现值（NPV_B）$=20.18 \times (P/A, 10\%, 10)-100$

$$=20.18 \times 6.1446-100=24.00（万元）$$

方案A的净现值率（NPVR）$=\dfrac{29.98}{150}=0.20$

方案B的净现值率（NPVR）$=\dfrac{24.00}{100}=0.24$

由于方案A的净现值率小于方案B的净现值率，所以应当选择方案B。

（2）由于两方案投资额不同，计算差额现金净流量。

$ΔNCF_{(A-B)0}=NCF_{A0}-NCF_{B0}$

$$=-150-(-100)=-50（万元）$$

$ΔNCF_{(A-B)1-10}=NCF_{A1-10}-NCF_{B1-10}$

$$=29.29-20.18=9.11（万元）$$

差额净现值（$ΔNPV_{A-B}$）$=9.11 \times (P/A, 10\%, 10)-50$

$$=9.11 \times 6.1446-50=5.98（万元）$$

因为差额净现值大于0，所以方案A最优。

（3）差额内部收益率计算与前面内部收益率的计算类似。

年金现值系数$=\dfrac{50}{9.11}=5.4885$

折现率	年金现值系数
12%	5.6502
ΔIRR	5.4885
14%	5.2161

使用插值法得：

$$\Delta IRR_{A-B}=12\%+\frac{5.6502-5.4885}{5.6502-5.2161}\times（14\%-12\%）=12.74\%>10\%$$

以上计算结果表明，差额内部收益率大于基准折现率，应选方案A。

（3）互斥项目投资额不相等，项目计算期也不相同。此时可以使用年等额净回收额法。所谓年等额净回收额法，是指通过比较所有投资方案的年等额净回收额指标的大小来选择最优方案的决策方法。其计算公式为：

$$某方案年等额净回收额=\frac{该方案净现值}{年金现值系数}=\frac{NPV}{（P/A，i，n）}$$

在此方法下，年等额净回收额最大的方案为优。

【例5-19】某企业现有甲、乙两个投资方案，其现金净流量见表5-10。

表5-10　　　　　　　　　**甲、乙两个方案现金净流量**　　　　　　　　单位：元

年份	0	1	2	3	4	5
甲方案	−200 000	120 000	132 000	100 000	—	—
乙方案	−120 000	60 000	60 000	60 000	60 000	60 000

要求：若该企业期望必要报酬率为10%，请做出决策。

由于甲方案项目计算期为3年，乙方案项目计算期为5年，故使用年等额净回收额法进行决策。

（1）计算甲、乙两个方案的净现值。

甲方案净现值=120 000×(P/F，10%，1)+132 000×(P/F，10%，2)+100 000×(P/F，10%，3)−200 000

=120 000×0.9091+132 000×0.8264+100 000×0.7513−200 000

=93 306.80（元）

乙方案净现值=60 000×(P/A，10%，5)−120 000

=60 000×3.7908−120 000

=107 448（元）

（2）计算甲、乙两个方案年等额净回收额。

甲方案年等额净回收额=$\frac{93\,306.80}{（P/A，10\%，3）}=\frac{93\,306.80}{2.4869}$=37 519.32（元）

乙方案年等额净回收额=$\frac{107\,448}{（P/A，10\%，5）}=\frac{107\,448}{3.7908}$=28 344.41（元）

（3）根据结果可知，甲方案年等额净回收额大于乙方案年等额净回收额，所以选择甲方案。

（二）固定资产更新决策

与其他项目投资相比，固定资产更新决策的最大难点在于不容易估算项目现金净流量。在估算固定资产更新项目现金净流量时，要注意以下四个问题：

（1）项目计算期不取决于新设备使用年限，而是由旧设备尚可使用年限决定。

（2）需要考虑在建设起点旧设备可能发生变价净收入，该收入应作为新设备投资额的一个抵减现金流量，并以此作为估计继续使用旧设备至期满时净残值的依据。

（3）由于以旧换新决策相当于在使用新设备投资和继续使用旧设备两个原始投资不同的备选方案中做出比较与选择，因此，应当以增量现金净流量（$\Delta NCF_{新-旧}$）作为决策依据。

（4）在此类项目中，应关注企业所得税的影响。

固定资产更新决策一般采用差额内部收益率法，当更新改造项目差额内部收益率大于或等于基准折现率（或设定折现率）时，应当进行更新；反之，就不应当进行更新。

【例5-20】某企业计划建设一条新生产线，替代原有尚可使用5年的旧生产线。新生产线投资额为180 000元；旧生产线折余价值为95 000元，变价净收入为80 000元；第五年年末新生产线与继续使用旧生产线预计净残值相等。新旧生产线替换将在年内完成（即更新固定资产的建设期为0）。使用新生产线可使该企业在第一年增加营业收入50 000元，增加经营成本25 000元；第二年到第五年每年增加营业收入60 000元，增加经营成本30 000元。生产线采用直线法计提折旧，适用的企业所得税税率为25%。

要求：根据上述情况，当行业基准折现率分别为10%和12%时，判断是否更新生产线。

根据上述资料，计算该项目差额现金净流量和差额内部收益率。

（1）依据上述条件计算各指标，见表5-11。

表5-11　　　　　　　　　　　　　　差额现金净流量　　　　　　　　　　单位：元

项目 \ 年份	0	1	2	3	4	5
新固定资产投资额	−180 000					
旧固定资产变价净收入	80 000					
更新项目增加的投资额	−100 000					
更新项目增加的营业收入		50 000	60 000	60 000	60 000	60 000
更新项目增加的经营成本		−25 000	−30 000	−30 000	−30 000	−30 000
更新项目增加的折旧		−20 000	−20 000	−20 000	−20 000	−20 000
增加的总成本		−45 000	−50 000	−50 000	−50 000	−50 000
增加的息税前利润		5 000	10 000	10 000	10 000	10 000
增加的息前税后利润		3 750	7 500	7 500	7 500	7 500
旧固定资产报废发生净损失而抵减的所得税税额	3 750					
差额现金净流量	−100 000	27 500	27 500	27 500	27 500	27 500

营运期第一年到第五年每年因更新改造增加的折旧 $= \dfrac{180\,000 - 80\,000}{5} = 20\,000$（元）

旧固定资产清理净损失＝旧固定资产折余价值−变价净收入
$$= 95\,000 − 80\,000 = 15\,000（元）$$

旧固定资产提前报废发生净损失而抵减的所得税税额 ＝旧固定资产清理净损失×所得税税率
$$= 15\,000 × 25\% = 3\,750（元）$$

建设期差额现金净流量 ＝−（该年发生的新固定资产投资−旧固定资产变价净收入）＝−（180 000−80 000）＝−100 000（元）

$$\begin{array}{l}\text{营运期第一年}\\\text{差额现金净流量}\end{array}=\begin{array}{c}\text{该年因更新改造而}\\\text{增加的息税前利润}\end{array}\times\left(1-\begin{array}{c}\text{所得税}\\\text{税率}\end{array}\right)+\begin{array}{c}\text{更新改造}\\\text{增加的折旧}\end{array}+\begin{array}{c}\text{旧固定资产提前报废发生}\\\text{净损失而抵减的所得税税额}\end{array}$$

$$=5\,000\times(1-25\%)+20\,000+3\,750=27\,500\text{(元)}$$

$$\begin{array}{l}\text{营运期第二年到}\\\text{第五年各年}\\\text{差额现金净流量}\end{array}=\begin{array}{c}\text{更新改造而增加}\\\text{的息税前利润}\end{array}\times\left(1-\begin{array}{c}\text{所得税}\\\text{税率}\end{array}\right)+\begin{array}{c}\text{更新改造而}\\\text{增加的折旧}\end{array}+\begin{array}{c}\text{该年回收新固定资产净残值}\\\text{超过假定继续使用的}\\\text{旧固定资产净残值之差额}\end{array}$$

$$=10\,000\times(1-25\%)+20\,000+0=27\,500\text{(元)}$$

（2）根据 $\Delta NCF_{新-旧}$ 计算 $\Delta IRR_{新-旧}$：

$$(P/A,\Delta IRR_{新-旧},5)=\frac{100\,000}{27\,500}=3.6364$$

采用插值法：

折现率	年金现值系数
10%	3.7908
ΔIRR	3.6364
12%	3.6048

$$\Delta IRR_{新-旧}=10\%+\frac{3.7908-3.6364}{3.7908-3.6048}\times(12\%-10\%)=11.66\%$$

（3）比较决策。

当行业基准折现率为10%时：

因 $\Delta IRR_{新-旧}=11.66\%>10\%$，应当更新设备。

当行业基准折现率为12%时：

因 $\Delta IRR_{新-旧}=11.66\%<12\%$，不应当更新设备。

注意：在计算营运期第一年所得税后现金净流量的公式中，该年"更新改造而增加的息税前利润"不应当包括"旧固定资产提前报废发生的净损失"。之所以要单独计算"旧固定资产提前报废发生净损失而抵减所得税税额"，是因为更新改造不仅会影响本项目，还会影响企业总体所得税水平，从而形成"抵税效应"。如果将"旧固定资产提前报废发生的净损失"计入"更新改造而增加的息税前利润"，就会歪曲这种效应的计量结果。

思政园地

坚持创新驱动，实现投资转型升级

党的十九大报告指出，要深化投融资体制改革，发挥投资对优化供给结构的关键性作用；支持民营企业发展，激发各类市场主体活力。随着我国经济进入新发展阶段，各类企业要坚持新发展理念，坚持创新驱动，以供给侧结构性改革为主线，从投资源头上抓转型升级；要充分认识当前投资结构即未来的生产力结构，现在的项目档次即将来的效益水平。从这个意义上说，抓有效投资就是从源头上抓转型升级。

即测即评

第五章单项选择题	第五章多项选择题	第五章判断题

●●●● 业务题

1.某企业拟投资120万元购置一套设备。经预测该设备使用寿命为6年，按直线法计提折旧。该设备投入营运后每年可新增净利润20万元，预计净残值率为5%。

要求：（1）估算使用期内各年现金净流量。

（2）估算该设备的静态投资回收期。

（3）以10%作为折现率，估算其净现值。

2.某企业原有一套设备，购置成本为150万元，预计使用10年，已经使用5年，预计残值为原值的10%，采用直线法计提折旧。现该企业拟购买新设备替换原设备，新设备的购置成本为200万元，使用年限为5年，同样采用直线法计提折旧，预计残值为购置成本的10%。使用新设备后，每年的销售额可以从1 500万元增加到1 650万元，每年付现成本将从1 100万元增加到1 150万元。该企业如购置新设备，旧设备出售可获得收入100万元。该企业的所得税税率为25%，资本成本为10%。

要求：通过估算说明该设备应否更新。

第五章业务题参考答案

●●●● 实训模块二　投资活动

一、实训目的

通过本实训，理解和掌握进行设备更新投资决策的基本方法，并能够根据条件的变化采用不同的决策方法。

二、理论知识

投资活动分析基本方法。

三、实训内容

南方公司有一台包装机，购于3年前，目前正在考虑是否需要更新包装机。

1.该公司目前正在使用的包装机每台原价60 000元，税法规定残值率为10%，预计最终报废残值收入为7 000元，预计使用年限为6年，已使用3年，因日常精心使用并定期保养，该公司的工程师估计该包装机尚可使用4年。目前使用的包装机采用直线法计提折旧。

2.新包装机每台购置价格为50 000元，税法规定残值率为10%，预计最终报废残值收入为10 000元，预计使用年限为4年，预计新包装机每年操作成本为5 000元。新包装机拟采用年数总和法计提折旧。

3.目前正在使用的包装机每年操作成本为8 600元，预计两年后将发生大修，费用为28 000元。该公司估计，这台旧包装机能以10 000元的价格卖出。

4.为了计算方便，假设该公司的所得税税率是25%，该公司测算的综合资本成本为10%，新旧包装机生产能力相同。

（一）实训条件

在会计手工实训室进行。

（二）实训要求

1.请说明在进行决策时，是否应考虑旧包装机的原始购置价格？

2.通过分析，该公司是否应该更新包装机？为什么？

（三）实训组织方式及步骤

1.组织方式

以学生自己动手为主，通过分组讨论进行，指导老师在其中起指导作用。

2.实训步骤

（1）将班级同学分组，3~5人一组，并进行组内分工。

（2）明确实训目标，告知实训内容，进行实训。

（3）各组汇报实训结果。

（4）公布实训结果，并进行总结评价。

实训模块二参考答案

第六章　营运资金管理

【学习目标与要求】

通过本章学习，理解营运资金的概念及分类，掌握营运资金管理原则；熟悉现金管理的内容，包括现金的持有动机、确定最佳现金持有量的各种模式（如成本模式、存货模式、随机模式、现金周转模式等），以及现金的日常管理方法；掌握应收账款管理知识，包括应收账款的功能、成本、信用政策制定以及日常管理；了解存货管理的内容，包括存货的功能、成本、确定最佳存货量的模型（如存货经济进货批量基本模型、扩展模型等），以及存货的日常管理方法。

【价值塑造目标】

通过本章学习，培养对营运资金管理的全面认识和实践能力；认识营运资金管理对企业日常运营的重要性，理解现金、应收账款和存货等营运资金管理对企业资金流动性和盈利性的影响；学会运用科学的方法确定最佳现金持有量、制定合理的信用政策和存货管理策略，以提高企业的资金使用效率和效益；树立正确的风险意识，学会在营运资金管理中考虑风险因素，实现资金安全与效益的平衡，形成科学的营运资金管理理念，为企业创造更大的价值。

【案例导入】

华为：营运资金管理相关风险[1]

一、华为简介

深圳华为技术有限公司（以下简称华为）成立于1987年，是一家专门从事通信设备研究、开发、制造与销售的高科技民营企业，也是中国通信市场主要设备供应商并已成功进入全球电信市场。

二、华为营运资金相关风险情况

华为净营运资金（短期资本减去流动负债差额）风险主要有以下三方面：

（一）存货管理方面

随着华为不断做大做强，从决策层到管理层以及各个部门都面临着更加复杂和更具挑战性的业务。其中，存货管理与华为的发展速度存在一定程度的不匹配，见表6-1。2020年产

---

[1] 根据华为集团官方网站（https://www.huawei.com/cn/）及华为2019年、2020年财务报告编写。

成品较 2019 年增长了 9 341 百万元，而发出商品却较 2019 年减少了 10 293 百万元。作为供应商，华为日常库存管理主要是控制库存中产成品的比率。只要保证商品顺利完成生产和销售，资金链就能顺利运转。当华为处在成长期时，如果营运资金不能及时得到科学管理，就容易出现资金减少的情况，这不仅会引发各类风险，还会影响华为其他产业的发展。

表 6-1 　　　　　　　　　　华为 2019 年、2020 年存货分析表　　　　　　　单位：百万元

项目	2020 年 12 月 31 日	2019 年 12 月 31 日
原材料	35 448	19 005
在产品	17 065	10 776
产成品	26 308	16 967
发出商品	11 397	21 690

（二）营运资金结构方面

通过对华为 2020 年财务报告的分析可知，非流动负债和流动资金占用都有所增加，这反映了流动资金利用效果不够理想。如果企业资本结构长期不合理，可能不利于资本流向，增加华为营运资金的相关风险。另外，华为 2020 年流动资产与流动负债比率虽比 2019 年有所增加，但其流动比率相较于行业标准仍偏低，见表 6-2。

表 6-2 　　　　　　　　　　华为营运资金流动性变化　　　　　　　金额单位：百万元

项目	2020 年 12 月 31 日	2019 年 12 月 31 日	同比变动
现金与流动负债	265 857	199 943	33.0%
长期借款	66 170	38 338	72.6%
短期借款	3 771	1 587	137.7%
应付账款	94 320	72 846	29.5%

（三）营运资金流动性风险方面

截至 2020 年年底，华为长期借款合计 66 170 百万元，较 2019 年增长 72.6%；短期借款合计 3 771 百万元，增长 137.7%；应付账款合计 94 320 百万元，增长 29.5%。可见，华为在 2020 年长期借款同比增长较多，且应付账款也增多，所以，华为营运资金的流动性风险较高。

思考与分析：华为营运资金管理应从哪些方面进行优化？相应的措施有哪些？

第一节　营运资金管理概述

一、营运资金的含义

营运资金，是指在企业生产经营活动中占用在流动资产上的资金。营运资金有广义和

狭义之分。广义的营运资金，是指企业流动资产的总额；狭义的营运资金，是指流动资产减去流动负债后的余额。这里指的是狭义的营运资金。在企业日常财务管理活动中，营运资金管理包括对流动资产与流动负债的管理。本章主要介绍流动资产管理；流动负债管理已在筹资部分详细介绍，这里只简单介绍其分类。

（一）流动资产

流动资产是指可以在1年或超过1年的一个营业周期内变现或运用的资产。流动资产具有占用时间短、周转快、易变现等特点。企业流动资产的多少表明企业短期偿债能力的大小，科学合理地安排流动资产投资，可以在一定程度上降低企业的财务风险。流动资产可以按照不同标准进行分类，常见的分类标准主要有以下三种：

1.按照占用形态不同分类

流动资产按照其占用形态不同，可分为现金、以公允价值计量且其变动计入当期损益的金融资产、应收及预付款项和存货等。

2.按照变现能力强弱分类

流动资产按照其变现能力强弱不同，可分为非速动资产和速动资产。

3.按照在生产经营过程中所处环节不同分类

流动资产按照其在生产经营过程中所处环节不同，可分为生产环节中的流动资产、流通环节中的流动资产以及其他环节中的流动资产。

（二）流动负债

流动负债又称短期负债，是指需要在1年或者超过1年的一个营业周期内偿还的债务。流动负债具有成本低、偿还期短等特点。流动负债可以按照不同标准进行分类，常见的分类标准主要有以下三种：

1.按照应付金额是否确定分类

流动负债按照其应付金额是否确定，可分为应付金额确定的流动负债和应付金额不确定的流动负债。应付金额确定的流动负债，是指那些根据合同或法律规定到期必须偿付，并有确定金额的流动负债，如应付票据、应付账款、短期借款和应付短期融资券等。应付金额不确定的流动负债，是指那些根据企业生产经营状况，到一定时期或具备一定条件才能确定的流动负债或应付金额需要估计的流动负债，如应交税费、应付产品质量担保债务、票据兑换债务等。

2.按照流动负债形成情况不同分类

流动负债按照其形成情况不同，可分为自然性流动负债和人为性流动负债。自然性流动负债，是指不需要正式安排，由于结算程序或有关法律法规的规定等原因而自然形成的流动负债。人为性流动负债，是指由财务人员根据企业对短期资金的需求情况，通过人为安排所形成的流动负债，如短期银行借款等。

3.按照是否支付利息分类

流动负债按照其是否支付利息，可分为有息流动负债和无息流动负债。

（三）营运资金特点

企业要有效管理营运资金，必须研究营运资金的特点。营运资金具有如下特点：

1.多样性

与筹集长期资本的方式相比，企业筹集营运资金的方式比较灵活。例如，企业可以向银行短期借款，发行短期融资券，利用商业信用，采用应交税费、应付股利、应付职工薪酬、应付费用、预收货款，使用票据贴现等内外部筹资方式。

2.波动性

流动资产数量会随企业内外部条件变化而波动，如季节性或非季节性生产企业。随着流动资产数量的变动，流动负债数量也会相应发生变动。

3.短期性

企业流动资产占用的资金通常在1年或超过1年的一个营业周期内收回。

4.实物形态变动性和易变现性

企业实物形态营运资金经常变化，一般按照现金、材料、在产品、产成品、应收账款、现金的顺序循环转化。企业在进行流动资产管理时，必须将各项流动资产合理配置，实现结构优化，以促进资金顺利周转。

二、营运资金管理原则

营运资金在企业全部资本中占有较大比重，同时其周转期短，形态易变，是企业财务管理工作的一项重要内容。企业进行营运资金管理，应遵循以下原则：

（一）保证正常资金需求

企业对生产经营状况进行认真分析后，应合理确定营运资金需求数量。企业营运资金需求数量与日常生产经营活动有直接关系，通常表现为：当企业产销量处于高峰时，流动资产不断增加，流动负债也相应增加；当企业产销量不断减少时，流动资产和流动负债也相应减少。为此，企业营运资金管理首先要满足日常生产经营活动的合理需求。

（二）提高资金使用效率

企业加速资金周转是提高资金使用效率的主要手段之一，而提高营运资金使用效率的关键就是采取缩短营业周期、加速变现过程、加快营运资金周转等措施。这就要求企业提高现金、存货、应收账款等流动资产的周转效率，使营运资金得到有效利用。

（三）节约资金使用成本

企业在营运资金管理中，应在保证正常生产所需营运资金的前提下，最大限度地节约资金。一方面，要挖掘与盘活全部营运资金的潜力；另一方面，要积极拓展筹资渠道，合理配置资源，筹措低成本资金，满足正常生产经营所需。

（四）保持足够的短期偿债能力

企业财务风险的高低主要通过短期偿债能力的高低来体现。企业合理安排流动资产与流动负债的比例关系，保证企业有较强的短期偿债能力是营运资金管理的重要原则之一。流动资产、流动负债以及两者之间的关系能较好地反映企业短期偿债能力。流动负债是在短期内需要偿还的债务，而流动资产则是在短期内可以转化为现金的资产。如果一家企业流动资产比较多，流动负债比较少，说明该企业短期偿债能力较强；反之，则说明该企业短期偿债能力较弱。

第二节 现金管理

现金是企业营运资金中变现能力最强的流动资产。现金是指在生产经营过程中以货币形态存在的资金，包括库存现金、银行存款和其他货币资金等，这是广义现金；狭义现金仅指库存现金。本章所介绍的现金是广义现金。

现金管理过程就是在现金流动性与收益性之间进行权衡选择的过程，其目的是在保证企业经营活动现金需要量的同时，降低企业闲置现金数量，提高资金收益率。保持合理现金水平是企业现金管理的重要内容。

一、持有现金动机

企业持有现金的动机主要体现在交易性需求、预防性需求和投机性需求三个方面。

（一）交易性需求

企业持有现金的交易性需求，是指为了维持企业日常周转及正常商业活动所需持有的现金额。企业每天都发生许多收入与支出，这些收入与支出通常在数额上不相等、在时间上不匹配，这就使得企业需要持有一定的现金来调节，以使日常生产经营活动持续进行。例如，企业为了保证正常生产经营活动的进行，必须持有一定数额的现金，用来购买原材料、支付工资、缴纳税款、偿付到期债务、派发现金股利等。一般来说，企业为满足交易性需求所持有的现金主要取决于企业的销售水平。企业销售扩大，销售额增加，所需现金余额也随之增加，反之则相反。

（二）预防性需求

企业持有现金的预防性需求，是指企业为应对突发事件而需要持有一定量的现金，如政治、经济和金融环境变化，大客户违约导致企业突发性偿付等。虽然企业试图利用各种方法来较准确地预测所需现金，但这些突发事件会使原本预测好的财务计划失效。企业为了应对突发事件，有必要持有比正常运转所需金额更多的现金。

（三）投机性需求

企业持有现金的投机性需求，是指企业为了抓住突然出现的获利机会而持有一定量的现金。这种获利机会的出现通常是短暂的，如金融市场上有价证券出现暴跌后又突然上涨，如果企业在暴跌时购入而在暴涨时抛售，利用闲置资金抓住机会，就可获得较多的收益。

二、最佳现金持有量的确定

企业现金管理除了做好日常收支、加速现金周转速度外，还需控制好现金持有量规模，即确定最佳现金持有量。企业确定最佳现金持有量通常有以下四种模式：

（一）成本模式

成本模式是通过分析持有现金发生的相关成本，寻求持有成本最低的现金持有量。与企业持有现金相关的成本有机会成本、管理成本和短缺成本，这些成本之和构成了企业持有现金的总成本。

1.机会成本

机会成本，是指企业因持有一定数额的现金而丧失的再投资收益。再投资收益是企业不能同时用该现金进行有价证券投资所产生的机会成本，这种成本在数额上等于资本成本。由于现金资产流动性极佳，但盈利性极差，企业为了保证正常生产经营活动的进行，有必要持有一定数额的现金以应付意外的现金需要。如果企业现金拥有量过多，机会成本会大幅度上升。

2.管理成本

管理成本，是指企业持有一定数额的现金而发生的管理费用，如管理人员工资、安全措施费等，这些费用构成现金管理成本。管理成本是一种固定成本，与现金持有量无明显的比例关系。

3.短缺成本

短缺成本，是指企业现金持有量不足，又无法及时通过有价证券变现加以补充所造成的损失，包括直接损失与间接损失。现金短缺成本随现金持有量的增加而下降，随现金持有量的减少而上升。

上述三项成本之和最小时所对应的现金持有量就是最佳现金持有量。如图6-1所示，机会成本线向右上方倾斜，短缺成本线向右下方倾斜，管理成本线为平行于横轴的直线，总成本线是一条抛物线，该抛物线最低点就是持有现金的最低总成本。超过这一点，机会成本上升大于短缺成本下降；这一点之前，短缺成本上升会大于机会成本下降。这一点在横轴上对应的量就是最佳现金持有量（C*）。

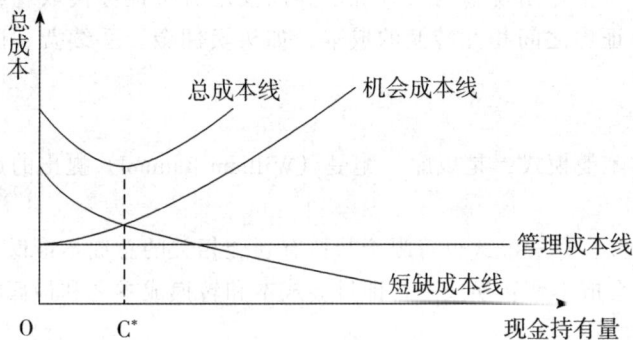

图6-1　成本模式示意图

计算最佳现金持有量时，可以先分别计算出各个方案的机会成本、管理成本、短缺成本之和，再从中选出总成本最低的现金持有量，那就是最佳现金持有量。

【例6-1】某企业有甲、乙、丙、丁四个现金持有方案，现金持有量备选方案表见表6-3。

表6-3　　　　　　　　　　　　　　现金持有量备选方案表　　　　　　　　　　　金额单位：元

项目	甲	乙	丙	丁
现金持有量	20 000	30 000	40 000	50 000
机会成本率	12%	12%	12%	12%
短缺成本	5 000	2 800	1 500	900

根据表6-3，采用成本模式，编制该企业最佳现金持有量测算表，见表6-4。

表6-4　　　　　　　　　　　　**最佳现金持有量测算表**　　　　　　　　单位：元

方案及现金持有量	机会成本	短缺成本	相关总成本
甲（20 000）	2 400	5 000	7 400
乙（30 000）	3 600	2 800	6 400
丙（40 000）	4 800	1 500	6 300
丁（50 000）	6 000	900	6 900

根据表6-4，可以得出各个方案的总成本。其中，丙方案的总成本最低，因此40 000元为最佳现金持有量。

在实务中，企业采用成本模式确定最佳现金持有量的步骤为：首先，根据不同现金持有量测算并确定有关成本；其次，按照不同现金持有量及其有关成本资料编制最佳现金持有量测算表；最后，在测算表中找出总成本最低的现金持有量，就是最佳现金持有量。

若减少现金持有量，则增加短缺成本；若增加现金持有量，则增加机会成本。改进上述关系的一种方法是：当拥有多余现金时，将现金转换为有价证券；当现金不足时，将有价证券转换成现金。现金和有价证券之间的转换也需要成本，这种成本称为转换成本。

转换成本，是指企业用现金购入有价证券以及用有价证券换取现金时付出的交易费用，即现金同有价证券之间相互转换的成本，如买卖佣金、手续费、证券过户费、印花税、实物交割费等。

（二）存货模式

存货模式又称鲍曼模式，是威廉·鲍曼（William Baumol）提出的用以确定最佳现金持有量的模式。

与成本模式相似，存货模式也着眼于与持有现金相关的总成本最低，但是此模式下的相关成本仅包括机会成本和转换成本，即机会成本和转换成本之和最低时的现金持有量为最佳现金持有量。

在采用存货模式确定最佳现金持有量时，存在以下假设前提：第一，所需现金可以通过有价证券变现取得，有价证券变现的不确定性很小；第二，预算期内现金总需要量可以预测；第三，现金支付过程比较稳定，现金余额降至零时可以通过部分有价证券变现得以补足；第四，有价证券利率或报酬率以及每次固定性交易费用已知。

在以上假设基础上，可以构建出存货模式的具体表达式，如图6-2所示。T为一个周期内现金总需要量，F为每次转换有价证券的固定成本，C为现金持有量（每次有价证券变现数量），K为有价证券日利息率（日机会成本），TC为现金管理相关总成本。

1.平均现金持有量

如图6-3所示，企业平均现金持有量为现金持有量的一半。

2.机会成本

机会成本＝平均现金持有量×有价证券利息率＝$\dfrac{C}{2} \times K$

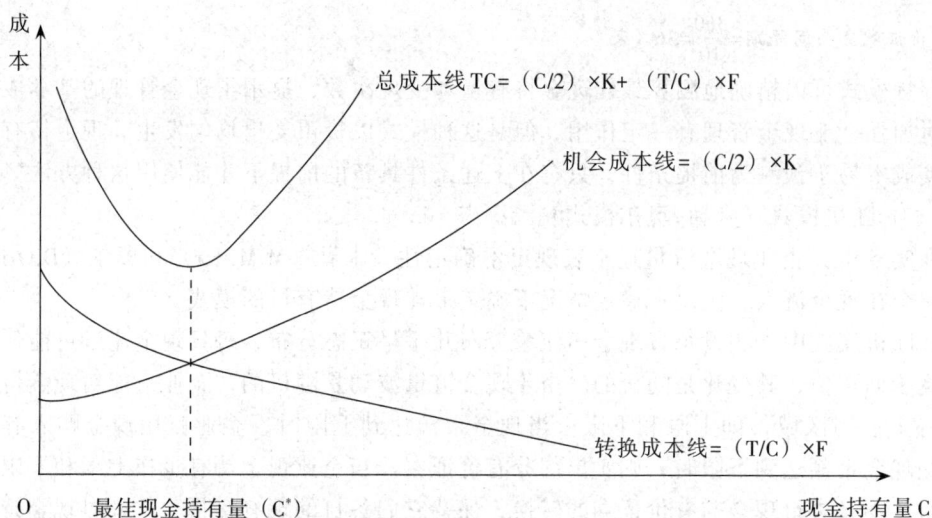

图6-2　存货模式示意图

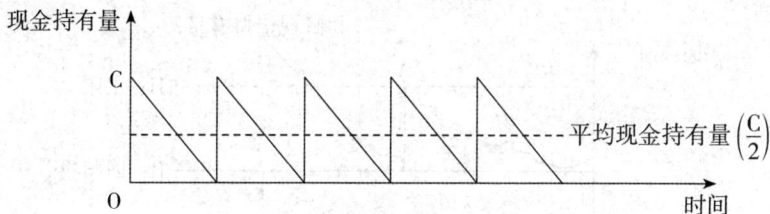

图6-3　平均现金持有量

3.转换成本

$$转换成本 = \frac{T}{C} \times F$$

式中：$\frac{T}{C}$ 为全年有价证券与现金转换次数。

相关总成本计算公式为：

$$TC = \frac{C}{2} \times K + \frac{T}{C} \times F$$

将 TC 对现金持有量（C）求微分并设为0，得最佳现金持有量为：

$$C^* = \sqrt{\frac{2TF}{K}}$$

【例6-2】某企业预测全年现金需要量为 200 000 元，日常现金支出均匀发生，现金与有价证券转换成本为每次 100 元，有价证券利息率为 10%。

根据上述资料可以得出：

$$最佳现金持有量 = \sqrt{\frac{2TF}{K}} = \sqrt{\frac{2 \times 200\,000 \times 100}{10\%}} = 20\,000（元）$$

$$全年现金转换成本 = \frac{200\,000}{20\,000} \times 100 = 1\,000（元）$$

$$全年现金持有机会成本 = \frac{20\,000}{2} \times 10\% = 1\,000（元）$$

$$全年有价证券交易次数 = \frac{200\,000}{20\,000} = 10（次）$$

有价证券交易间隔期$=\dfrac{360}{10}=36$（天）

存货模式可以精确地测算最佳现金持有量和变现次数，显示了现金管理的基本成本结构，对加强企业现金管理有一定作用，但是这种模式以货币支出均匀发生、现金持有成本和转换成本易于预测为前提条件，只有在上述条件具备的前提下才能使用这种方法。

（三）随机模式（米勒-奥尔模式）

在实务中，企业现金流量通常表现出不确定性。米勒（M.Miller）和奥尔（D.Orr）设计了一个在现金流入、流出不稳定情况下确定最佳现金持有量的模式。

在随机模式中，假设每日现金净流量分布几乎呈正态分布，每日现金流量可能低于也可能高于期望值，其变化是随机的。由于现金流量波动是随机的，企业只能对现金持有量确定一个控制区域，即上限和下限。当现金余额达到上限时，企业就用现金购入有价证券；当现金余额达到下限时，则卖出部分有价证券。当企业现金持有量在上限和下限之间波动时，不必进行现金与有价证券的转换，保持它们各自的现有存量。这种对现金持有量的控制如图6-4所示。

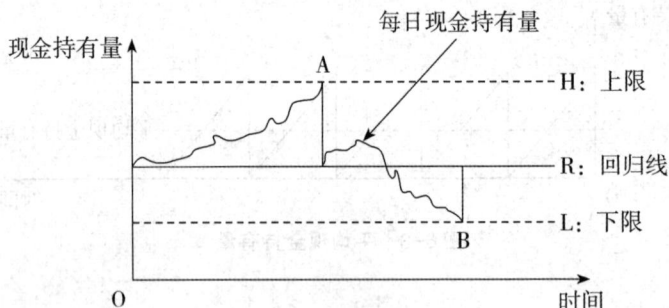

图6-4　随机模式示意图

在图6-4中，虚线H为现金持有量上限，虚线L为现金持有量下限，实线R为最佳现金持有量回归线。可以看出，企业现金持有量（即每日现金持有量）是随机波动的，当其达到A点时，即达到了现金控制上限，企业应该用现金购买有价证券，使现金持有量下降到回归线水平；当现金持有量降至B点时，即达到了现金控制下限，企业应出售有价证券换回现金，使现金持有量回升至回归线水平。当每日现金持有量在上下限之间波动、属于控制范围内的变化时，就是合理的状态。

图6-4中的上限、回归线、下限存在以下关系：

$$R=\sqrt[3]{\dfrac{3F\delta^{2}}{4K}}+L$$

$$H = 3R - 2L$$

式中：F为每次有价证券转换的固定成本，K为有价证券的日利息率，δ为预期每日现金持有量变化的标准差（可根据历史资料测算）。

通常情况下，下限的确定受到企业每日最低现金需要量、管理人员风险承受倾向等因素影响。

【例6-3】某企业经过测算，现金持有量下限为8 000元，预期每日现金持有量变化的标准差为1 000元，每次有价证券转换的固定成本为150元，持有现金的年机会成本为15%。

根据上述资料可以得出：

$$R= \sqrt[3]{\frac{3F\delta^2}{4K}} +L= \sqrt[3]{\frac{3 \times 150 \times 1\ 000^2}{4 \times 15\% \div 360}} +8\ 000=14\ 463（元）$$

$$H = 3R - 2L=3 \times 14\ 463-2 \times 8\ 000=27\ 389（元）$$

该企业最佳现金持有量为 14 463 元。如现金持有量达到 27 389 元，则买进 12 926 元（27 389-14 463）有价证券；若现金持有量降至 8 000 元，则卖出 6 463 元（14 463-8 000）有价证券。

随机模式建立在企业现金未来总需要量和收支不可预测的前提下，因此，计算出来的现金持有量比较保守，往往比运用存货模式计算的结果大。

（四）现金周转模式

现金周转模式是从现金周转角度出发，根据现金周转速度来确定最佳现金持有量的模式。如图 6-5 所示，现金周转包括以下三个阶段：

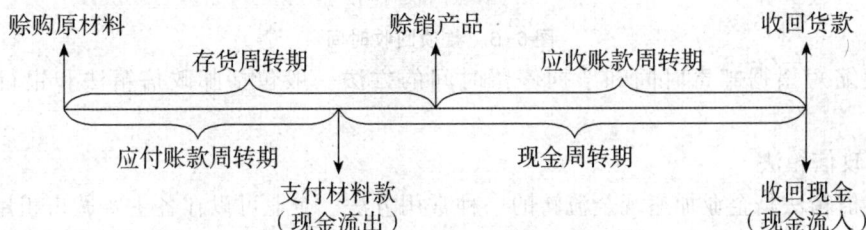

图 6-5 现金周转模式示意图

（1）存货周转期：从原材料转化成产品直至出售所需时间。

（2）应收账款周转期：从产品销售到现金收回所需时间。

（3）应付账款周转期：从收到尚未付款的材料到现金支出所需时间。

由图 6-5 可以得出：

现金周转期 = 应收账款周转期 + 存货周转期 - 应付账款周转期

$$现金周转率=\frac{计算期天数}{现金周转期}$$

$$最佳现金持有量=\frac{全年现金需要量}{现金周转率}$$

式中：计算期天数一般以年为单位，通常 1 年按 360 天计算。

【例 6-4】某企业全年现金需要量为 720 万元，原材料购买和产品销售均采取赊账方式，应收账款平均收款天数为 30 天，应付账款平均付款天数为 20 天，存货平均周转天数为 90 天。

现金周转期=应收账款周转期+存货周转期-应付账款周转期

$$=30+90-20=100（天）$$

$$现金周转率=\frac{计算期天数}{现金周转期}=\frac{360}{100}=3.6（次）$$

$$最佳现金持有量=\frac{全年现金需要量}{现金周转率}=\frac{720}{3.6}=200（万元）$$

采用现金周转模式，方法简单，易于计算，但是此模式假设材料采购与产品销售产生的现金流量在数量上一致，企业生产经营过程在 1 年中持续稳定地进行，即现金需要和现金供应不存在不确定因素。如果以上假设条件不存在，采用现金周转模式求得的最佳现金持有量将发生偏差。

三、现金日常管理

(一) 现金回收管理

为了提高现金使用效率,加速现金周转,企业应加速应收款项的回收。企业应收款项回收包括客户开出票据、企业收到票据、票据交付银行三个阶段,如图6-6所示。

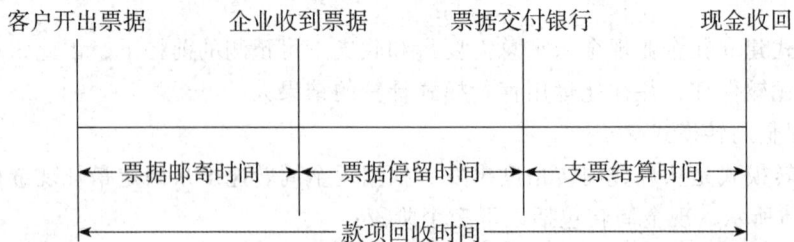

图 6-6 款项回收时间

企业缩短票据邮寄时间和票据停留时间的方法一般包括邮政信箱法和银行业务集中法。

1.邮政信箱法

邮政信箱法是企业加速现金流转的一种常用方法。企业可以在各主要城市租用专门邮政信箱,并开立分行存款户,授权当地银行每日开启信箱,在取得客户票据后即予以结算,并通过电汇将货款拨给企业所在地银行。企业是否采用邮政信箱法,需要视提前回笼现金产生的收益与增加成本的大小而定。

2.银行业务集中法

银行业务集中法是一种通过建立多个收款中心来加速现金流转的方法。企业指定一个主要开户行为集中银行,并在收款额集中的若干地区设立若干个收款中心;客户收到账单后直接汇款到当地收款中心,收款中心收款后立即存入当地银行;当地银行在进行票据交换后立即转给企业总部所在地银行。该方法缩短了现金从客户到企业的周转时间,但在多处设立收款中心必然增加相关费用。通过该方法产生的收益净额计算如下:

$$\text{分散收款收益净额}=\left(\text{分散收款前应收账款投资额}-\text{分散收款后应收账款投资额}\right)\times\text{企业综合资本成本}-\text{因增设收款中心每年增加的费用额}$$

【例6-5】某企业若采用银行业务集中法,增设收款中心,可使该企业应收账款平均余额由现在的400万元减至300万元。该企业年综合资本成本为12%,因增设收款中心每年将增加相关费用8万元。

根据上述资料可以得出:

企业分散收款收益净额=(400-300)×12%-8=4(万元)

(二) 现金支出管理

现金支出管理的主要任务是尽可能延缓现金支出时间,主要方法有:

1.合理利用"浮游量"

所谓"浮游量",就是企业账户上现金余额与银行账户上所示存款余额之间的差额,也就是未达账项。

2.推迟支付应付款项

推迟支付应付款项，是指企业在不影响自身信誉的前提下，尽可能推迟应付款项的支付。

3.采用汇票付款

使用支票付款时，只要受票人将票据存入银行，付款人就要无条件付款，但汇票不一定是"见票即付"的付款方式，这样就有可能合法延期付款。

（三）闲置现金投资管理

企业现金管理的目的首先是保证日常生产经营业务对资金的需要，其次是使这些现金获得最大收益。这两个目的要求企业将闲置资金投入流动性高、风险性低、交易期限短的金融工具中，以期获得较多收入。

第三节　应收账款管理

一、应收账款功能与成本

应收账款，是指企业因对外销售产品、材料，提供劳务及其他原因应向购货单位或接受劳务单位及其他单位收取的款项，包括应收销售款、其他应收款、应收票据等。对企业来说，应收账款的管理目标就是在充分发挥应收账款功能的基础上，降低应收账款投资成本，使提供商业信用、扩大销售所增加的收益大于有关各项成本。

（一）应收账款功能

在激烈竞争的市场经济中，应收账款功能主要是指其在日常生产经营活动中的作用，体现为扩大销售与减少存货两个方面。

1.扩大销售

企业通过赊销商品或劳务可有效促进销售。一方面，同现货销售相比，赊销商品或劳务提高了销售收入和增加了利润；另一方面，赊销商品或劳务也给客户在一定时间内提供了商业信用。

2.减少存货

当企业的赊销商品或劳务较少时，往往会带来存货占用资金的增加，并形成相应仓储费用、管理费用等，从而产生成本；而更多的赊销可减少这些成本。当商品存货较多时，企业一般会采用优惠信用条件进行赊销，将存货转化为应收账款，以达到减少存货相应开支的目的。

（二）应收账款成本

企业持有应收账款需要付出相应代价，主要包括机会成本、管理成本、坏账成本等。

1.机会成本

由于应收账款占用一定资金，若不把这部分资金投放于应收账款，企业可将其进行其他投资并获得收益，如投资有价证券获得收益。这种因投放于应收账款而放弃其他投资所带来的收益，就是应收账款的机会成本。企业应当计量应收账款占用资金所产生的机会成本，计算公式为：

应收账款的机会成本 = 维持赊销业务所需资本 × 资本成本

式中：资本成本一般为有价证券利息率。

维持赊销业务所需资本的计算公式为：

维持赊销业务所需资本 = 应收账款平均余额 × 变动成本率

应收账款平均余额 = 平均日赊销额 × 平均收账天数

平均日赊销额 = $\dfrac{年赊销额}{360}$

平均收账天数也称应收账款周转天数或周转期。

【例6-6】某企业预测年赊销额为300 000元，应收账款平均收账天数为60天，变动成本率为50%，有价证券利息率为11%。

根据上述资料可以得出：

应收账款平均余额 = 平均日赊销额 × 平均收账天数

$$= \frac{年赊销额}{360} \times 平均收账天数$$

$$= \frac{300\,000}{360} \times 60 = 50\,000（元）$$

维持赊销业务所需资本 = 应收账款平均余额 × 变动成本率

$$= 50\,000 \times 50\% = 25\,000（元）$$

应收账款的机会成本 = 维持赊销业务所需资本 × 资本成本

$$= 25\,000 \times 11\% = 2\,750（元）$$

2.管理成本

管理成本是指在进行应收账款管理时所增加的费用，主要是调查顾客信用状况、收集各种信息、账簿记录及收账等所增加的费用。

3.坏账成本

在赊销业务中，客户（也称债务人）由于种种原因无力偿还债务，企业（也称债权人）就可能因无法收回应收账款而发生损失，这种损失就是坏账成本。只要企业存在应收账款，那么发生坏账成本就成为可能，而此项成本一般与赊销额成正比，计算公式为：

坏账成本 = 赊销额 × 预计坏账损失率

二、应收账款政策

对企业而言，制定合理的应收账款政策，是加强应收账款管理、提高应收账款投资效益的重要前提。应收账款政策即应收账款管理政策，也称信用政策，是指企业为对应收账款投资进行规划与控制而确立的基本原则与行为规范，主要包括信用标准、信用条件与信用政策决策三部分。

（一）信用标准

信用标准，是指客户获得企业交易信用所应具备的条件。如果客户达不到信用标准，便不能享受企业信用或只能享受较少的信用优惠。

企业在设定信用标准时，往往先评估客户的赊账情况，具体可以通过"5C"系统来进行。

"5C"系统，就是评估客户信用的五个方面，即品质（Character）、能力（Capacity）、资本（Capital）、抵押（Collateral）和条件（Condition）。

1.品质

品质，是指客户的信誉，即履行偿债义务的可能性。企业必须设法了解客户过去的付款记录，看其是否有按期如数付款的一贯做法及与其他供货企业的关系是否良好。这一点经常被视为评价客户信用的首要因素。

2.能力

能力，是指客户的偿债能力，即其流动资产质量和数量以及流动资产与流动负债的比例。客户拥有的流动资产越多，其变现支付款项能力越强。同时，还应注意客户流动资产质量，看其是否有存货过多、过时或质量下降，影响其变现能力和支付能力的情况。

3.资本

资本，是指客户的财务实力和财务状况，表明客户可能偿还债务的背景。

4.抵押

抵押，是指客户拒付款项或无力支付款项时能被用作抵押的资产。这对于不知情况或信用状况有争议的客户尤为重要。一旦收不到这些客户的款项，企业便可以用抵押品抵补。如果这些客户提供足够的抵押，就可以向他们提供相应的信用。

5.条件

条件，是指可能影响客户付款能力的经济环境。比如，经济不景气会对客户付款产生什么影响，客户会如何做，这需要了解客户在过去困难时期的付款历史。

对于上述五个方面的资料，企业可通过以前与客户交往的经验来获得，也可以求助有关信用服务外部机构。

（二）信用条件

信用标准是企业评价客户等级、决定是否给予客户信用的依据。当客户符合信用标准时，企业须考虑具体给予对方的信用条件。

所谓信用条件，就是企业接受客户信用订单时所提出的付款要求，主要包括信用期限、折扣条件等。

1.信用期限

信用期限，是指企业给予客户的付款期间。如企业允许客户在购货或接受劳务后20天内付款，则信用期限为20天。为此，企业应当根据客户不同的信用等级确定合理的信用期限，否则将出现如下情况：信用期限过短，不足以吸引客户，在竞争中会使销售额下降；信用期限过长，对销售额增加固然有利，但只顾及销售增长而盲目放宽信用期限可能使所得收益被增长费用所抵消，甚至可能造成利润减少。

2.折扣条件

企业在赊销业务中给予客户的折扣条件主要是折扣期限和现金折扣。其中，折扣期限，是指企业为客户规定的可享受现金折扣的付款时间；现金折扣，是指在客户提前付款时给予的优惠，主要目的在于吸引客户为享受优惠而提前付款，缩短企业的平均收账期。另外，现金折扣也能招揽一些视折扣为减价出售的客户前来购货，借此扩大销售量。

常用的折扣条件如"2/20，1/30，N/40"。其中，"2/20"表示20天内付款可享受2%价格优惠，即只需支付应收账款的98%；"1/30"表示30天内付款可享受1%价格优惠，即只需支付应收账款的99%；"N/40"表示付款最后期限为40天，此时付款无优惠。

企业采用什么样的折扣条件，须与信用期限结合起来考虑。如果企业要求客户最迟不超过40天付款，那么30天、20天客户付款须给予多少折扣？或者给予2%、1%的折扣能吸引客户在多少天内付款？不论是信用期限还是折扣条件，都可能给企业带来收益，但也会增加成本。现金折扣给企业增加成本，即应收账款折扣上的损失。当企业给予客户一定现金折扣时，应当考虑折扣所带来的收益与成本孰高孰低，权衡利弊。

（三）信用政策决策

因为现金折扣通常是与信用期限结合起来使用的，所以企业要把提供的延期付款时间和折扣综合起来考虑，这在实务中表现为计算各方案延期与折扣能取得多少收益增量，再计算各方案带来的成本变化，最终确定最佳方案。其具体计算步骤为：

1.各方案信用成本前收益

（1）在不存在现金折扣的情况下，计算公式为：

信用成本前收益 = 赊销额 – 变动成本 = 赊销额 × （1 – 变动成本率）

（2）在存在现金折扣的情况下，计算公式为：

信用成本前收益 = 赊销净额 – 变动成本 = 赊销净额 – 赊销额 × 变动成本率

赊销净额 = 赊销额 – 现金折扣

2.各方案信用成本

信用成本 = 机会成本 + 坏账成本 + 收账费用

式中的收账费用通常是已知的。

坏账成本 = 赊销额 × 预计坏账损失率

3.计算各方案信用成本后收益

信用成本后收益=信用成本前收益–信用成本

4.决策原则

企业根据信用成本后收益大小进行比较，最终选择信用成本后收益最大的方案。

【例6-7】某企业预测2025年度赊销额为3 000万元，其信用条件为"N/30"，变动成本率为65%，资本成本（或有价证券利息率）为10%。该企业收账政策不变，固定成本总额不变。该企业准备了三个信用条件备选方案：方案A：维持N/30的信用条件；方案B：将信用条件放宽到N/60；方案C：将信用条件放宽到N/90。

为各备选方案估计赊销水平、坏账百分比和收账费用等有关数据，见表6-5。

表6-5　　　　　　　　　　　　　信用条件备选方案表　　　　　　　　　　金额单位：万元

信用条件　　项目	方案 A	方案 B	方案 C
	N/30	N/60	N/90
年赊销额	3 000	3 300	3 600
应收账款平均收账天数	30	60	90
应收账款平均余额	3 000÷360×30=250	3 300÷360×60=550	3 600÷360×90=900
维持赊销业务所需资本	250×65%=162.5	550×65%=357.5	900×65%=585
坏账损失率	2%	3%	5%
坏账成本	3 000×2%=60	3 300×3%=99	3 600×5%=180
收账费用	20	40	60

根据上述资料，计算相关指标，见表6-6。

表6-6   信用条件分析评价表   金额单位：万元

信用条件 项目	方案A N/30	方案B N/60	方案C N/90
年赊销额	3 000	3 300	3 600
变动成本	1 950	2 145	2 340
信用成本前收益	1 050	1 155	1 260
信用成本：			
应收账款机会成本	162.5×10%=16.25	357.5×10%=35.75	585×10%=58.5
坏账成本	60	99	180
收账费用	20	40	60
小计	96.25	174.75	298.5
信用成本后收益	953.75	980.25	961.5

从表6-6可知，在三个备选方案中，方案B信用成本后收益最大，它比方案A信用成本后收益增加26.5万元（980.25-953.75），比方案C信用成本后收益增加18.75万元（980.25-961.5）。在其他条件不变的情况下，应选择方案B。

【例6-8】根据【例6-7】的资料，如果该企业为了加速应收账款回收，决定在方案B的基础上将赊销条件改为"2/10，1/20，N/60"（方案D），估计约有60%的客户（按赊销额计算）会利用2%折扣，15%客户会利用1%折扣。坏账损失率降为2%，收账费用降为30万元。根据上述资料，有关指标计算如下：

应收账款平均收账天数=60%×10+15%×20+（1-60%-15%）×60=24（天）

应收账款平均余额=3 300÷360×24=220（万元）

维持赊销业务所需资本=220×65%=143（万元）

应收账款机会成本=143×10%=14.3（万元）

坏账成本=3 300×2%=66（万元）

现金折扣=3 300×（2%×60%+1%×15%）=44.55（万元）

根据以上资料编制表6-7。

表6-7   信用条件比较计算表   单位：万元

信用条件 项目	方案B N/60	方案D 2/10，1/20，N/60
年赊销额	3 300	3 300
减：现金折扣	—	44.55
年赊销净额	3 300	3 255.45
减：变动成本	2 145	2 145
信用成本前收益	1 155	1 110.45
减：信用成本		
应收账款机会成本	35.75	14.3
坏账成本	99	66
收账费用	40	30
小计	174.75	110.3
信用成本后收益	980.25	1 000.15

计算结果表明，实行现金折扣后，该企业信用成本后收益增加19.9万元（1 000.15-980.25），所以该企业应选择方案D。

三、应收账款日常管理

企业发生应收账款后，应采取各种措施，尽量争取按期收回款项；否则，会因拖欠时间过长而发生坏账，使企业蒙受损失。企业必须在对收账收益与成本进行比较分析的基础上，制定切实可行的收账政策。

企业通常可以采取寄发账单、电话催收、派人上门催收、法律诉讼等方式催收应收账款，然而催收应收账款要发生费用，某些催款方式费用还会很高。一般来说，收账花费越多，收账措施越有力，可收回的账款越多，坏账损失也就越小。因此，制定收账政策就要在收账费用和所减少的坏账损失之间进行权衡。企业制定有效、得当的收账政策在很大程度上要靠有关人员的经验，从财务管理角度讲，也有一些数量化的方法可以参照。根据应收账款总成本最小化原则，可以通过比较各种收账方案成本大小对其加以选择。

第四节　存货管理

一、存货功能与成本

存货，是指企业在日常生产经营过程中为销售或者耗用而储备的物资，包括原材料、燃料、低值易耗品、在产品、半成品、产成品、协作件、外购商品等。存货管理水平高低直接影响企业日常生产经营活动能否顺利进行，并最终影响企业收益、风险等状况。

企业对存货进行管理，一方面，要在充分发挥存货功能的基础上，最大限度降低存货成本；另一方面，要在存货成本与效益之间进行权衡，以实现两者的最佳组合。

（一）存货功能

存货功能，是指存货在企业日常生产经营中起到的作用，具体包括以下五个方面：

1.保证生产正常进行

企业在日常生产经营中需要的原材料和在产品是生产的物质保证，为保障生产经营正常进行，必须储备一定数量的原材料等存货；否则，可能出现生产中断、停工待料的现象。

2.提高销售机动性

企业储存一定数量的存货有利于增强企业在生产和销售方面的机动性，以及适应市场变化的能力。当市场对企业产品需求量增加时，若产品储备不足，就可能失去销售机会，因此保持一定数量的存货有利于市场销售。

3.维持均衡生产，降低产品生产成本

由于季节性、偶然性或者市场份额扩大等原因，企业产品需求具有较大的波动性。如果产品需求突然增大，此时需要组织大规模超负荷生产，这会造成产品成本上升；如果产品需求变小，可能导致生产停止。这些都不利于生产成本优化。在生产过程中，要合理安排生产，做到均衡生产，实现降低产品成本的目的。

4.降低存货取得成本

一般情况下，企业进行采购时，进货总成本与采购物资单价和采购次数密切相关。供应商为鼓励客户多购买其产品，往往在客户采购量达到一定数量时给予价格折扣，所以企业通过大批量集中进货，既可以享受价格折扣，降低购置成本；也能减少订货次数，降低订货成本，使总的进货成本降低。

5.防止意外事件发生

企业在采购、运输、生产和销售过程中，可能发生意料之外的事故，保持必要的存货保险储备，可以避免和减少意外事件带来的损失。

（二）存货成本

企业持有存货会发生相应的成本，主要为取得成本、储存成本、缺货成本等。

1.取得成本

取得成本，是指为取得某种存货而发生的支出，通常用TC_a表示，可分为购置成本和订货成本。

（1）购置成本，又称存货进价，是指为购买存货本身所支出的成本，即存货本身的价值，在金额上等于数量与单价的乘积。通常假设企业全年存货需求量为A，单价为P，则购置成本为AP。

（2）订货成本，是指取得存货订单的成本，如办公费、差旅费、邮资、电报电话费、运输费等。订货成本可分成两部分：一部分是与订货次数无关的订货固定成本（F_1），指为了维持一定采购能力而发生的、各期金额比较稳定的成本，如采购部门的基本开支等；另一部分是随订货次数变动而变动的成本，如差旅费、邮资等，称为订货变动成本。假设每次订货变动成本用B表示，订货次数等于存货年需求量A与每次进货量Q之比。订货成本的计算公式为：

$$订货成本 = 订货固定成本 + 订货变动成本 = F_1 + \frac{A}{Q}B$$

订货成本加上购置成本，就等于存货的取得成本，其计算公式为：

$$取得成本(TC_a) = 购置成本 + 订货成本$$

$$= 购置成本 + 订货固定成本 + 订货变动成本$$

$$= AP + F_1 + \frac{A}{Q}B$$

2.储存成本

储存成本，是指为保持存货而发生的成本，包括存货占用资金所应计的利息、仓库费用、保险费用、存货破损和变质损失等，通常用TC_c来表示。

储存成本也分为两种：储存固定成本与存货数量的多少无关，如仓库折旧、仓库职工的固定工资等，常用F_2表示。储存变动成本与存货的数量有关，如存货占用资金的应计利息、存货破损和变质损失、存货的保险费用等，单位储存变动成本用C来表示。相关计算公式为：

$$储存变动成本 = 平均储存量 \times 单位储存变动成本 = \frac{Q}{2}C$$

$$储存成本(TC_c) = 储存固定成本 + 储存变动成本 = F_2 + \frac{Q}{2}C$$

3.缺货成本

缺货成本,是指由于存货供应中断而造成的损失,包括材料供应中断造成的停工损失、产成品库存缺货造成的拖欠发货损失和丧失销售机会损失及商誉损失等。如果企业生产以紧急采购代用材料解决库存材料中断之急,那么缺货成本就表现为紧急额外购入成本。缺货成本用 TC_s 表示。

如果以 TC 表示存货总成本,计算公式为:

存货总成本(TC)= 取得成本 + 储存成本 + 缺货成本

$$= TC_a + TC_c + TC_s$$

$$= AP + F_1 + \frac{A}{Q}B + F_2 + \frac{Q}{2}C + TC_s$$

企业存货最优化,就是使企业存货总成本即上式中 TC 最小。

二、最佳存货量确定

最佳存货量也称存货经济进货批量,是指能够使一定时期存货的相关总成本达到最低的进货数量。通过上述对存货成本的分析可知,决定存货经济进货批量的成本因素主要包括变动性进货费用(即取得成本)与变动性储存成本(即储存成本)以及允许缺货时的缺货成本。不同成本项目与进货批量具有不同的变动关系。企业如果减少进货批量,增加进货次数,在使储存成本降低的同时,也会导致取得成本与缺货成本提高;相反,增加进货批量,减少进货次数,尽管有利于降低取得成本与缺货成本,但同时会使储存成本提高。如何调节各成本项目的关系,使存货总成本最低,是企业组织进货过程中需要解决的主要问题。

(一)存货经济进货批量基本模型

存货经济进货批量基本模型的假设条件为:

(1)企业能够及时补充存货,即需要订货时便可立即取得存货,没有缺货成本,TC_s 为 0。

(2)能集中到货,而不是陆续入库。

(3)全年需求量稳定,并且能预测,即 A 为已知常量。

(4)存货单价不变,即 P 为已知常量。

(5)企业现金充足,不会因现金短缺而影响进货。

(6)所需存货市场供应充足。

在上述假设的基础上,存货相关总成本的计算公式为:

存货相关总成本(TC) = 取得成本 + 储存成本 = $\frac{A}{Q}B + \frac{Q}{2}C$

当 A、B、C 为常量时,TC 的大小取决于 Q。为了求出 TC 的极小值,对其进行求导,可得出存货经济进货批量(Q^*)的基本公式:

$$Q^* = \sqrt{\frac{2AB}{C}}$$

全年最佳订货次数(N^*)的计算公式为:

$$N^* = \frac{A}{Q^*} = \frac{A}{\sqrt{\frac{2AB}{C}}} = \sqrt{\frac{AC}{2B}}$$

与批量相关的存货总成本 $TC_{(Q')}$ 的计算公式为：

$$TC_{(Q')} = \frac{AB}{\sqrt{\frac{2AB}{C}}} + \frac{\sqrt{\frac{2AB}{C}}}{2}C = \sqrt{2ABC}$$

最佳订货周期（t^*）的计算公式为：

$$t^* = \frac{1}{N^*} = \frac{1}{\sqrt{\frac{AC}{2B}}} = \sqrt{\frac{2B}{AC}}$$

存货经济进货批量占用资金（I^*）的计算公式为：

$$I^* = \frac{Q^*}{2}P = \frac{\sqrt{\frac{2AB}{C}}}{2}P = \sqrt{\frac{AB}{2C}}P$$

【例6-9】某企业每年耗用某材料3 600千克，售价为10元/千克，单位储存成本为2元，每次订货成本为25元。根据上述资料可得：

存货经济进货批量为：

$$Q^* = \sqrt{\frac{2AB}{C}} = \sqrt{\frac{2 \times 3\,600 \times 25}{2}} = 300（千克）$$

全年最佳订货次数为：

$$N^* = \sqrt{\frac{AC}{2B}} = \frac{A}{Q^*} = \frac{60}{5} = 12（次）$$

与批量相关的存货总成本为：

$$TC_{(Q')} = \sqrt{2ABC} = \sqrt{2 \times 3\,600 \times 25 \times 2} = 600（元）$$

最佳订货周期为：

$$t^* = \sqrt{\frac{2B}{AC}} = \frac{1}{N^*} = \frac{1}{12}（年）= 1（个月）$$

存货经济进货批量占用资金为：

$$I^* = \sqrt{\frac{AB}{2C}}P = \frac{Q^*}{2}P = \frac{300}{2} \times 10 = 1\,500（元）$$

存货经济进货批量也可以用图解法求得。先计算出一系列不同批量的有关成本，见表6-8，然后在坐标图上描绘出取得成本线、储存成本线和总成本线，则总成本线最低点（或者取得成本线和储存成本线的交叉点）的相应批量即存货经济进货批量。

表6-8　　　　　　　　　　　　　　不同批量的有关成本

进货批量（千克）	100	200	300	400	500	600
平均存量（千克）	50	100	150	200	250	300
储存成本（元）	100	200	300	400	500	600
订货次数（次）	36	18	12	9	7.2	6
取得成本（元）	900	450	300	225	180	150
总成本（元）	1 000	650	600	625	680	750

不同批量有关成本变动情况如图6-7所示，当进货批量为300千克时，存货总成本最低。

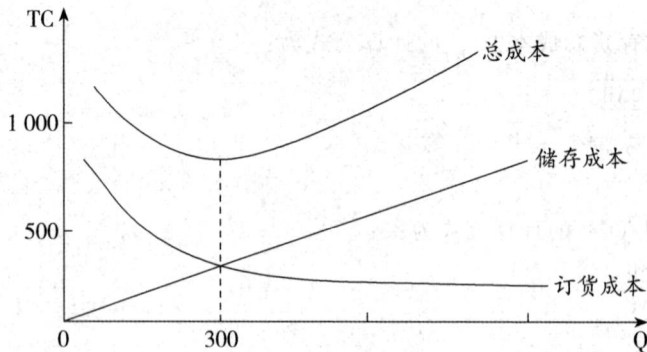

图6-7 不同批量有关成本变动情况（单位：元，千克）

（二）存货经济进货批量扩展模型

存货经济进货批量基本模型是在前述六项假设条件下建立的，但在实务中，能够满足这些条件的情况很少，为了更接近实际情况且有较高的可用性，需要将上述假设条件放宽，不断改进模型。

1.再订货点

一般情况下，企业的存货不能做到随用随补充，因此需要在没有用完时提前订货。在提前订货的情况下，企业再次发出订货单时尚有存货库存量称为再订货点，用R来表示，它等于交货时间（L）和每日平均需用量（d）的乘积。计算公式为：

$R=Ld$

【例6-10】依【例6-9】，某企业订货日至到货期间隔10天，每日存货需求量为10千克，那么：

$R=Ld=10\times10=100$（千克）

该企业还剩100千克存货时，就应当再次订货，等到下批次订货到达时（再次发出订货单10天后），原有库存刚好用完。此时，有关存货每次订货批量、订货次数、订货间隔时间等并无变化，与存货经济进货批量基本模型相同。订货提前期情形如图6-8所示。

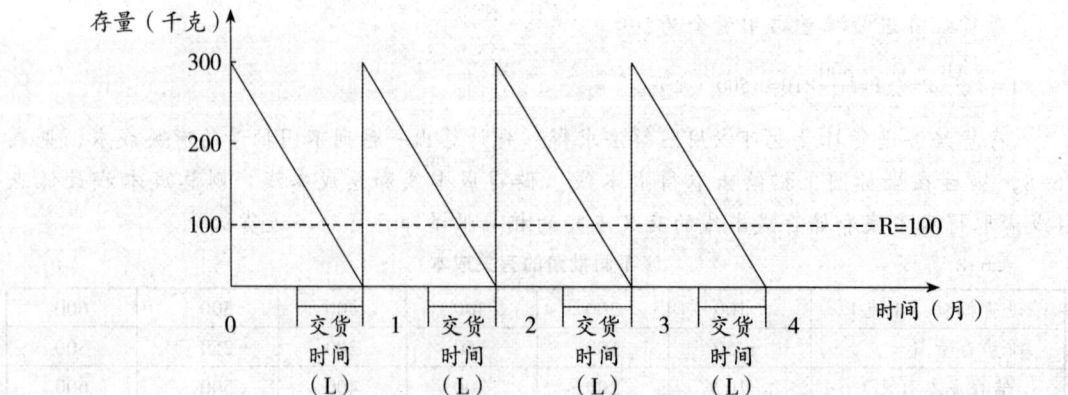

图6-8 订货提前期

在有订货提前期的情况下，订货提前期对存货经济进货批量并无影响，仍按照存货经济进货批量基本模型确定的300千克为订货批量，只不过在达到再订货点（库存100千克）时即发出订货单。

2.存货陆续供应和使用模型

存货经济进货批量基本模型假设存货一次全部入库，但在实务中，各批存货可能陆续入库，使存货数量陆续增加。

【例6-11】某企业全年需求甲材料3 600个，每日送货量为30个，每日耗用量为10个，单价为10元，每次订货成本为25元，单位储存变动成本为2元，存货数量变动如图6-9所示。

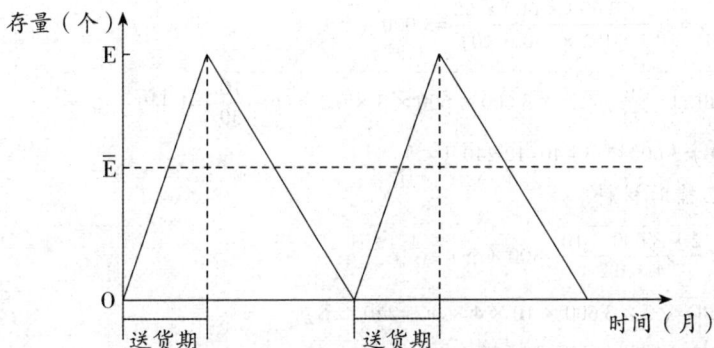

图6-9 陆续供货时存货数量的变动

假设每批订货批量为Q。由于每日送货量为M，故该批货物全部送达所需日数为$\frac{Q}{M}$，这就是送货期；因材料每日耗用量为d，故送货期内全部耗用量为$\frac{Q}{M}$d；由于材料是边送边用，所以每批送完时，最高库存量为$Q-\frac{Q}{M}d$；平均存量则为$\frac{1}{2}(Q-\frac{Q}{M}d)$。

如图6-9所示，E表示最高库存量，$\overline{E}$表示平均库存量，与批量有关的总成本为：

$$TC=\frac{A}{Q}B+\frac{1}{2}(Q-\frac{Q}{M}d)C$$

$$=\frac{A}{Q}B+\frac{Q}{2}(1-\frac{d}{M})C$$

将TC对Q求极值，并令TC′(Q)=0，得：

$$\frac{A}{Q^2}B=\frac{C}{2}(1-\frac{d}{M})$$

整理得：

$$Q^*=\sqrt{\frac{2ABM}{C(M-d)}}$$

将Q^*代入TC，可得出存货陆续供应和使用时的存货经济进货批量总成本：

$$TC_{(Q^*)}=\sqrt{2ABC(1-\frac{d}{M})}$$

根据【例6-11】的资料可知：

$$Q^*=\sqrt{\frac{2ABM}{C(M-d)}}=\sqrt{\frac{2\times3600\times25\times30}{2\times(30-10)}}=367（个）$$

$$TC_{(Q')}=\sqrt{2ABC(1-\frac{d}{M})}=\sqrt{2\times3\ 600\times25\times2\times(1-\frac{10}{30})}=490（元）$$

【例6-12】某企业使用乙辅助材料，既可自制也可外购。若自制，乙辅助材料单位成本为3元，每次生产准备成本为600元，每日产量为50个；若外购，购买单价为4元，每次订货成本为10元。该企业对乙辅助材料全年需求量为3 600个，储存成本为乙辅助材料价值的20%，每日平均需求量为10个。

根据上述资料可以得出：

（1）自制乙辅助材料。

$$Q^*=\sqrt{\frac{2ABM}{C(M-d)}}=\sqrt{\frac{2\times3\ 600\times600\times50}{3\times0.2\times(50-10)}}=3\ 000（个）$$

$$TC(Q^*)=\sqrt{2ABC(1-\frac{d}{M})}=\sqrt{2\times3\ 600\times600\times3\times0.2\times(1-\frac{10}{50})}=1\ 440（元）$$

$$TC=AP+TC(Q^*)=3\ 600\times3+1\ 440=12\ 240（元）$$

（2）外购乙辅助材料。

$$Q^*=\sqrt{\frac{2AB}{C}}=\sqrt{\frac{2\times3\ 600\times10}{4\times0.2}}=300（个）$$

$$TC(Q^*)=\sqrt{2ABC}=\sqrt{2\times3\ 600\times10\times4\times0.2}=240（元）$$

$$TC=AP+TC(Q^*)=3\ 600\times4+240=14\ 640（元）$$

可见，外购总成本（14 640元）大于自制总成本（12 240元），故应选择自制。

3.保险储备

存货经济进货批量假设存货供需稳定且可知，即每日需求量不变，交货时间也固定不变，但在实务中，每日需求量与交货时间都可能发生变化。按照某一进货批量（如存货经济进货批量）和再订货点发出订货单后，如果需求增加或送货延迟，就会发生缺货或供货中断。为防止由此造成的损失，企业就需要多储备一些存货，这称为保险储备（安全存量）。这些存货在正常情况下闲置，只有当存货过量使用或送货延迟时才动用，如图6-10所示。

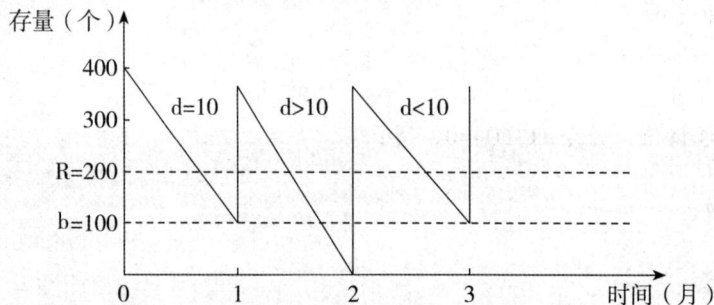

图6-10　存货保险储备

根据图6-10，假设年需求量为3 600个，已计算出存货经济进货批量为300个，每年订货12次。又知全年平均日需求量为10个，平均每次交货时间为10天，为防止需求变化引起缺货损失，可设保险储备为100个。

根据上述资料可以得出：

再订货点（R）=交货时间×平均日需求量+保险储备

=10×10+100=200（个）

在第一个订货周期，d=10，不需要动用保险储备；在第二个订货周期，d>10，需求量大于供货量，需要动用保险储备；在第三个订货周期，d<10，不仅不需要动用保险储备，正常储备亦过剩，下次存货即已送到。

企业进行保险储备，可以避免缺货或供应中断造成的损失，但存货平均储备量加大会使储备成本升高。企业进行保险储备时，要确定合理的保险储备量，使缺货或供应中断造成的损失和储备成本之和最小。

企业进行保险储备，可先测算各种不同保险储备量的总成本，然后对这些总成本进行比较，选定其中总成本最低的方案。

假设与企业保险储备有关的总成本为TC，缺货成本为C_s，保险储备成本为C_b，则：

$$TC = C_s + C_b$$

假设单位缺货成本为C_u，一次订货缺货量为S，年订货次数为N，保险储备为b，单位存货保险储备成本为C，相关计算公式为：

$$C_s = C_u SN$$
$$C_b = bC$$
$$TC = C_u SN + bC$$

在实务中，缺货量的概率可根据历史经验估计得出，保险储备可选择而定。

【例6-13】某企业存货年需求量为3 600个，正常生产经营每日需求量为10个，单位储存变动成本为2元，单位缺货成本为4元，交货时间为10天；根据存货经济进货批量基本模型可知，存货经济进货批量为300个，每年订货次数为12次。交货期内存货需求量及其概率分布见表6-9。

表6-9 交货期内存货需求量及其概率分布

需求量（个）	70	80	90	100	110	120	130
概率	0.01	0.04	0.20	0.50	0.20	0.04	0.01

根据上述资料可以得出：

（1）保险储备量为0时（即b=0）：

当需求量为100个或以下时，不发生缺货，概率为0.75（0.01+0.04+0.20+0.50）；

当需求量为110个时，缺货10个（110-100），概率为0.20；

当需求量为120个时，缺货20个（120-100），概率为0.04；

当需求量为130个时，缺货30个（130-100），概率为0.01。

因此，b=0时，可得：

缺货期望值（S_0）=（110-100）×0.2+（120-100）×0.04+（130-100）×0.01=3.1（个）

总成本（TC）=$C_u SN + bC$=4×3.1×12+0×2=148.8（元）

（2）保险储备量为10个时（即b=10）：

当需求量为110个或以下时，不发生缺货，概率为0.95（0.01+0.04+0.20+0.50+0.20）；

当需求量为120个时，缺货10个（120-110），概率为0.04；

当需求量为130个时，缺货20个（130-110），概率为0.01。

因此，b=10时，可得：

缺货期望值（S_{10}）=（120-110）×0.04+（130-110）×0.01=0.6（个）

总成本（TC）=$C_u SN + bC$=4×0.6×12+10×2=48.8（元）

（3）保险储备量为20个时（即b=20）：

同上可得：

缺货期望值（S_{20}）=（130-120）×0.01=0.1（个）

总成本（TC）=$C_u SN + bC$ =4×0.1×12+20×2=44.8（元）

（4）保险储备量为30个的情况（即b=30）：

在此种情况下可满足最大需求，不会发生缺货，因此，缺货期望值为0。

总成本（TC）=$C_u SN + bC$ =4×0×12+30×2=60（元）

将上述情况汇总，见表6-10。

表6-10 不同保险储备与总成本

保险储备（个）	0	10	20	30
总成本（元）	148.8	48.8	44.8	60

从表6-10可知，当b=20时，总成本最低，为44.8元，故保险储备应为20个，或者应以120个为再订货点。本例解决了由于需求量变化引起的缺货问题。至于延迟交货引起的缺货，也可以通过建立保险储备的方法来解决。确定保险储备量时，可将延迟天数折算为增加的需求量，其余计算过程与前述方法相同。如【例6-13】，若该企业延迟到货3天的概率为0.01，则可认为缺货30个（3×10）或者交货期内需求量为130个（10×10+30）的概率为0.01，这样就把交货延迟问题转换成了需求过量问题。

三、存货日常管理

企业对存货进行日常管理不再局限于传统方法，伴随着业务流程重组的兴起以及信息技术的发展，库存管理系统也得到很大的发展。从MRP（物料资源规划）发展到MRP-Ⅱ（制造资源规划），再到ERP（企业资源规划）以及后来的柔性制造和供应链管理，还有外包等管理方法的快速发展，都大大促进了企业库存管理方法的发展。以下介绍两个典型存货控制系统所涉及的存货日常管理内容。

（一）适时制库存控制系统

适时制库存控制系统又称零库存管理、看板管理系统，最早是由日本丰田公司提出并应用于实践的，是指企业事先与供应商和客户协调好，只有当企业在生产过程中需要原料或零件时，供应商才将原料或零件送来；一旦产品生产出来，客户就及时拉走。这样，企业的库存水平就可以大大下降。显然，适时制库存控制系统需要的是稳定而标准的生产程序以及与供应商和客户之间的诚信，任何一环出现差错都将导致整个生产线停止。目前，越来越多的企业利用适时制库存控制系统减少甚至消除了库存，即实行零库存管理，如海尔、沃尔玛、丰田等企业。适时制库存控制系统进一步发展，被应用于企业整个生产管理过程，集开发、生产、库存和分销于一体，大大提高了企业营运管理的效率。

（二）ABC库存控制系统

ABC库存控制系统就是把企业种类繁多的存货依据重要程度、价值大小或者资金占用等标准分为三大类：A类，高价值库存，品种数量占全部库存的10%~15%，价值占全部库存的50%~70%；B类，中等价值库存，品种数量占全部库存的20%~25%，价值占全部库存的15%~20%；C类，低价值库存，品种数量多，占全部库存的60%~70%，价值占全部库存的10%~35%。

针对不同类别的库存，分别采用不同的管理方法。A类库存应作为重点管理对象，实行重点控制、严格管理；对B类和C类库存，重视程度则可依次降低，采取一般管理。

【例6-14】某企业生产耗用原材料20种，总金额为200 000元，按金额大小顺序排列并将其划分成A、B、C三类，见表6-11。

表6-11　　　　　　　　　　　　　ABC分类表

材料编号	金额（元）	金额比重	累计金额比重	类别	各类存货数量比重	各类存货金额比重
1	80 000	40.00%	40.00%	A	10%	70%
2	60 000	30.00%	70.00%			
3	15 000	7.50%	77.50%	B	20%	20%
4	12 000	6.00%	83.50%			
5	8 000	4.00%	87.50%			
6	5 000	2.50%	90.00%			
7	3 000	1.50%	91.50%	C	70%	10%
8	2 500	1.25%	92.75%			
9	2 200	1.10%	93.85%			
10	2 100	1.05%	94.90%			
11	2 000	1.00%	95.90%			
12	1 800	0.90%	96.80%			
13	1 350	0.68%	97.48%			
14	1 300	0.65%	98.13%			
15	1 050	0.53%	98.65%			
16	700	0.35%	99.00%			
17	600	0.30%	99.30%			
18	550	0.28%	99.58%			
19	450	0.23%	99.80%			
20	400	0.20%	100%			
合计	200 000	100%	—	—	100%	100%

微课6-1

存货管理

●●● 思政园地

诚信经营，提升营运绩效

在构建国内国际双循环相互促进的新发展格局中，微观经济主体的有效营运对缓解经济下行压力、促进经济稳定增长、解决城乡就业、促进社会和谐稳定、活跃国内市场、扩大国内需求发挥了重要作用，为"保增长、保就业、保民生"做出了积极贡献。同时，中小企业如何在激烈的竞争中尽快提高竞争力成为亟待解决的问题。企业的财务管理水平直接影响其竞争力，而财务管理水平的高低又取决于企业营运资金管理能力。

●●● 即测即评

第六章单项选择题　　　　　　　第六章多项选择题　　　　　　　第六章判断题

●●●● 业务题

1. 某企业预计全年现金需求量为1 600万元，预计应收账款周转期为50天，应付账款周转期为60天，存货周转期为100天，求该企业的最佳现金持有量。

2. 某企业有四个现金持有方案，管理成本均为1 000元，有关资料见表6-12。

表6-12　　　　　　　　　　　　　　现金持有方案　　　　　　　　　金额单位：元

项目　　方案	A	B	C	D
现金持有量	30 000	40 000	50 000	60 000
机会成本率（%）	8	8	8	8
短缺成本	3 000	1 000	500	0

要求：计算该企业的最佳现金持有量。

3. 某企业预测2025年度销售收入净额为4 500万元，现销与赊销比例为1：4，应收账款平均收账天数为60天，变动成本率为50%，该企业资本成本为10%，1年按360天计算。

要求：（1）计算2025年度赊销额、应收账款平均余额、维持赊销业务所需资金、应收账款机会成本；

（2）若2025年该企业对应收账款的需要控制在400万元，在其他因素不变的条件下，应收账款平均收账天数应调整为多少天？

4. 某企业2024年A产品销售收入为4 000万元，总成本为3 000万元，其中固定成本为600万元。2025年该企业有两项信用政策方案可供选用：

甲方案：给予客户60天信用期限（N/60），预计销售收入为5 000万元，货款将于第60天收到，信用成本为140万元。

乙方案：信用政策为（2/10，1/20，N/90），预计销售收入为 5 400 万元，将有 30% 的货款于第 10 天收到，20% 的货款于第 20 天收到，其余 50% 的货款于第 90 天收到（前两部分货款不会产生坏账，最后一部分货款的坏账损失率为该部分货款的 4%），收账费用为 50 万元。

该企业 A 产品销售额相关范围为 3 000 万～6 000 万元，该企业资本成本为 8%。为简化计算，不考虑增值税因素。

要求：（1）计算该企业 2025 年变动成本率。

（2）计算乙方案下列指标：①应收账款平均收账天数；②应收账款平均余额；③维持应收账款所需资金；④应收账款机会成本；⑤坏账成本；⑥采用乙方案的信用成本。

（3）计算以下指标：①甲方案现金折扣；②乙方案现金折扣；③甲、乙两方案信用成本前收益之差；④甲、乙两方案信用成本后收益之差。

（4）该企业应采取何种信用政策？请说明理由。

5.某企业每年需要耗用 A 材料 45 000 件，单位材料年储存成本为 18 元，平均每次进货费用为 200 元，A 材料全年平均单价为 300 元，假定不存在数量折扣，不会出现陆续到货和缺货的现象。

要求：计算 A 材料的存货经济进货批量、年度最佳进货批数、相关进货成本、相关储存成本、存货经济进货批量平均占用资金。

第六章业务题参考答案

●●●●实训模块三　营运资金活动

一、实训目的

通过本实训，能运用应收账款政策分析应收账款管理。

二、理论知识

应收账款政策制定。

三、实训内容

世华企业生产的产品大部分是以赊销形式销售的，该企业目前执行的信用政策是：信用期为 30 天，不提供现金折扣，对信用等级评价为 A+、A 的客户提供赊销。目前的年赊销收入为 2 000 万元，坏账损失率为 3%，年收账费用为 50 万元，变动成本率为 40%，资本成本为 15%。

财务部根据目前的市场状况和该企业的实际情况提出可供选择的信用政策，有以下三个方案：

方案一：将信用期延长至 60 天，将客户的信用等级放宽为 A+、A、A−，仍然不提供现金折扣。在这种信用政策下，该企业年赊销收入将增至 3 500 万元，坏账损失率为 5%，年收账费用为 80 万元。

方案二：将信用期延长至 90 天，将客户的信用等级放宽为 A+、A、A−、B+，为在 30 天内付款的客户提供 2% 的折扣。在这种信用政策下，该企业年赊销收入额将增至 5 500

万元，约有40%的客户享受现金折扣优惠，此时的坏账损失率为10%，年收账费用为120万元。

方案三：将信用期延长至120天，将客户的信用等级放宽为A+、A、A-、B+，为在30天内付款的客户提供5%的折扣，为在60天内付款的客户提供2%的折扣。在这种信用政策下，该企业年赊销收入将增至6 500万元，约有20%的客户享受5%的现金折扣优惠，约有30%的客户享受2%的现金折扣优惠，此时的坏账损失率为15%，年收账费用为250万元。

（一）实训条件

在会计手工实训室进行。

（二）实训要求

结合世华企业的信用政策情况，分析财务部提供的三个方案。

（三）实训组织方式及步骤

1.组织方式

以学生自己动手为主，通过分组讨论进行，指导老师在其中起指导作用。

2.实训步骤

（1）将班级同学分组，3~5人一组，并进行组内分工。

（2）明确实训目标，告知实训内容，进行实训。

（3）各组汇报实训结果。

（4）公布实训结果，并进行总结评价。

实训模块三参考答案

第七章 收益分配管理

【学习目标与要求】

通过本章学习，了解收益分配的基本原则和管理内容；掌握股利支付的形式与程序，了解现金股利、股票股利等不同股利支付方式的特点及适用条件；熟悉不同的股利分配政策，如剩余股利政策、固定或持续增长股利政策、固定股利支付率政策、低正常股利加额外股利政策，理解这些政策对企业价值的影响，并能根据企业的实际情况选择合适的股利分配政策；了解股票分割与股票回购的含义、目的、程序及对企业财务结构的影响。

【价值塑造目标】

通过本章学习，培养收益分配管理意识和能力；认识收益分配不仅关系到企业的股东权益，还影响企业的财务结构、市场形象及未来发展；学会从企业自身出发，综合考虑各种因素，制定合理的收益分配政策，以实现股东利益最大化、企业价值最大化及可持续发展的目标；理解股票分割与股票回购等财务操作对企业财务结构的影响，以及可能带来的潜在风险，确保企业的财务安全；形成科学的收益分配管理理念，为企业创造更大的价值。

【案例导入】

威奥股份：2020 年度利润分配[①]

一、威奥股份简介

青岛威奥轨道股份有限公司（以下简称威奥股份）前身为青岛威奥轨道装饰材料制造有限公司，成立于 2007 年，主要从事轨道交通车辆配套产品研发、生产、销售和服务，主要产品包括内装产品、卫生间系统、金属结构件、模块化产品和车外结构件等，是高速列车配套领域的领先企业。

二、2020 年度利润分配方案概况

威奥股份经致同会计师事务所（特殊普通合伙）出具标准无保留意见审计报告，2020 年度合并财务报表实现归属于上市公司股东净利润 165 351 138.11 元。根据《公司法》和该公司章程的规定，提取 10% 利润作为法定公积金后，当年可供股东分配的利润为

---

① 根据威奥股份官方网站（http://www.victall.com/index.aspx）2020 年度股东大会会议资料编写。

156 021 080.08 元，2020 年年末实际可供股东分配利润为 811 039 509.06 元。威奥股份 2020 年度拟以实施权益分派股权登记日登记的总股本为基数分配利润并转增股本。本次利润分配、公积金转增股本方案如下：

（1）威奥股份拟向全体股东每 10 股派发现金红利 2 元（含税）。截至 2020 年 12 月 31 日，威奥股份总股本 302 220 000 股，以此为基数计算合计拟派发现金红利 60 444 000.00 元（含税），剩余未分配利润结转以后年度分配。本年度威奥股份现金分红数额占合并财务报表归属于上市公司股东净利润比例为 36.55%。

（2）威奥股份拟向全体股东每 10 股以资本公积转增 3 股。截至 2020 年 12 月 31 日，威奥股份总股本 302 220 000 股，本次送转股后，总股本为 392 886 000 股。本次利润分配预案中资本公积转增股本金额将不会超过 2020 年年末"资本公积——股本溢价"的余额。

鉴于资本公积转增股本将增加注册资本，威奥股份提请股东大会同意增加相应股本及修改公司章程相关条款，并授权公司证券投资部员工具体办理工商变更登记手续等事宜。

思考与分析：威奥股份 2020 年利润分配方案中采用了哪些股利分配方式？为什么采用这些方式？

第一节　收益分配管理概述

企业经过筹资、投资、营运资金管理等一系列财务活动产生了收益，需要对收益分配进行相应的管理。收益分配管理是对企业收益分配主要活动及其形成的财务关系的组织与调节，是企业将一定时期内所创造的经营成果合理地在企业内外部各利益相关者之间进行有效分配的过程。一般而言，广义收益分配是对收入和收益总额进行分配，而狭义收益分配仅是对净利润进行分配。本章主要介绍狭义收益分配，即对企业净利润的分配。

按照《企业财务通则》《公司法》及相关法规的规定，企业通过经营活动取得收益后，分配过程不仅要遵循相应的原则，而且必须按照一定的顺序进行。

一、收益分配原则

（一）依法分配

国家为了规范企业收益分配行为和维护各利益相关者的合法权益，颁布了《企业财务通则》《公司法》等相关法规。这些法规规定了企业收益分配的基本要求、一般程序和重要比例，企业应当认真执行，不得违反。企业收益分配必须按照依法分配原则进行。

（二）分配与积累并重

企业通过经营活动获取收入，既要保证企业简单再生产的持续进行，又要不断积累企业扩大再生产的财力基础。这就需要企业恰当处理分配与积累的关系，留存一部分收益，以增强企业抵抗风险的能力，同时也提高企业经营的稳定性与安全性。

（三）兼顾各方利益

企业是利益相关者的一个契约体，收益分配涉及与企业有关的国家、股东、债权人、职工等多方面利益相关者的利益。企业要正确处理各方之间的关系，协调平衡，化解矛盾，这对企业的生存和发展至关重要。为此，企业进行收益分配时，应当统筹兼顾，维护各利益相关者的合法权益。

（四）投资与收益对等

在收益分配过程中，企业应当做到收益与投资相适应，即投资与收益对等，充分体现"谁投资，谁受益"的原则。这是企业正确处理投资者利益关系的关键所在。

二、收益分配管理内容

企业通过销售产品或提供劳务、转让资产、对外投资等活动取得收入，这些收入主要有两个去向：一是弥补为取得收入而发生的耗费，这部分称为成本费用；二是弥补成本费用之后剩余部分形成的利润，要按一定顺序进行分配，可以用公式表述为：

收入 − 成本费用 = 利润

可见，企业广义收益分配管理不仅包括收入弥补成本费用管理，而且包括收入扣除成本费用之后的利润分配管理。如前所述，本章主要介绍利润分配管理。

利润分配是收益分配的第二层次内容，也是狭义的收益分配。利润是收入弥补成本费用后的余额。由于成本费用包括的内容与表现形式不同，利润所包含的内容与形式也有一定的区别。若成本费用不包括利息和所得税，则利润表现为息税前利润；若成本费用包括利息而不包括所得税，则利润表现为利润总额；若成本费用包括利息和所得税，则利润表现为净利润。

需要说明的是，本章所指的利润分配主要是指对净利润分配。根据《公司法》及相关法律制度的规定，企业净利润分配应按照下列顺序进行：

（一）弥补以前年度亏损

企业在提取一定比例法定公积金后，应先用当年利润弥补亏损。企业年度亏损可以用下一年度税前利润弥补，下一年度不足弥补的，可以在5年之内用税前利润连续弥补，连续5年未弥补亏损则用税后利润弥补。其中，税后利润弥补亏损可以用当年实现的净利润，也可以用盈余公积转入的利润。

（二）提取法定盈余公积金

根据《公司法》的规定，法定公积金提取比例为当年税后利润（弥补亏损后）的10%。当年法定公积金的累积额已达注册资本的50%时，可以不再提取。法定公积金提取后，根据企业的需要，可用于弥补亏损或转增资本，但企业用法定公积金转增资本后，法定公积金的余额不得低于转增前公司注册资本的25%。提取法定公积金的主要目的是增加企业内部积累，以利于企业扩大再生产。

（三）提取任意公积金

根据《公司法》的规定，公司从税后利润中提取法定公积金后，经股东会或股东大会决议，还可以从税后利润中提取任意公积金。这是为了满足企业经营管理的需要，控制向投资者分配利润的水平，调整各年度利润分配的波动幅度。

（四）向股东（投资者）分配股利（利润）

根据《公司法》的规定，公司弥补亏损和提取公积金后所余税后利润，可以向股东（投资者）分配。其中，有限责任公司股东按照实缴的出资比例分取红利，全体股东约定不按照出资比例分取红利的除外；股份有限公司按照股东持有的股份比例分配，但股份有限公司章程规定不按照持股比例分配的除外。《公司法》规定，公司持有的本公司股份不得分配利润。

近年来，以期权形式或类似期权形式进行的股权激励在一些大公司逐渐流行起来。从本质上说，股权激励是企业对管理层或者员工进行的一种经济利益分配。

三、股利支付形式与程序

（一）支付形式

1.现金股利

现金股利，是指企业以现金支付的股利，它是股利支付的最常见形式。企业向股东分配多少股利不仅取决于企业当年是否有利润，还要依据企业利润分配政策。

2.财产股利

财产股利，是指企业以现金以外的其他资产支付的股利，主要是以企业所拥有的其他企业有价证券，如债券、股票等作为股利支付给股东。

3.负债股利

负债股利，是指企业以负债形式支付的股利，通常以企业应付票据支付给股东，有时也以发放企业债券的形式支付股利。财产股利和负债股利实际上是现金股利的替代形式，这两种股利在我国企业中很少使用。

4.股票股利

股票股利，是指企业以增发股票方式所支付的股利，在我国企业中也称为"红股"。股票股利对企业来说，并没有现金流出企业，也不会导致企业财产减少，只是将企业留存收益转化为股本和资本公积。股票股利会增加流通在外的股票数量，同时降低股票每股价值。股票股利虽然不改变企业股东权益总额，但会改变股东权益构成。

（二）支付程序

股利发放必须遵守国家相关法规要求，按照日程安排来进行。一般情况下，企业股利发放先由董事会提出分配预案，然后提交股东大会决议通过，最后才能进行分配。股东大会决议通过分配预案后，要向股东宣布发放股利方案，并确定股利宣告日、股权登记日、除息日和股利发放日。

（1）股利宣告日，即股东大会决议通过并由董事会将股利支付情况予以公告的日期。在公告中，企业将宣布每股应支付的股利、股权登记日、除息日以及股利发放日。

（2）股权登记日，即有权领取本期股利的股东资格登记截止日期。凡是在此指定日期收盘之前取得企业股票，成为企业在册股东的，都可以作为股东享受企业本期分派的股利。在此日期之后取得股票的股东，则无权领取本次分派的股利。

（3）除息日，即领取股利权利与股票分离的日期。在除息日之前购买的股票才能领取本次股利，而在除息日当天或以后购买的股票则不能领取本次股利。由于失去了"收息"的权利，除息日股票价格通常会下跌。除息日是股权登记的下一个交易日。

（4）股利发放日，即企业按照公布的股利分配方案向股权登记日在册的股东实际支付股利的日期。

【例7-1】2024年3月10日，某上市企业公告2023年度最后股利分配方案，其公告如下："2024年3月9日在企业总部上海召开股东大会，通过了董事会关于每股分派0.24元的2023年股利分配方案。股权登记日为3月25日，除息日为3月26日，股东可在4月10日至25日通过上海证券交易所按照交易方式领取股息。特此公告。"

该上市企业2024年股利支付程序如图7-1所示。

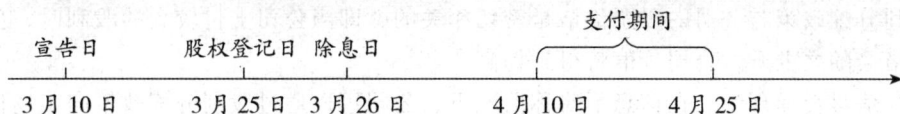

图7-1 股利支付程序图

第二节 利润分配管理

一、股利分配政策与企业价值

股利分配政策，是指在法律允许的范围内，企业是否发放股利、发放多少股利以及何时发放股利的方针及对策。股利分配要考虑其对企业价值的影响。在股利分配政策对企业价值影响这一问题上，存在不同观点，从而也导致了不同的股利分配政策。

（一）股利分配理论

股利分配理论，是指人们对股利分配客观规律的科学认识与总结，其核心是股利分配政策与企业价值关系问题。在市场经济条件下，股利分配要符合财务管理目标。针对股利分配政策与企业价值关系问题，主要有以下两种观点：

1.股利无关理论

股利无关理论认为，在一定假设条件下，股利分配政策不会对企业价值或股票价格产生任何影响，投资者不关心企业股利分配。企业价值是由投资决策的获利能力和风险组合所决定的，与企业利润分配政策无关。

这一观点建立在以下假设基础上：第一，不存在个人或企业所得税；第二，不存在股票发行和交易费用，即不存在任何筹资费用；第三，企业投资决策与股利分配政策彼此独立，即投资决策不受股利分配影响；第四，市场具有强式效率，没有交易成本，没有任何一个股东的实力足以影响股票价格；第五，股东对股利收入和资本增值没有偏好。

上述假设描述的是一个完美无缺的市场，因而股利无关理论又称为完全市场理论。

在股利无关理论中，一方面，投资者并不关心企业股利分配。若企业留存较多的利润用于再投资，企业股票价格将上升，此时尽管股利较低，但需要现金的投资者可以出售股票换取现金。若企业发放较多股利，投资者又可以用现金买入一些股票以扩大投资。也就是说，投资者对股利和资本利得并无偏好。另一方面，股利支付比率不影响企业价值。既然投资者不关心股利分配，企业价值就完全由其投资决策的获利能力和风险组合所决定，企业盈余在股利和保留盈余之间分配并不影响企业价值（即使企业有好的投资机会而又支付了高额股利，也可以募集新股，新投资者会认可企业的投资机会）。

2.股利相关理论

与股利无关理论相反，股利相关理论认为，企业股利分配政策会影响股票价格和企业价值，主要观点有以下四种：

（1）"手中鸟"理论。该理论认为，用留存收益再投资给投资者带来的收益具有较大的不确定性，投资的风险随着时间的推移也会进一步加大，因此，厌恶风险的投资者会偏好确定的股利收益，而不愿将收益留存在公司内部去承担未来的投资风险。该理论认为公司的股利分配政策与公司的股票价格是密切相关的，即当公司支付较高的股利时，公司的股票价格会随之上升，公司价值将得到提高。

（2）信号传递理论。在信息不对称情况下，公司可以通过股利分配政策向市场传递有关公司未来获利能力的信息，从而影响公司的股价。一般来说，预期未来获利能力强的公司往往愿意通过相对较高的股利支付水平把自己同预期未来获利能力差的公司区别开来，以吸引更多的投资者。

（3）所得税差异理论。由于普遍存在的税率以及纳税时间的差异，资本利得收益比股利收益更有助于实现收益最大化目标，公司应当采用低股利政策。一般来说，对资本利得收益征收的税率低于对股利收益征收的税率；另外，即使两者没有税率的差异，由于投资者对资本利得收益的纳税时间选择更具有弹性，投资者仍可以享受延迟纳税带来的收益差异。

（4）代理理论。股利分配政策有助于缓解管理者与股东之间的代理冲突，即股利分配政策是协调股东与管理者之间代理关系的一种约束机制。该理论认为，股利支付能够有效地降低代理成本。首先，股利支付减少了管理者对自由现金流量的支配权，这在一定程度上可以抑制公司管理者的过度投资或在职消费行为，从而保护外部投资者的利益；其次，较多的现金股利发放减少了内部融资，导致公司进入资本市场寻求外部融资，公司将接受资本市场上更多的、更严格的监督，这样便通过资本市场的监督减少了代理成本。因此，高水平的股利分配政策降低了企业的代理成本，但同时增加了外部融资成本，理想的股利分配政策应当使两种成本之和最小。

在股利相关理论中，股利分配对企业价值有影响。在实务中，不存在股利无关理论的假设前提，企业股利分配是在种种制约因素下进行的，不可能摆脱这些因素的影响。具体来说，影响股利分配的因素有：

（1）法律限制。为了保护债权人和股东的利益，《公司法》等有关法律法规对企业股利分配做了如下限制：

① 资本保全，规定企业不能用资本（包括实收资本或股本和资本公积）发放股利。

② 企业积累，规定企业必须按净利润的一定比例提取法定盈余公积金。

③ 净利润，规定企业年度累计净利润必须为正数时才可发放股利，以前年度亏损必须足额弥补。

④ 超额累积利润。由于股东接受股利缴纳的个人所得税税率高于其进行股票交易的资本利得税税率，很多国家和地区规定企业不得超额累积利润，一旦企业保留盈余超过法律认可标准，将被加征额外税收。

⑤ 无力偿付。基于对债权人的利益保护，如果一家企业已无力偿付负债，或股利支付会导致其失去偿债能力，则不能支付股利。

（2）股东因素。股东从自身经济利益出发，对企业股利分配也会产生一些影响。

① 稳定的收入和避税。一些依靠股利维持生活的股东往往要求企业支付稳定的股利，

若企业留存收益较多，将受到这部分股东的反对。另外，一些高股利收入的股东出于避税的考虑（股利收入个人所得税税率高于股票交易资本利得税税率），往往反对企业发放较多股利。

② 防止控制权稀释。企业支付较高股利，会导致留存收益减少，这意味着将来发行新股的可能性加大，而发行新股必然稀释企业控制权，这是企业原有持有控制权的股东所不愿看到的局面。因此，若拿不出更多资金购买新股以满足企业需要，大股东宁可不分配股利也要反对募集新股。

（3）公司因素。就企业财务需要来讲，也存在一些限制股利分配的因素。

① 盈余的稳定性。企业能获得长期稳定的盈余，是股利分配的重要基础。一般来说，盈余相对稳定的企业可能支付比盈余不稳定的企业更多的股利，而盈余不稳定的企业往往采取低股利分配政策。对于盈余不稳定的企业来说，低股利分配政策可以降低因盈余下降而带来的股利无法支付、股价急剧下降风险，还可将更多盈余进行再投资，以提高企业权益资本比重，降低财务风险。

② 公司的流动性。企业较多地支付现金股利，会减少现金持有量，使资产流动性降低，而保持一定的资产流动性是企业经营所必需的。

③ 举债能力。有较强举债能力（与企业资产流动性相关）的企业能够及时筹措到所需的现金，有可能采取较宽松的股利分配政策；而举债能力弱的企业则不得不多留盈余，因而往往采取较紧的股利分配政策。

④ 投资机会。拥有良好投资机会的企业需要大量资金，因而发放的股利往往较少，将大部分盈余用于投资；缺乏良好投资机会的企业保留大量现金会造成资金闲置，所以倾向于支付较多的股利。正因为如此，处于成长中的企业多采取低股利政策，处于经营收缩中的企业多采取高股利政策。

⑤ 资本成本。与发行新股相比，保留盈余不需要花费筹资费用，是一种比较经济的筹资渠道。从资本成本角度考虑，如果企业有较大的资金需求，也应当采取低股利政策。

⑥ 债务需要。有较高债务偿还需要的企业可以通过举借新债、发行新股筹集资金偿还债务，也可以直接用经营积累偿还债务。如果企业认为后者较适当（如前者资本成本高或受其他限制难以进入资本市场），将会减少股利支付。

（4）其他影响因素。

① 债务合同约束。企业债务合同，特别是长期债务合同，往往存在限制企业现金支付程度的条款，这使企业只能采取低股利政策。

② 通货膨胀。在通货膨胀时期，企业折旧基金①购买力水平下降，将导致企业没有足够的资金来源重置固定资产。这时盈余被当作弥补折旧基金购买力水平下降的资金来源，因此企业股利分配政策往往偏紧。

由于存在上述影响股利分配的因素，股利分配政策与股票价格、企业价值就不是无关的，企业价值与股票价格不只是由企业投资决策的获利能力和风险组合决定的。

（二）股利政策

股利政策是企业在遵守国家有关法律法规的前提下，根据企业自身具体情况制定的股

---

① 折旧基金是企业根据国家规定（一般按固定资产的预计使用分类平均计年折旧）计提的专用于固定资产更新的基金。

利分配政策。企业支付给股东的股利与留在企业的盈余存在此消彼长的关系。企业股利政策既要决定给股东分配多少股利，又要决定有多少净利润留在企业。这不仅关系到企业外部筹资需求，也关系到企业内部筹资决策。为此，股利政策既要保持相对稳定，又要符合企业的财务管理目标和发展目标。在实务中，通常有以下四项股利政策可供企业选择：

1. 剩余股利政策

剩余股利政策是在企业有良好投资机会时，根据一定目标资本结构（最佳资本结构），测算出投资所需权益资本，先从盈余中留用，然后将剩余盈余作为股利进行分配。企业采用剩余股利政策时，应按以下步骤进行：

（1）设定目标资本结构，即确定权益资本与债务资本比例，在此资本结构下，综合资本成本将达到最低水平。

（2）确定目标资本结构下投资所需的股东权益金额。

（3）最大限度地使用保留盈余来满足投资方案所需的权益资本金额。

（4）投资方案所需权益资本已满足后，若有剩余盈余，再将其作为股利发放给股东。

【例7-2】某企业今年税后净利润为500万元，预计明年相关投资需要为800万元，若企业目标资本结构为债务资本占45%、权益资本占55%，目前资本结构为企业最佳资本结构，根据上述资料可得：

该企业明年相关投资所需权益资本金额=800×55%=440（万元）

今年该企业税后净利润500万元，除了满足上述投资方案所需权益资本外，还有剩余盈余，可用于发放股利。

今年该企业剩余盈余=500-440=60（万元）

假设该企业今年流通在外普通股股数为600万股，则：

每股股利=60÷600=0.1（元/股）

采用剩余股利政策意味着企业只将剩余盈余用于发放股利，这样做的理由是保持目标资本结构，使综合资本成本最低。

剩余股利政策的优点是：净利润优先保证再投资需要，有助于降低再投资的资本成本，保持最佳资本结构，实现企业价值长期最大化。

剩余股利政策的缺点是：若采用剩余股利政策，股利发放额就会每年随着投资机会和盈利水平的变化而波动。在盈利水平不变的情况下，股利发放额与投资机会呈反方向变动；在投资机会维持不变的情况下，股利发放额与企业盈利呈同方向变动。剩余股利政策不利于投资者安排收入与支出，也不利于企业树立良好形象，一般适用于企业初创阶段。

2. 固定或持续增长股利政策

固定或持续增长股利政策是指企业将每年派发的股利数额固定在某一特定水平或在此基础上维持某一固定比率逐年稳定增长。企业只有在确定未来经营成果不会发生逆转时才会宣布实施固定或持续增长股利政策。在这一政策下，应首先确定股利分配额，而且该分配额一般不随资金需求的波动而变化。

采用固定或持续增长股利政策的主要目的是避免出现由于经营不善而削减股利的情况。采用这种股利政策的理由有三个：

（1）稳定的股利政策向市场传递企业正常发展的信息，有利于树立企业良好形象，增强投资者对企业的信心，稳定股票价格。

（2）稳定的股利发放额有利于投资者安排股利收入和支出，特别是那些对股利有很高依赖性的股东更是如此。股利忽高忽低的股票不会受这些股东青睐，股票价格会因此而下降。

（3）固定或持续增长股利政策考虑到股票市场受多种因素影响，其中包括股东的心理状态和其他要求，为了使股利维持稳定水平，即使推迟某些投资方案或者暂时偏离目标资本结构，也可能比降低股利或降低股利增长率对企业更有利。

固定或持续增长股利政策的缺点在于股利支付与盈余相脱节。当盈余较少时，仍要支付固定股利，这可能导致企业资金短缺，使财务状况恶化；同时，也不能像剩余股利政策那样保持较低的资本成本。

因此，采用固定或持续增长股利政策，要求企业对未来盈利和支付能力做出准确判断。一般来说，企业确定的固定股利发放额不宜太高，以免陷入无力支付的被动局面。固定或持续增长股利政策通常适用于经营比较稳定或正处于成长期的企业，且很难被长期采用。

3.固定股利支付率政策

固定股利支付率政策是指企业每年将净利润的某一固定百分比作为股利分派给股东。这一百分比通常称为股利支付率，股利支付率一经确定，不得随意变更。在这一股利政策下，只要企业税后利润确定了，所派发的股利也就相应确定了。固定股利支付率越高，企业留存的净利润越少。

【例7-3】某企业自上市以来一直采用固定股利支付率政策进行股利分配，股利支付率为25%，该企业今年实现税后净利润500万元。根据上述资料可得：

该企业今年支付股利=500×25%=125（万元）

若该企业预测明年有更多投资机会，资金需求量大，欲对今年实现的税后净利润采用剩余股利政策。假设该企业明年投资预算为800万元，在目标资本结构中，权益资本占60%。按照目标资本结构要求，有：

该企业明年投资所需权益资本金额=800×60%=480（万元）

今年发放股利=500-480=20（万元）

固定股利支付率政策的优点有以下两点：

（1）采用固定股利支付率政策，股利与企业盈余紧密配合，体现了"多盈多分、少盈少分、无盈不分"的股利分配原则。

（2）由于企业获利能力在不同年度是经常变动的，因此股利也应当随着企业收益的变动而变动。采用固定股利支付率政策，企业每年按固定比例从税后利润中支付现金股利，从企业支付能力看，这是一种稳定的股利政策。

固定股利支付率政策的缺点有以下三点：

（1）大多数企业各年收益很难保持稳定不变，这会导致不同年度股利波动较大，由于股利有信号传递作用，股利波动很容易给投资者带来企业经营状况不稳定、投资风险较高等不良印象，成为对企业不利的因素。

（2）容易使企业面临较大的财务压力。企业实现的盈利多，并不代表企业有足够的现金流用来支付较多的股利。

（3）适合的固定股利支付率确定难度比较大。由于企业每年可能面临的投资机会、筹资渠道不同，而这些都可能影响企业股利分派，所以，一成不变地采用固定股利支付率政策的企业在实务中并不多见。固定股利支付率政策适用于那些稳定发展且财务状况也较稳定的企业。

4.低正常股利加额外股利政策

低正常股利加额外股利政策是指一般情况下企业每年只支付固定的、数额较低的股利；在盈余多的年份，再根据实际情况向股东发放额外股利。额外股利并不固定，这就意味着企业不是永久提高了股利支付率。其计算公式如下：

$$y = a + bx$$

式中：y为每股股利，x为每股收益，a为每股低正常股利，b为额外股利支付率。

低正常股利加额外股利政策的优点有以下两点：

（1）这种股利政策赋予企业较强的灵活性，使企业在股利发放上留有余地，并具有较高的财务弹性。企业可根据每年的具体情况，选择不同的股利发放水平，以稳定和提高股价，进而实现企业价值最大化。

（2）这种股利政策可以满足对固定股利有需求且每年至少可获得虽较低但比较稳定的股利收入的股东。

低正常股利加额外股利政策的缺点有以下两点：

（1）由于不同年度公司盈利的波动使得额外股利不断变化，造成分派的股利各年有所不同，容易给投资者造成收益不稳定的感觉。

微课7-1

股利政策

（2）若企业在较长时期持续发放额外股利，则容易被股东误认为是"正常股利"，一旦取消发放额外股利，可能使股东认为企业财务状况恶化，进而导致股价下跌。

相对来说，对那些盈利随着经济周期波动较大的企业，或者在企业盈利与现金流量不稳定时，低正常股利加额外股利政策是一个较好的选择。

二、股票分割与股票回购

（一）股票分割

股票分割又称拆股，即将一股股票拆分成多股股票的行为。股票分割一般只会增加发行在外股票总数，不会对企业资本结构产生任何影响。股票分割与股票股利相似，都是在不增加股东权益的情况下增加股票数量。所不同的是，股票股利虽不会引起股东权益总额的改变，但股东权益内部结构会发生变化；而股票分割后，股东权益总额及内部结构都不会发生任何变化，变化的只是股票面值。

【例7-4】某企业通过发放股票股利进行股利支付，发放股票股利前股东权益情况见表7-1。

表7-1　　　　　　　　　　　**某企业发放股票股利前股东权益情况**　　　　　　　单位：元

项目	金额
普通股股本（面值1元，已发行200 000股）	200 000
盈余公积	400 000
资本公积	400 000
未分配利润	2 000 000
股东权益合计	3 000 000

若该企业宣告发放10%的股票股利，即20 000股（200 000×10%）普通股股票，现有

股东每持10股可得1股新股票。如该股票当时市价每股20元，发放股票股利以市价计算，则发放股票股利会对股东权益产生什么影响？

未分配利润划出金额=20×200 000×10%=400 000（元）

普通股股本增加=1×200 000×10%=20 000（元）

资本公积增加=400 000−20 000=380 000（元）

发放股票股利后，该企业股东权益各项目见表7-2。

表7-2　　　　　　　　　　某企业发放股票股利后股东权益情况　　　　　　　　单位：元

项目	金额
普通股股本（面值1元，已发行220 000股）	220 000
盈余公积	400 000
资本公积	780 000
未分配利润	1 600 000
股东权益合计	3 000 000

可见，发放股票股利不会对企业股东权益总额产生影响，但会使股东权益结构发生变化。

【例7-5】某企业现有股本1 000万股（每股面值10元），资本公积20 000万元，未分配利润70 000万元，股票市价为每股30元。现按照100%发放股票股利与按照1∶2进行股票分割两种方式进行股利分配，对股东权益影响情况见表7-3。

表7-3　　　　　　　　　股票股利与股票分割对股东权益影响情况　　　　　　　　单位：万元

现有普通股股东权益	
股本（1 000万股，面值为10元）	10 000
资本公积	20 000
未分配利润	70 000
股东权益合计	100 000
按照100%发放股票股利	
股本（2 000万股，面值为10元）	20 000
资本公积	40 000
未分配利润	40 000
股东权益合计	100 000
按照1∶2进行股票分割	
股本（2 000万股，面值为5元）	10 000
资本公积	20 000
未分配利润	70 000
股东权益合计	100 000

从本例来看，股票分割与股票股利非常接近，要根据证券管理部门的具体规定对两者加以区别。例如，有些国家证券交易机构规定，发放25%以上的股票股利即属于股票分割。

与股票分割相反，如果企业认为其股票价格过低，不利于其在市场上的声誉和未来再筹资，为了提高股票价格，企业会采取反分割措施。反分割又称股票合并或逆向分割，是指企业将多股股票合并为一股股票的行为。反分割显然会降低股票的流通性，提高企业股票投资门槛，向市场传递的信息通常是不利的。

（二）股票回购

1.股票回购含义及方式

股票回购是指上市企业出资将其发行在外的普通股以一定的价格购买回来予以注销或作为库存股的一种资本运作方式。企业不得随意收购自身股份，只有在符合相关法律规定的情况下才允许股票回购。《公司法》规定，企业只有在以下六种情形下才能回购自身股份：第一，减少企业注册资本；第二，与持有本企业股份的其他企业合并；第三，将股份用于员工持股计划或者股权激励；第四，股东因对股东大会做出企业合并、分立的决议持异议，要求企业收购其股份；第五，将股份用于转换上市企业发行的可转换为股票的企业债券；第六，上市企业为维护企业价值及股东权益所必需。

企业因上述第一种情况收购本企业股份的，应当自收购之日起10日内注销；属于第二、四种情况的，应当在6个月内转让或者注销；属于其他三种情形的，企业合计持有本企业股份数不得超过本企业已经发行股份总额的10%，并应当在3年内转让或者注销。

股票回购主要包括场内公开回购和场外协议回购两种方式。场内公开回购是公司自己等同于任何潜在投资者，委托证券公司代自己按照公司股票当前市场价格回购。场外协议回购是公司与某一类或某几类投资者直接见面，通过协商来回购股票的一种方式。

【例7-6】某企业每股收益、每股市价等资料见表7-4。

表7-4 某企业普通股资料表

税后利润（元）	4 000 000
流通在外股数	1 000 000
每股收益（4 000 000÷1 000 000）（元）	4
每股市价（元）	40
市盈率（40÷4）	10

若该企业准备从盈余中提出1 000 000元用于发放现金股利，每股可得股利1元，那么每股市价为41元（原市价40元+预期股利1元）。

若企业将提出的1 000 000元以每股41元的价格回购股票，可购得24 390股（1 000 000÷41），那么每股收益为：

4 000 000÷（1 000 000−24 390）=4.1（元）

如果市盈率仍为10，股票回购后每股市价将为41元（4.1×10），这与支付现金股利后每股市价相同。

2.股票回购动机

企业进行股票回购的动机是多种多样的，主要有以下四种：

（1）现金股利的替代。现金股利会对企业未来派现产生压力，而股票回购不会。当企业有富余资金时，通过回购股东所持有的股票从而将现金分配给股东，股东就可以根据自己的需要选择是继续持有股票还是出售股票获得现金。

（2）改变企业资本结构。无论是现金回购还是举债回购，都会提高企业的财务杠杆水平，改变企业资本结构。企业认为权益资本在资本结构中所占比例较大时，为了调整资本结构而进行股票回购，可以在一定程度上降低整体的资本成本。

（3）传递公司信息。由于信息不对称和预期差异，在金融市场上，企业股票价格可能被低估，而股价过低将对企业产生负面影响。一般情况下，投资者会认为股票回购是企业认为其股票价格被低估而采取的应对措施。

（4）基于控制权的考虑。控股股东为了保证其控制权，往往采用直接或间接方式回购股票，从而巩固既有控制权。另外，股票回购使流通在外的股份数变少，股价上升，可以有效防止敌意收购。

3.股票回购影响

（1）股票回购将产生大量回购成本，容易造成企业资金紧张，降低资产的流动性，影响企业后续发展；另外，在企业没有合适的投资项目又持有大量现金的情况下，回购股份也能更好地发挥货币资金的作用。

（2）符合股票回购条件的多渠道回购方式允许公司选择适当时机回购本公司股份，将进一步提升公司调整股权结构和管理风险的能力，提高公司整体质量和投资价值。

（3）当市场不理性，公司股价严重低于股票内在价值时，为了避免投资者损失，适时进行股份回购，减少股份供应量，有助于稳定股价、增强投资者信心。

（4）因实施持股计划和股权激励而进行的股票回购，将形成资本所有者和劳动者的利益共同体，有助于提高投资者回报率；因将股份用于转换上市公司发行的可转换为股票的公司债券而进行的股票回购，也有助于拓展公司融资渠道，改善公司资本结构。

（5）上市公司通过履行信息披露义务和公开的集中交易方式进行股份回购，有利于防止操纵市场、内幕交易等利益输送行为。

●●● 思政园地

依法公平公正分配，创新企业分配方式，实现可持续高质量发展

财务管理人员必须遵守《企业财务通则》《公司法》及相关法律法规的规定，对经济事项的处理要遵守公平公正原则，兼顾各方利益，坚持投资与收益对等，将企业一定时期所创造的经营成果在内外部利益相关者之间进行有效分配，维护各方利益，为社会和谐稳定做出贡献，实现企业可持续高质量发展。

●●● 即测即评

第七章 单项选择题   第七章 多项选择题   第七章 判断题

● ● ● 业务题

某企业成立于2023年1月1日，2023年实现净利润1 000万元，分配现金股利550万元，提取盈余公积金450万元（所提盈余公积金均已指定用途）。2024年实现净利润900万元（不计提盈余公积金）。2025年计划增加投资，所需资金为700万元。假定该企业目标资本结构为自有资金占60%、借入资金占40%。

要求：（1）在保持目标资本结构不变的前提下，计算该企业2025年投资方案所需自有资金额和需要从外部借入的资金额；

（2）在保持目标资本结构不变的前提下，如果该企业采用剩余股利政策，计算2024年度应分配的现金股利；

（3）在不考虑目标资本结构的前提下，如果该企业采用固定股利政策，计算2024年度应分配的现金股利以及可用于2025年投资的留存收益和需要额外筹集的资金额；

（4）在不考虑目标资本结构的前提下，如果该企业采用固定股利支付率政策，计算股利支付率和2024年度应分配的现金股利；

（5）假定该企业2025年面临外部筹资困难，只能从内部筹资，不考虑目标资本结构，计算在此情况下2024年度应分配的现金股利。

第七章业务题参考答案

● ● ● 实训模块四　收益分配活动

一、实训目的

通过本实训，熟悉企业制定股利政策的相关因素，从多角度区别不同股利政策的性质与特点，掌握企业确定剩余股利政策的步骤及股利计算方法。

二、理论知识

股利政策；剩余股利政策。

三、实训内容

案例一：旭日公司目标资产负债率为50%，当年税后净利润为900万元，按10%分别提取盈余公积金与公益金，下年度计划投资2 000万元。

案例二：金鑫网络公司现有资产总额2 000万元，已连续亏损两年；权益乘数为2，目前资本结构为最佳资本结构，权益资本均为普通股，每股面值10元，负债的年平均利率为10%。该公司年初未分配利润为-258万元，当年实现营业收入8 000万元，固定成本为700万元，变动成本率为60%，企业所得税税率为25%。该公司按10%和5%提取盈余公积金和公益金。预计下一年度投资计划需要资金4 000万元。

（一）实训条件

在会计手工实训室进行。

（二）实训要求

结合实训内容，根据剩余股利政策回答以下问题：

1. 这两个公司是否应该发放股利?

2. 这两个公司采用何种股利政策为佳?说明理由。

如果这两个公司采取剩余股利政策,其当年盈余能否满足下一年度投资对权益资本的需要?若不能满足,应增发多少普通股?

如果上述投资所需资金可以通过发行长期债券(债券年利率12%)取得,或者发行普通股(新发行股票的面值保持10元不变)取得,当预计息税前利润为2 800万元时,哪种筹资方式对这两个公司更有利(以每股收益为标准)?

(三)实训组织方式及步骤

1.组织方式

以学生自己动手为主,通过分组讨论进行,指导老师在其中起指导作用。

2.实训步骤

(1)将班级同学分组,3~5人一组,并进行组内分工。

(2)明确实训目标,告知实训内容,进行实训。

(3)各组汇报实训结果。

(4)公布实训结果,并进行总结评价。

实训模块四参考答案

第八章　财务预算

【学习目标与要求】

通过本章学习，理解财务预算的基本理论，包括财务预算的概念、作用以及财务预算在企业决策中的重要性；掌握固定预算和弹性预算、增量预算和零基预算、定期预算和滚动预算等不同类型预算的编制方法，了解各种预算方法的适用场景和优缺点；熟悉现金预算的编制程序和具体内容，以及预计财务报表的编制要求和步骤，能够结合企业的实际情况，制定科学合理的财务预算方案。

【价值塑造目标】

通过本章学习，培养对财务预算管理的全面认识和实际应用能力；认识财务预算在企业管理中的核心地位，理解其对企业战略规划和资源配置的支撑作用；学会运用科学的预算方法，合理预测和规划企业的财务活动，确保企业资源的有效利用和财务管理目标的实现；培养预算管理责任感和风险意识，学会通过对预算执行情况的分析和评估，及时发现问题并采取相应的调整措施，为企业的稳健发展提供有力保障，最终为企业的财务管理和决策提供支持，并为企业创造更大的价值。

【案例导入】

君禾泵业：2021年度财务预算[①]

一、君禾泵业简介

君禾泵业股份有限公司（以下简称君禾泵业）是一家以研发制造家用水泵为主的高新技术企业，成立于2003年4月，员工有1 000余人，拥有现代化标准厂房近10万平方米，形成四大系列、共计200万台的年生产能力，是全球家用水泵产业优秀制造商。

二、2021年度财务预算概况

君禾泵业2021年度财务预算包括君禾泵业股份有限公司及其下属子公司，根据战略发展目标，综合宏观环境、行业趋势、市场状况，结合2021年度市场营销计划、生产管理计划、研发计划、投资计划、筹资计划等进行测算并编制。

---

① 根据君禾泵业官方网站（http://www.junhepumps.com/Index.html）及君禾泵业股份有限公司2021年度财务预算报告编写。

（一）编制基本假设

1.君禾泵业所遵循的法律法规、规章及相关制度没有重大变化，税收政策和有关优惠政策无重大变化。

2.宏观经济、君禾泵业所处行业及市场需求不会发生重大不利变化。

3.现行银行贷款利率、通货膨胀率、汇率无重大变化。

4.君禾泵业市场营销计划、生产管理计划、研发计划、投资计划、筹资计划等能够顺利进行，不会因资金来源不足、市场需求或供给价格变化等使各项计划的实施发生困难。

5.无其他人力不可预见及不可抗拒因素造成重大不利影响。

（二）2021年度主要财务指标预算表

君禾泵业2021年度主要财务指标预算表见表8-1。

表8-1　　　　　　　　　**君禾泵业2021年度主要财务指标预算表**　　　　　　　　单位：万元

序号	项目	2020年度预算	2020年决算	2021年度预算
1	主营业务收入	71 000	73 810	95 000
2	业务毛利额	18 460	18 774	24 225
3	税金及附加	608	636	924
4	销售费用	3 054	1 718	2 763
5	管理费用	3 929	3 536	3 824
6	研发费用	2 390	2 744	2 263
7	财务费用	-40	1 079	1 032
8	利润总额	10 320	11 167	14 102
9	净利润	8 925	9 731	11 384

思考与分析：财务预算编制应遵循哪些编制流程？试分析君禾泵业财务预算指标之间的关系。

第一节　财务预算概述

一、财务预算概念

预算是企业在预测、决策的基础上，用数量和金额以表格的形式反映企业未来一定时期内经营、投资、筹资等活动的具体计划，是为实现企业目标而对各种资源和企业活动所做的详细安排。预算是一种可据以执行和控制经济活动的、最为具体的计划，是实现企业战略导向预定目标的有力工具。

财务预算是一系列专门反映企业未来一定预算期内预计的财务状况和经营成果，以及现金收支等价值指标的预算总称，具体包括现金预算、预计利润表、预计资产负债表和预计现金流量表等。

二、预算分类与体系

（一）预算分类

1.根据内容不同，企业预算可分为业务预算、专门决策预算和财务预算

（1）业务预算，是指与企业日常经营活动直接相关的经营业务的各种预算，主要包括销售预算、生产预算、采购预算、费用预算、人力资源预算等。

（2）专门决策预算，是指企业重大的或不经常发生的、需要根据特定决策编制的预算，包括投融资决策预算等。专门决策预算直接反映相关决策的结果，是实际中已选方案的进一步规划。如资本支出预算，其编制依据可以追溯到决策之前搜集的有关资料，只不过预算比决策估算更细致、更准确。例如，企业购置固定资产，必须在事先做好可行性分析的基础上编制预算，反映具体需要多少投资额、何时进行投资、资金从何处筹集、投资期限多长、何时可以投产、未来每年的现金流量是多少等。

（3）财务预算，是指与企业资金收支、财务状况或经营成果等有关的预算，包括资金预算、预计资产负债表、预计利润表等。财务预算作为全面预算体系的最后环节，是从价值方面总括地反映企业业务预算与专门决策预算的结果，也就是说，业务预算和专门决策预算中的资料都可以用货币金额反映在财务预算中。那么，财务预算就成了各项业务预算和专门决策预算的整体计划，所以财务预算也称为总预算，其他预算则相应地称为辅助预算或分预算。显然，财务预算在全面预算中占有举足轻重的地位。

2.根据指标覆盖时间长短，企业预算可分为长期预算和短期预算

人们通常将预算期在1年以内（含1年）的预算称为短期预算，将预算期在1年以上的预算称为长期预算。预算的编制时间可视预算内容和实际需要而定，可以是1周、1月、1季、1年或若干年等。

在预算编制过程中，企业往往结合各种预算的特点，将长期预算和短期预算结合使用。一般情况下，业务预算和财务预算多以1年为期进行短期预算，年内再按季或按月进行细分，而且预算期往往与会计期间保持一致。

（二）预算体系

各种预算是一个有机联系的整体，一般将业务预算、专门决策预算和财务预算组成的预算体系称为全面预算体系，如图8-1所示。

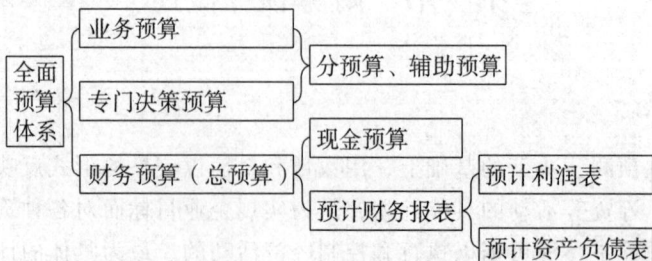

图8-1　全面预算体系

三、预算管理工作的组织

我国《公司法》规定，公司的年度财务预算方案、决算方案由公司董事会制订，经股东大会审议批准后方可执行。预算工作组织包括决策层、管理层、执行层和考核层，具体如下：

（一）企业董事会或类似机构

企业董事会或类似机构应当对企业预算管理工作负总责。企业董事会或者经理办公会可以根据情况设立预算委员会或指定财务管理部门负责预算管理事宜，并对企业法定代表人负责。

（二）预算委员会或财务管理部门

预算委员会或财务管理部门主要拟订预算目标、政策，制定预算管理具体措施和办法，审议、平衡预算方案，组织下达预算，协调解决预算编制和执行中的问题，组织审计、考核预算执行情况，督促企业完成预算目标。

（三）企业财务管理部门

企业财务管理部门具体负责企业预算跟踪管理，监督预算执行情况，分析预算与实际执行结果的差异及原因，提出改进管理意见与建议。

（四）企业各个职能部门

企业内部生产、投资、物资、人力资源、市场营销等职能部门具体负责本部门业务，涉及预算编制、执行、分析等工作，并配合预算委员会或财务管理部门做好企业总预算综合平衡、协调、分析、控制与考核等工作。其主要负责人参与企业预算委员会工作，并对本部门预算执行结果承担责任。

（五）企业所属基层单位

企业所属基层单位是企业预算基本单位，在企业财务管理部门指导下，负责本单位现金流量、经营成果和各项成本费用的预算编制、控制、分析工作，接受企业检查、考核。其主要负责人对本单位财务预算执行结果承担责任。

第二节　财务预算编制方法与程序

一、预算编制方法

企业可以根据不同预算项目，分别采用固定预算、弹性预算、增量预算、零基预算、定期预算和滚动预算等方法编制各种预算。

（一）固定预算法与弹性预算法

按照编制预算时业务量是否固定，财务预算编制方法可分为固定预算法和弹性预算法。

1.固定预算法

固定预算法又称静态预算，是以预算期内正常的、可实现的某一既定业务量为基础来编制预算的方法，一般适用于经营业务稳定、生产的产品产销量稳定、能准确预测产品需求及产品成本的企业，也可用于编制固定费用预算。

固定预算法存在的最大问题是当实际业务量与预算期业务量发生较大偏差时，会使以预算期业务量为编制基础的相关预算产生较大波动，给成本、费用等项目控制与考核带来较大难度，也会使企业内部各责任中心产生矛盾。

由于固定预算法存在适应性差、可比性差等缺点，所以它只能在业务量较为稳定的企业或非营利组织中使用。在市场变化较大或较快的情况下，不宜采用此法。

2.弹性预算法

弹性预算法是在对成本性态进行分析的基础上，根据业务量、成本和利润之间的联动关系，按照预算期内相关业务量（如生产量、销售量、工时等）水平计算其相应预算项目所消耗资源的预算编制方法。该方法是为了弥补固定预算法的缺陷而产生的。编制弹性预算所依据的业务量可以是生产量、销售量、机器工时、材料消耗量和直接人工工时等。

弹性预算法的优点有两个：一是预算范围宽；二是可比性强。弹性预算适用于与预算执行单位业务量有关的成本（费用）、利润等预算项目。

弹性预算的编制可以采用公式法，也可以采用列表法。

（1）公式法。公式法是假设成本和业务量之间存在线性关系，成本总额、固定成本总额、业务量和单位变动成本之间的变动关系可以用公式表示如下：

$$Y = a + bx$$

式中：Y表示成本总额，a表示不随业务量变动而变动的那部分固定成本，b表示单位变动成本，x表示业务量。某项目成本总额是该项目固定成本总额和变动成本总额之和。

这种方法要求按上述成本与业务量之间的线性假定，将企业各项目成本总额分解为变动成本和固定成本两部分。

【例8-1】某企业制造费用项目单位变动费用和固定费用资料见表8-2。

表8-2　　　　　　　　某企业制造费用项目单位变动费用和固定费用资料

费用明细项目	单位变动费用（元/工时）	费用明细项目	固定费用（元）
单位变动费用：		固定费用：	
间接人工	0.5	维护费用	12 000
间接材料	0.6	折旧费用	30 000
维护费用	0.4	管理费用	20 000
水电费用	0.3	保险费用	10 000
机物料	0.2	财产税	5 000
小计	2.0	小计	77 000

假设该企业预算期可能的预算工时变动范围为49 000~51 000工时，制造费用弹性预算见表8-3。

表8-3 　　　　　　　　　　　　某企业制造费用弹性预算（公式法）

工时变动范围：49 000~51 000小时 　　　　　　　　　　　　　　　　　　　单位：元

项目	a	b
固定费用：		
维护费用	12 000	—
折旧费用	30 000	—
管理费用	20 000	—
保险费用	10 000	—
财产税	5 000	—
小计	77 000	—
单位变动费用：		
间接人工	—	0.5
间接材料	—	0.6
维护费用	—	0.4
水电费用	—	0.3
机物料	—	0.2
小计	—	2.0
总计	77 000	2.0

公式法的优点是：在一定范围内预算可以随业务量变动而变动，可比性和适应性强，编制预算的工作量相对较小；公式法的缺点是：按公式进行成本分解比较麻烦，需要对每个费用子项目甚至细目逐一进行成本分解，工作量很大。

（2）列表法。列表法是指通过列表的方式，在业务量范围内依据已划分出的若干个不同等级，分别计算并列示该预算项目与业务量相关的不同可能预算方案的方法。

【例8-2】有关资料同【例8-1】。预算期某企业可能的直接人工工时分别为49 000工时、49 500工时、50 000工时、50 500工时和51 000工时，用列表法编制制造费用弹性预算，见表8-4。

表8-4 　　　　　　　　　　　　某企业制造费用弹性预算（列表法） 　　　　　　　　　金额单位：元

费用明细项目	单位变动费用	业务量（直接人工工时）				
		49 000	49 500	50 000	50 500	51 000
变动费用：						
间接人工	0.5	24 500	24 750	25 000	25 250	25 500
间接材料	0.6	29 400	29 700	30 000	30 300	30 600
维护费用	0.4	19 600	19 800	20 000	20 200	20 400
水电费用	0.3	14 700	14 850	15 000	15 150	15 300
机物料	0.2	9 800	9 900	10 000	10 100	10 200
固定费用：						
维护费用	—	12 000	12 000	12 000	12 000	12 000
折旧费用	—	30 000	30 000	30 000	30 000	30 000
管理费用	—	20 000	20 000	20 000	20 000	20 000
保险费用	—	10 000	10 000	10 000	10 000	10 000
财产税	—	5 000	5 000	5 000	5 000	5 000
合计		175 000	176 000	177 000	178 000	179 000

列表法的优点是：可以直接从表中查得各种业务量的成本费用预算，不用另行计算，因此比较直接、简便；列表法的缺点是：编制工作量较大，由于预算数不能随业务量变动而变动，弹性仍然不足。

（二）增量预算法与零基预算法

按出发点的特征不同，财务预算编制方法可分为增量预算法和零基预算法。

1.增量预算法

增量预算法是指以历史期实际经济活动及其预算为基础，结合预算期经济活动及相关影响因素的变动情况，通过调整历史期经济活动项目及金额形成预算的编制方法。

增量预算法以过去费用发生水平为基础，不需要在预算内容上做较大调整。其编制遵循如下假定：第一，现有业务活动是合理的，不需要进行调整；第二，现有各项业务开支水平是合理的，在预算期予以保持；第三，以现有业务活动和各项活动开支水平确定预算期各项活动预算数。

【例8-3】某企业上年的制造费用为100 000元，考虑到本年生产任务增加5%，采用增量预算法编制计划年度的制造费用预算。

计划年度制造费用预算=100 000×（1+5%）=105 000（元）

增量预算法的优点是：编制简便，容易理解。其缺点是：不加分析地保留或接受原有成本费用，可能使原来不合理的费用继续开支而得不到控制，导致不必要开支合理化，造成浪费。

2.零基预算法

零基预算法是"以零为基础编制计划和预算的方法"的简称，是指企业不以历史期经济活动及其预算为基础，而是以零为起点，从实际需要出发分析预算期经济活动的合理性，经过综合平衡，形成预算的编制方法。零基预算法适用于企业各项预算的编制，特别是不经常发生的预算项目或预算编制基础变化较大的预算项目。

零基预算法的编制程序如下：

（1）根据企业预算期利润目标、销售目标和生产指标等，分析预算期各项费用项目，并预测费用水平；

（2）拟订预算期各项费用的预算方案，权衡轻重缓急，划分费用支出的等级并排列先后顺序；

（3）根据企业预算期预算费用控制总额目标，按照费用支出等级及顺序，分解落实相应的费用控制目标，编制相应的费用预算。

【例8-4】某企业采用零基预算法编制预算期2024年度销售及管理费用预算，该企业可以动用的资金为240 000元。编制程序如下：

（1）该企业相关部门根据预算期利润目标及销售目标等，经过反复讨论，确定2024年度必须开支的项目及其数额，见表8-5。

表8-5　　　　　　　　　　2024年度必须开支的项目及其数额　　　　　　　　单位：元

项目	金额
保险费	50 000
广告费	40 000
房屋租金	60 000
办公费	75 000
培训费	65 000
总计	290 000

（2）对以上费用进行分析。保险费、房屋租金、办公费属于约束性固定成本，必须保证支出；广告费和培训费属于酌量性固定成本，可通过成本效益分析来决定是否将其纳入预算。如果已知每元广告费可获得效益70元，每元培训费可获得效益30元，则广告费的排序优先于培训费。

（3）资金分配情况见表8-6。

表8-6 资金分配情况 单位：元

项目	金额
保险费	50 000
房屋租金	60 000
办公费	75 000
总计	185 000

剩余可供分配资金数额为55 000元（240 000－185 000），可分配给酌量性固定成本。

广告费应分配的资金=55 000×70÷（70+30）=38 500（元）

培训费应分配的资金=55 000×30÷（70+30）=16 500（元）

零基预算法的优点有：第一，以零为起点编制预算，不受历史期经济活动中不合理因素的影响，能够灵活应对内外部环境的变化，预算编制更贴近预算期企业经济活动需要；第二，有助于增加预算编制的透明度，有利于进行预算控制。

零基预算法的缺点有：预算编制工作量较大、成本较高，预算编制的准确性受企业管理水平和相关数据标准准确性的影响较大。

（三）定期预算法与滚动预算法

按照预算期时间特征不同，财务预算编制方法可以分为定期预算法和滚动预算法。

1.定期预算法

定期预算法是指在编制预算时以不变会计期间（如日历年度）作为预算期的编制预算方法。

定期预算法的优点是：能使预算期与会计期间相对应，便于将实际数与预算数进行对比，也有利于对预算执行情况进行分析和评价；定期预算法的缺点是：固定以1年为预算期，在执行一段时间后，往往使管理人员只考虑剩下来时间的业务量，缺乏长远打算，导致一些短期行为的出现。

2.滚动预算法

滚动预算法又称连续预算法，是指在编制预算时，在上期预算完成情况的基础上，调整和编制下期预算并将预算期逐期连续向后滚动推移，使预算期保持一定的时期跨度。

采用滚动预算法编制预算，按照滚动的时间单位不同，可分为逐月滚动、逐季滚动和混合滚动。

（1）逐月滚动。逐月滚动是指在预算编制过程中，以月份为预算的编制和滚动单位，每个月调整一次预算的方法。

例如，在2×21年1月至12月的预算执行过程中，需要在1月末根据当月预算的执行情况修订2月至12月的预算，同时补充下一年2×22年1月的预算；到2月末，可根据当月预算的执行情况，修订 3 月至 2×22 年 1 月的预算，同时补充 2×22 年 2 月的预算；以此类推。

逐月滚动预算编制方法如图 8-2 所示。

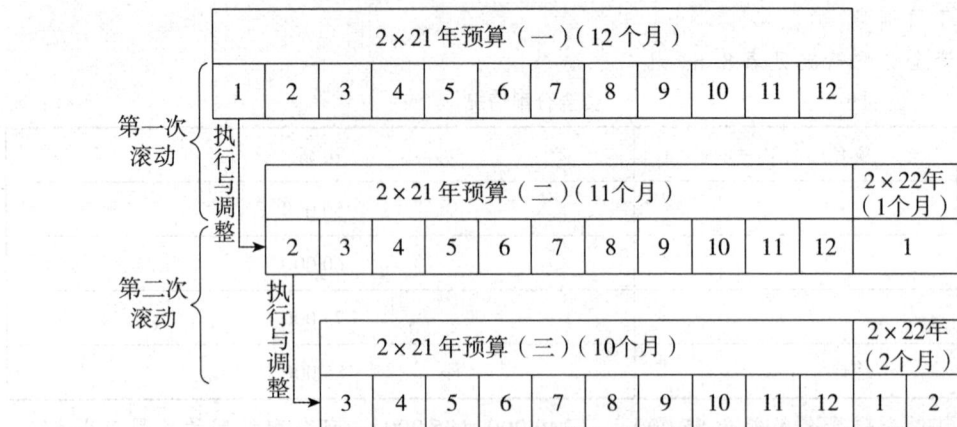

图 8-2 滚动预算（逐月滚动）示意图

采用逐月滚动方式编制的预算比较精确，但工作量较大。

（2）逐季滚动。逐季滚动是指在预算编制过程中，以季度为预算的编制和滚动单位，每个季度调整一次预算的方法。逐季滚动编制的预算比逐月滚动的工作量小，但精确度较差。

（3）混合滚动。混合滚动是指在预算编制过程中，同时以月份和季度作为预算的编制和滚动单位的方法。这种预算编制方法的理论依据是：人们对未来的了解具有近期把握较大、远期把握较小的特征。

滚动预算的主要优点是：动态反映市场状况，建立跨期综合平衡，从而有效指导企业营运，强化预算的决策与控制职能。滚动预算的主要缺点有两个：第一，预算滚动的频率越高，对预算沟通的要求越高，预算编制的工作量越大；第二，过高的滚动频率容易增加管理层的不稳定感，导致预算执行者无所适从。

二、预算编制程序

企业编制预算一般按照"自上而下、自下而上、上下结合或多维度相协调"的程序进行。

（一）下达目标

企业董事会或经理办公会根据企业发展战略和对预算期经济形势的初步预测，在决策基础上，提出下一年度企业预算目标，包括销售收入、成本费用、利润和现金流量等，确定预算编制政策，由预算委员会下达各预算执行单位。

（二）编制上报

各预算执行单位按照预算委员会下达的预算目标和政策，结合自身特点，预测执行条件，提出本单位详细预算方案，上报企业财务管理部门。

（三）审查平衡

企业财务管理部门对各预算执行单位上报的预算方案进行审查、汇总，提出综合平衡建议。在审查、平衡过程中，预算委员会应当进行协调，对发现的问题提出初步调整意见，并反馈给有关预算执行单位予以修正。

（四）审议批准

企业财务管理部门在有关预算执行单位修正、调整的基础上，编制企业预算方案，报预算委员会讨论。对于不符合企业发展战略或者预算目标的事项，预算委员会应当责成有关预算执行单位进一步修订、调整。在讨论、调整的基础上，企业财务管理部门正式编制年度预算方案，提交董事会或经理办公会审议批准。

（五）下达执行

企业财务管理部门对董事会或经理办公会审议批准的年度总预算，在次年3月底以前分解成一系列指标，由预算委员会逐级下达各预算执行单位执行。

第三节　全面预算编制

一、企业年度预算目标与目标利润预算方法

（一）年度预算目标

预算目标源于战略规划，受制于年度经营计划，是运用财务指标对企业及下属单位预算年度经营活动目标的全面、综合表述。通过预算目标，高层管理者可将战略和计划传达给整个组织，每个部门也可以明确其在实现战略与计划中的预算方针与目标责任。

（二）目标利润预算方法

预算目标的核心指标是预计目标利润。企业应在考虑出资人盈利要求及战略安排、企业发展对利润需求等的基础上，充分评判主客观条件，进而根据预算年度生产经营、财务活动进行目标利润测算。

为了确定一个既积极又可靠的利润目标，企业除全面考虑其经济上的合理性、技术上的可行性和生产经营上的可能性外，还应综合考虑生产经营分项指标，根据总体指标和分项指标的关系进行综合平衡。

为简便起见，我们只考虑产品销售利润预算问题，不涉及投资收益、营业外收支等项目，而且以利润总额为分析对象。在有关产品销售价格、经营成本、产销结构等条件明确的情况下，企业预算期目标利润预算可用下列方法编制：

1.本量利分析法

本量利分析法是根据有关产品产销数量、销售价格、变动成本和固定成本等因素与利润之间的相互关系确定企业目标利润的方法。计算公式如下：

目标利润 = 预计产品产销数量 ×(单位产品售价 − 单位产品变动成本) − 固定成本费用

2.比例预算法

比例预算法是利用利润指标与其他经济指标之间存在的内在比例关系来确定目标利润的方法。由于销售利润与产品销售收入、产品成本水平、企业资金总量有着密切关系，所以可以分别采用以下方法测定企业目标利润：

（1）销售收入利润率法，是利用销售利润与销售收入之间的比例关系确定目标利润的

方法。在其他条件不变的情况下，销售利润完全取决于销售收入，两者是正比例变动关系。企业可以在上期实际销售收入利润率（或前几期平均销售收入利润率）的基础上，确定目标利润。计算公式如下：

目标利润 = 预计销售收入 × 测算销售利润率

（2）成本利润率法，是利用利润总额与成本费用之间的比例关系确定目标利润的方法。计算公式如下：

目标利润 = 预计营业成本费用 × 核定成本费用利润率

式中：预计营业成本费用是按成本费用资料确定的，而核定成本费用利润率可按同行业平均先进水平确定。

（3）投资资本回报率法，是利用利润总额与投资资本平均总额的比例关系确定目标利润的方法。计算公式如下：

目标利润 = 预计投资资本平均总额 × 核定投资资本回报率

按投资资本回报率确定目标利润的实质就是要求企业按投资利润率测算目标利润。

【例8-5】某企业上年实际投资资本平均总额7 600万元，为扩大产品销售规模，计划今年初追加400万元营运资金，该企业预期投资资本回报率为8%，该企业的目标利润为：

（7 600+400）×8%=640（万元）

（4）利润增长百分比法，是根据有关产品上一期实际获得的利润额和过去连续若干期平均利润增长幅度（百分比），并全面考虑影响利润有关因素的预期变动而确定企业目标利润的方法。计算公式如下：

目标利润 = 上期利润总额 ×（1 + 利润增长百分比）

3.上加法

上加法是企业根据自身发展、不断积累和提高股东分红水平等需要，匡算企业净利润，再倒挤利润总额（即目标利润）的方法。计算公式如下：

企业留存收益 = 盈余公积金 + 未分配利润

净利润 = 本年新增留存收益 ÷（1 - 股利支付率）

或：净利润 = 本年新增留存收益 + 股利分配额

目标利润 = 净利润 ÷（1 - 企业所得税税率）

当以年度净利润为基础按一定百分比计算分配的股利时，可采用第一个公式；当以股本为基础按一定百分比计算分配的股利时，只能采用第二个公式。

【例8-6】某企业预算年度计划以股本的10%向投资者分配利润，并新增留存收益800万元。该企业现在有股本8 000万元，企业所得税税率为25%，可按下述步骤测算目标利润：

分配的股利=8 000×10%=800（万元）

净利润=800+800=1 600（万元）

目标利润=1 600÷（1-25%）=2 133.33（万元）

二、主要预算编制

通过目标利润预算确定利润目标以后，即可以此为基础，编制全面预算。全面预算编制应以销售预算为起点，根据各种预算之间的勾稽关系，按顺序从前往后逐步进行，直至编制出预计财务报表。

（一）销售预算

销售预算是在销售预测的基础上，根据企业年度目标利润确定预计销售量、销售单价和销售收入等参数编制的，用于规划预算期销售活动的一种业务预算。在编制过程中，应根据年度内各季度市场预测销售量和销售单价，确定预计销售收入，并根据各季现销收入与收回前期应收账款反映现金收入额，以便为编制现金收支预算提供资料。根据销售预测确定销售量和销售单价以确定各期销售收入，并根据各期销售收入和企业信用政策确定每期销售现金流量，是销售预算编制的两个核心问题。

由于企业其他预算编制都必须以销售预算为基础，因此，销售预算是编制全面预算的起点。

【例 8-7】假定某企业只生产和销售一种产品，单位售价为 150 元。根据销售合同和市场预测，预算年度（2025 年）销量为 6 000 台，其中第一季度 1 000 台、第二季度 1 500 台、第三季度 2 000 台、第四季度 1 500 台。每季销售产品回款额占当季销售额的 60%，其余款项于下一季度收回。2024 年年末应收账款余额 80 000 元将于预算年度第一季度收回。该企业预算年度分季销售预算见表 8-7。

表 8-7　　　　　　　　　　　某企业销售预算（2025 年）　　　　　　　　金额单位：元

项目		第一季度	第二季度	第三季度	第四季度	全年
预计销售量（台）		1 000	1 500	2 000	1 500	6 000
预计单价		150	150	150	150	150
预计销售额		150 000	225 000	300 000	225 000	900 000
预计现金收入	2024 年应收账款	80 000	—	—	—	—
	第一季度销售收入	90 000	60 000	—	—	—
	第二季度销售收入	—	135 000	90 000	—	—
	第三季度销售收入	—	—	180 000	120 000	—
	第四季度销售收入	—	—	—	135 000	—
	合计	170 000	195 000	270 000	255 000	890 000

（二）生产预算

生产预算是为规划预算期生产数量而编制的一种业务预算，是在销售预算基础上编制的，可以作为编制直接材料预算和生产成本预算的依据。其主要内容有销售量、期初和期末产成品存货、生产量。在生产预算中，只涉及实物量指标，不涉及价值量指标。计算公式为：

预计生产量 = 预计销售量 + 预计期末结存量 − 预计期初结存量

生产预算的编制要点是确定预算期产品生产量和期末结存产品数量，前者为编制材料预算、人工预算、制造费用预算等提供基础，后者是编制期末存货预算和预计资产负债表的基础。

【例 8-8】承前例，假定该企业各季度期末存货按下一季度预计销售量的 10% 确定，预算年度期初存货量为 100 台，预算年度期末存货量为 180 台，编制预算年度生产预算，见表 8-8。

表 8-8　　　　　　　　　　　　**某企业生产预算（2025年）**　　　　　　　　　　　单位：台

项目	第一季度	第二季度	第三季度	第四季度	全年
预计销售量	1 000	1 500	2 000	1 500	6 000
加：预计期末存货	150	200	150	180	180
减：预计期初存货	100	150	200	150	100
预计生产量	1 050	1 550	1 950	1 530	6 080

（三）直接材料预算

直接材料预算是为规划预算期直接材料采购业务而编制的一种经营预算，用来反映预算期各种材料消耗量、采购量、材料消耗成本和采购成本等计划信息。依据预计产品生产量和材料单位耗用量，确定生产需要耗用量，再根据材料期初、期末结存情况，确定材料采购量，最后根据采购材料的付款情况确定现金支出情况。计算公式为：

某种材料耗用量 = 产品预计生产量 × 单位产品定额耗用量

某种材料采购量 = 该种材料耗用量 + 该种材料期末结存量 - 该种材料期初结存量

直接材料预算的编制要点是确定预算期材料消耗量、采购量和期末结存量，并确定预算期材料采购现金支出。材料期末结存量的确定可以为编制期末存货预算提供依据，采购现金支出的确定可以为编制现金预算提供依据。

【例 8-9】承前例，假定某企业预算期期初材料库存量为 800 千克，期末材料库存量为 1 000 千克，其余各季度末材料库存量按下一季度生产需要量的 20% 计算。单位产品材料消耗定额为 2 千克，计划单价为 20 元。另假定每季度购料款当季支付 50%，余款在下季度付讫，上年年末应付购料款余额 25 000 元将在预算期第一季度支付。

根据上述资料，编制该企业材料采购预算（含预计现金支出），见表 8-9。

表 8-9　　　　　　　　　　　　**某企业材料采购预算（2025年）**

	项目	第一季度	第二季度	第三季度	第四季度	全年
	预计生产量（台）	1 050	1 550	1 950	1 530	6 080
	单位产品材料用量（千克/台）	2	2	2	2	2
	生产需要量（千克）	2 100	3 100	3 900	3 060	12 160
	加：材料预计期末库存量（千克）	620	780	612	1 000	1 000
	减：材料预计期初库存量（千克）	800	620	780	612	800
	预计材料采购量（千克）	1 920	3 260	3 732	3 448	12 360
	材料计划单价（元/千克）	20	20	20	20	20
	材料采购金额（元）	38 400	65 200	74 640	68 960	247 200
预计现金支出	上年应付购料款（元）	25 000	—	—	—	—
	第一季度购料（元）	19 200	19 200	—	—	—
	第二季度购料（元）	—	32 600	32 600	—	—
	第三季度购料（元）	—	—	37 320	37 320	—
	第四季度购料（元）	—	—	—	34 480	—
	合计（元）	44 200	51 800	69 920	71 800	237 720

（四）直接人工预算

直接人工预算是一种既反映预算期内人工工时消耗水平，又规划人工成本开支的业务预算。这项预算是根据生产预算中的预计生产量以及单位产品所需直接人工小时和单位小时工资率编制的。通常情况下，企业要雇用不同工种的人工，必须按工种类别分别计算不同工种直接人工小时总数，然后将直接人工小时总数分别乘以各工种工资率，再合计，即可求得预计直接人工成本总数。计算公式如下：

1.预计直接人工工时总数

某产品直接人工总工时 = 单位产品定额工时 × 产品预计生产量

单位产品定额工时是由产品生产工艺和技术水平决定的，由产品技术和生产部门提供定额标准；产品预计生产量来自生产预算。

2.预计直接人工总成本

某产品直接人工总成本 = 单位工时工资率 × 该产品直接人工工时总量

单位工时工资率来自企业人事部门的工资标准和工资总额。

直接人工预算的编制要点是确定直接人工总成本。

【例8-10】承前例，假定某企业在预算期内生产产品所需直接人工只有一个工种，单位产品工时定额为4小时，单位工时标准工资率为5元/小时。根据上述资料，编制直接人工预算，见表8-10。

表8-10　　　　　　　　　某企业直接人工预算（2025年）

项目	第一季度	第二季度	第三季度	第四季度	全年
预计生产量（台）	1 050	1 550	1 950	1 530	6 080
单位产品工时定额（小时/台）	4	4	4	4	4
直接人工总工时（小时）	4 200	6 200	7 800	6 120	24 320
单位工时标准工资率（元/小时）	5	5	5	5	5
预计直接人工总成本（元）	21 000	31 000	39 000	30 600	121 600

因为直接人工成本体现的是直接人工工资，一般用现金开支，故而在直接人工预算中无需特别列出预计现金支出。现金预算所需相关数据可以直接从以上预算中获得。

（五）制造费用预算

制造费用预算是反映生产成本中除直接材料、直接人工以外的一切不能直接计入产品制造成本的制造费用的预算。这些费用必须按成本性态划分为固定费用和变动费用，分别编制变动制造费用预算和固定制造费用预算。编制制造费用预算时，应以预算期一定业务量为基础来规划各费用项目的具体预算数。另外，在制造费用预算表下还要附预计现金支出表，以方便编制现金预算。

变动制造费用预算应区分不同费用项目，分别根据单位变动制造费用分配率和业务量（一般是直接人工总工时或机器工时）确定各项目变动制造费用预算数。其中：

某项目变动制造费用分配率 = 该项目变动制造费用预算总数 ÷ 业务量预算总数

固定制造费用预算也应区分不同费用项目，分别确定预算期固定费用预算。

在编制制造费用预算时，为方便现金预算编制，还需要确定预算期制造费用预算现金支出，一般将制造费用中扣除折旧费后的余额作为预算期内的制造费用现金支出。

制造费用预算的编制要点是确定各变动制造费用和固定制造费用项目预算金额，并确定预计制造费用现金支出。

【例8-11】承前例，假定某企业变动制造费用按直接人工小时分配于产品成本，预计分配率为每小时2元；固定制造费用根据上年实际开支数计算（视为已知）。在全部制造费用中，除折旧以外均需以现金支付。据此，编制该企业制造费用预算，见表8-11。

表8-11 某企业制造费用预算（2025年） 单位：元

项目		分配率	第一季度	第二季度	第三季度	第四季度	全年
变动制造费用	间接材料	0.5	2 100	3 100	3 900	3 060	12 160
	间接人工	0.5	2 100	3 100	3 900	3 060	12 160
	维修费	0.3	1 260	1 860	2 340	1 836	7 296
	水电费	0.4	1 680	2 480	3 120	2 448	9 728
	动力费	0.3	1 260	1 860	2 340	1 836	7 296
	合计	2.0	8 400	12 400	15 600	12 240	48 640
固定制造费用	管理费	—	6 000	6 000	6 000	6 000	24 000
	维修费	—	4 000	4 000	4 000	4 000	16 000
	保险费	—	5 000	5 000	5 000	5 000	20 000
	折旧费	—	9 320	9 320	9 320	9 320	37 280
	合计	—	24 320	24 320	24 320	24 320	97 280
预计现金支出	变动制造费用		8 400	12 400	15 600	12 240	48 640
	加：固定制造费用		24 320	24 320	24 320	24 320	97 280
	合计		32 720	36 720	39 920	36 560	145 920
	减：折旧费		9 320	9 320	9 320	9 320	37 280
	合计		23 400	27 400	30 600	27 240	108 640

（六）单位产品生产成本预算

单位产品生产成本预算是反映预算期内各种产品生产成本水平的一种业务预算。单位产品生产成本预算是在生产预算、材料采购预算、直接人工预算和制造费用预算基础上编制的，反映单位产品生产成本。计算公式为：

单位产品预计生产成本=单位产品直接材料成本+单位产品直接人工成本+单位产品变动制造费用

上述资料分别来自材料采购预算、直接人工预算和制造费用预算。

以单位产品生产成本预算为基础，还可以确定期末结存产品成本。计算公式为：

期末结存产品成本=期初结存产品成本+本期产品生产成本−本期销售产品成本

期初结存产品成本和本期销售产品成本应根据具体存货计价方法确定。确定期末结存产品成本后，可以与预计直接材料期末结存成本一起在期末存货预算中反映。期末结存产品成本合并在单位产品生产成本中列示。

单位产品生产成本预算的编制要点是确定单位产品预计生产成本和期末结存产品成本。

【例8-12】承前例，假定某企业期初、期末在产品存货为0，预算期期初产品存货单位变动成本为70元，其他资料见以上各表。采用变动成本法编制企业产品单位成本预算、期末存货成本和销售成本预算见表8-12。

表8-12 　　　　　　　企业产品成本预算（2025年）　　　　　　金额单位：元

成本项目	单位成本			变动成本（6 080）	期末存货成本（180）	销售成本（6 000）
	单价	用量	成本			
直接材料	20元/千克	2千克	40	243 200	7 200	240 000
直接人工	5元/工时	4工时	20	121 600	3 600	120 000
变动制造费用	2元/工时	4工时	8	48 640	1 440	48 000
合计	—	—	68	413 440	12 240	408 000

（七）销售及管理费用预算

销售及管理费用预算是为规划一定预算期内企业在销售阶段和日常行政管理活动中预计发生的各项费用而编制的一种日常业务预算。该预算类似于制造费用预算。

编制销售及管理费用预算的主要依据是预算期销售量、单位产品开支标准（适用于变动费用项目）、基期实际发生水平和上级管理部门下达的成本降低率（适用于固定费用项目），以及预算期各费用明细项目具体情况等。

【例8-13】承前例，假定某企业预算年度预计销售及管理费用发生额为148 000元，其中变动费用为48 000元、固定费用为100 000元。变动费用以销售量为标准在各季度分配，固定费用在各季度平均分摊，折旧费以外的其他各项费用均于当季以现金支付，佣金和运输费分配率分别是5和3。根据以上资料，编制该企业销售及管理费用预算，见表8-13。

表8-13 　　　　　　　某企业销售及管理费用预算（2025年）　　　　　　单位：元

	项目	分配率	第一季度	第二季度	第三季度	第四季度	全年
变动费用	销售佣金	5	5 000	7 500	10 000	7 500	30 000
	运输费	3	3 000	4 500	6 000	4 500	18 000
	合计	8	8 000	12 000	16 000	12 000	48 000
固定费用	管理人员薪金	—	6 000	6 000	6 000	6 000	24 000
	广告费	—	10 000	10 000	10 000	10 000	40 000
	保险费	—	4 000	4 000	4 000	4 000	16 000
	折旧费	—	5 000	5 000	5 000	5 000	20 000
	合计	—	25 000	25 000	25 000	25 000	100 000
预计现金支出	变动费用		8 000	12 000	16 000	12 000	48 000
	加：固定费用		25 000	25 000	25 000	25 000	100 000
	合计		33 000	37 000	41 000	37 000	148 000
	减：折旧费		5 000	5 000	5 000	5 000	20 000
	合计		28 000	32 000	36 000	32 000	128 000

（八）专门决策预算

专门决策预算又称资本支出预算，主要是长期投资预算，通常是指与项目投资决策相关的专门预算，往往涉及长期建设项目资金投放与筹集，并经常跨越多个年度。编制专门决策预算的依据是项目财务可行性分析资料以及企业筹资决策资料。

专门决策预算的编制要点是准确反映项目资金投资支出与筹资计划，它也是编制现金预算和预计资产负债表的依据。

【例8-14】承前例，某企业预计在预算期第一季度购置一套设备，价值30 000元；第四季度购置一台车床，价值50 000元。根据以上资料，编制该企业专门决策预算，见表8-14。

表8-14　　　　　　　　　　　　某企业专门决策预算（2025年）　　　　　　　　　　单位：元

项目	第一季度	第二季度	第三季度	第四季度	合计
设备	30 000	—	—	—	30 000
车床	—	—	—	50 000	50 000
合计	30 000	—	—	50 000	80 000

（九）资金预算

资金预算是以业务预算和专门决策预算为依据编制的，专门反映预算期内预计现金收入与现金支出，以及为满足理想现金余额而进行筹资或归还借款等的预算。

资金预算由可供使用现金、现金支出、现金余缺、现金筹措与运用四部分构成。计算公式为：

可供使用现金 = 期初现金余额 + 现金收入

可供使用现金 – 现金支出 = 现金余缺

现金余缺 + 现金筹措 – 现金运用 = 期末现金余额

【例8-15】承前面各例，假定某企业规定预算期现金余额最低为10 000元，最高为65 000元；预算期预计缴纳企业所得税80 000元，预计每季度向投资者支付股利20 000元。根据【例8-6】至【例8-14】的各种预算编制2025年度现金预算，见表8-15。

表8-15　　　　　　　　　　　　某企业现金预算（2025年）　　　　　　　　　　单位：元

项目	第一季度	第二季度	第三季度	第四季度	全年	备注
期初现金余额	10 000	13 400	26 200	59 180	10 000	—
加：现金收入	170 000	195 000	270 000	255 000	890 000	表8-7
可动用现金合计	180 000	208 400	296 200	314 180	900 000	
减：现金支出	—	—	—	—	—	—
采购直接材料	44 200	51 800	69 920	71 800	237 720	表8-9
支付直接人工	21 000	31 000	39 000	30 600	121 600	表8-10
制造费用	23 400	27 400	30 600	27 240	108 640	表8-11
销售及管理费用	28 000	32 000	36 000	32 000	128 000	表8-13
设备购置	30 000	—	—	50 000	80 000	表8-14
预交所得税	20 000	20 000	20 000	20 000	80 000	预计数
预计股利	20 000	20 000	20 000	20 000	80 000	预计数
现金支出合计	186 600	182 200	215 520	251 640	835 960	—
现金余缺	(6 600)	26 200	80 680	62 540	64 040	—
资金筹措及运用	—	—	—	—	—	—
加：借入资金	20 000	—	—	—	20 000	
减：归还借款	—	—	20 000	—	20 000	
支付利息（10%）	—	—	1 500	—	1 500	
期末现金余额	13 400	26 200	59 180	62 540	62 540	

注：归还20 000元借款按9个月利息计算：20 000×10%×9÷12= 1 500（元）。

三、预计财务报表编制

预计财务报表包括预计利润表和预计资产负债表。

（一）预计利润表编制

预计利润表以货币形式综合反映预算期内企业经营成果，是企业最主要的财务预算表之一。预计利润表编制的主要依据是销售预算、制造费用预算、产品成本预算、销售及管理费用预算等。

预计利润表通常按年不分季度编制，也可以按年分季度编制。

【例 8-16】承前例，根据有关预算资料，编制该企业 2025 年预计利润表，见表 8-16。

表 8-16　　　　　　　　　**某企业预计利润表（简表）（2025 年）**　　　　　　　　　单位：元

项目	金额	资料来源
销售收入	900 000	表 8-7
减：销售成本	408 000	表 8-12
销售毛利	492 000	—
减：销售及管理费用	148 000	表 8-13
固定制造费用	97 280	表 8-11
财务费用（利息）	1 500	表 8-15
利润总额	245 220	—
减：所得税	80 000	表 8-15 预计数
净利润	165 220	—

（二）预计资产负债表编制

预计资产负债表用来反映企业预算期期末的财务状况。其编制的主要依据是基期期末资产负债表、销售预算、直接材料预算、制造费用预算、产品成本预算、现金预算，以及预计利润表等。

【例 8-17】承前例，根据基期期末资产负债表（固定资产期末余额为 1 300 000 元，累计折旧期末余额为 408 000 元）及预算期各相关预算进行分析、调整，编制该企业预算期期末预计资产负债表，见表 8-17。

表 8-17　　　　　　　　　　**某企业预计资产负债表（简表）**

2025 年 12 月 31 日　　　　　　　　　　单位：元

资产		负债及所有者权益（或股东权益）	
项目	期末余额	项目	期末余额
流动资产	—	流动负债	
货币资金	62 540	短期借款	—
应收账款	90 000	应付账款	34 480
存货	32 240	应交税费	—
预付款项	—	预收款项	—
流动资产合计	184 780	流动负债合计	34 480
固定资产	—	—	—
固定资产原值	1 380 000	所有者权益（或股东权益）	
减：累计折旧	465 280	实收资本（或股本）	600 000
固定资产净值	914 720	未分配利润	465 020
资产总计	1 099 500	负债及所有者权益（或股东权益）总计	1 099 500

表8-17中部分数据来源说明：

货币资金：来源于企业现金预算，见表8-15。

应收账款：来源于企业销售预算，见表8-7，第四季度销售货款的40%，即22 500×40%=90 000（元）。

存货：（1）直接材料存货：来源于企业材料采购预算，见表8-9，第四季度存货量为1 000千克，即20×1 000=20 000（元）。（2）产成品存货：来源于企业产品成本预算，见表8-12。

固定资产：（1）固定资产原值：参照企业专门决策预算，见表8-14，并结合基期数据进行计算调整，即1 300 000+30 000+50 000=1 380 000（元）。（2）累计折旧：参照企业制造费用预算和企业销售及管理费用预算，见表8-11、表8-13，并结合基期数据进行计算调整，即408 000+37 280+20 000=465 280（元）。（3）固定资产净值：1 380 000-465 280=914 720（元）。

应付账款：参照材料采购预算，见表8-9，第四季度购料款的50%，即68 960×50%=34 480（元）。

●●● 思政园地

客观理性预算，综合协调统筹，科学有序编制

企业预算管理涉及各个部门，必须依据《企业财务通则》和国家颁布的预算相关法规，通过民主和文明的工作方式，做好综合平衡，加强协调、分析、控制与考核，以实现企业战略目标。具体编制预算时，要按照"自上而下、自下而上、上下结合或多维度相协调"的程序进行。预算需要各个部门通力协作，财务管理部门要进行审查、汇总，提出综合平衡建议，这就要求财务管理人员具备相关的业务知识，具有良好的沟通、协调能力。财务管理人员要秉持民主、公正、友善的理念与上下级、各部门团结协作，以独立性为原则，客观、公正地完成预算编制工作。

●●● 即测即评

第八章单项选择题	第八章多项选择题	第八章判断题

●●● 业务题

1.某企业预算期2025年度简略销售情况见表8-18。假设销售当季收回货款的60%，下一季度收回货款的35%，再下一季度收回货款的5%；预算年度期初应收账款金额为22 000元，其中包括上一年度第三季度的应收账款4 000元、第四季度的应收账款18 000元。

表8-18　　　　　　　　　　某企业预算期2025年度简略销售情况

项目	第一季度	第二季度	第三季度	第四季度	合计
预计销售量（件）	2 500	3 750	4 500	3 000	13 750
销售单价（元/件）	20	20	20	20	20

要求：根据上述资料编制预算年度销售预算，填写表8-19。

表8-19　　　　　　　　　　某企业预算期2025年度销售预算　　　　　　　　　　金额单位：元

项目		第一季度	第二季度	第三季度	第四季度
预计销售量（件）		2 500	3 750	4 500	3 000
销售单价（元/件）		20	20	20	20
预计销售金额		（1）	（2）	（3）	（4）
预计现金收入	本年期初应收账款	（5）	（6）	—	—
	第一季度销售收现	（7）	17 500	2 500	—
	第二季度销售收现	—	45 000	（8）	3 750
	第三季度销售收现	—	—	54 000	31 500
	第四季度销售收现	—	—	—	36 000

2.某企业预计下月月初现金余额为10 000元，下月月初应收账款为5 000元，预计下月可收回80%。下月销货62 500元，当月收到货款的50%；采购材料10 000元，当月付款70%；当月应付账款余额为6 250元，需在月内付清。下月要支付工资10 500元，间接费用为62 500元，其中折旧费为5 000元；预交所得税为1 125元；购买设备支付现金25 000元；现金不足时，向银行借款金额为1 000元的倍数，现金余额最低为3 750元。

要求：填写表8-20，计算下月预算现金余额。

表8-20　　　　　　　　　　下月预算现金余额　　　　　　　　　　单位：元

期初现金余额	10 000
加：现销收入	（1）
可供使用现金	（2）
减：各项支出现金合计	（3）
材料采购支出	（4）
工资支出	（5）
间接费用支出	（6）
所得税支出	（7）
设备支出	25 000
现金多余或不足	（8）
向银行借款	（9）
期末现金余额	（10）

第八章业务题参考答案

第九章 财务分析

【学习目标与要求】

通过本章学习，理解财务分析的基本概念，明确财务分析的目的、意义和内容；掌握和运用财务分析的基本方法，如比较分析法、比率分析法和因素分析法等及其具体运用，对企业财务状况、经营成果及发展趋势进行客观、全面的评价和预测；熟悉财务分析指标的计算，包括偿债能力分析、营运能力分析、盈利能力分析、发展能力分析等关键指标，并能结合企业的实际情况，运用这些指标对企业的财务状况和经营绩效进行准确评估。

【价值塑造目标】

通过本章学习，培养扎实的财务分析能力和决策支持能力；认识财务分析在企业管理决策中的重要地位，学会运用财务分析工具和方法，为企业的战略规划、投资决策、运营管理提供有力支持；培养批判性思维和综合分析能力，能对企业财务数据进行深入挖掘和分析，发现潜在的问题和机会，为企业的可持续发展贡献智慧和力量。

【案例导入】

白云机场：财务状况变化[①]

一、白云机场简介

广州白云国际机场股份有限公司（以下简称白云机场）于 2000 年 9 月 19 日在广东省工商行政管理局（现为市场监督管理局）注册登记。白云机场是以广州白云国际机场集团公司（以下简称机场集团）作为主发起人，联合中国国际航空公司、中国民航机场建设总公司、广州白云国际机场有限公司和广州交通投资有限公司四家企业共同发起，采用发起设立方式设立的股份有限公司。进入股份有限公司的资产包括机场集团经评估并由财政部财企〔2000〕165 号文确认的经营性净资产 86 397.82 万元，以及中国国际航空公司、中国民航机场建设总公司、广州白云国际机场有限公司和广州交通投资有限公司投入的现金共计 3 600 万元，上述净资产经财政部财企〔2000〕245 号文批准，按 66.67% 折股比例折为 60 000 万股。其中，机场集团持有 57 600 万股，占 96% 股份；中国国际航空公司、中国民航机场建设总公司、广州

---

① 根据白云机场官方网站（https://www.gbiac.net/byairport-web/index）及广州白云国际机场股份有限公司 2020 年度财务报告编写。

白云国际机场有限公司和广州交通投资有限公司分别持有600万股，各占1%股份。截至2020年9月，经中国证券监督管理委员会证监许可〔2020〕2409号文核准，白云机场非公开发行人民币普通股（A股）297 397 769股，总股本增加至2 366 718 283股。

二、白云机场近三年主要会计数据和财务指标

（一）主要会计数据

白云机场近三年主要会计数据见表9-1。

表9-1　　　　　　　白云机场2018—2020年主要会计数据　　　　　　金额单位：元

主要会计数据	2020年	2019年		本期比上年同期增减（%）	2018年
		调整后	调整前		
营业收入	5 224 638 139.32	8 238 623 227.28	7 869 942 250.64	-36.58	7 746 817 875.68
扣除与主营业务无关的业务收入和不具备商业实质的收入后的营业收入	5 201 765 725.59	8 101 979 385.10	—	—	—
归属于上市公司股东的净利润	-25 252 741.45	1 073 896 263.95	999 861 499.93	-23.30	1 129 170 962.91
归属于上市公司股东的扣除非经常性损益的净利润	-652 981 325.94	1 019 169 757.21	942 148 612.29	-164.07	1 078 229 015.37
经营活动产生的现金流量净额	-34 625 928.27	3 062 424 617.05	3 012 703 610.46	-01.13	3 119 314 301.61
主要会计数据	2020年年末	2019年年末		本期末比上年同期末增减（%）	2018年年末
		调整后	调整前		
归属于上市公司股东的净资产	19 261 238 530.43	16 991 233 044.73	16 991 233 044.73	13.36	15 615 719 623.92
总资产	26 298 285 795.68	26 191 086 465.71	25 007 053 488.08	0.41	27 064 961 458.48

（二）主要财务指标

白云机场近三年主要财务指标见表9-2。

表9-2　　　　　　　白云机场2018—2020年主要财务指标

主要财务指标	2020年	2019年		本期比上年同期增减（%）	2018年
		调整后	调整前		
基本每股收益（元/股）	-0.12	0.52	0.48	-123.08	0.55
稀释每股收益（元/股）	-0.12	0.52	0.48	-23.08	0.55
扣除非经常性损益后的基本每股收益（元/股）	-0.28	0.49	0.46	-157.14	0.52
加权平均净资产收益率（%）	-1.46	6.42	6.24	减少7.88个百分点	7.36
扣除非经常性损益后的加权平均净资产收益率（%）	-3.87	6.10	5.88	减少9.97个百分点	7.02

思考与分析：根据白云机场主要会计数据和财务指标，可从哪些方面分析其财务状况？

第一节　财务分析概述

一、财务分析含义

财务分析是根据企业财务报告等资料，采用专门方法，系统分析和评价企业财务状况、经营成果以及未来发展趋势的过程。

财务分析以企业财务报告及其他相关资料为主要依据，对企业财务状况和经营成果进行评价和剖析，反映企业在营运过程中的利弊得失和发展趋势，从而为改进企业财务管理工作和优化经济决策提供重要的财务信息。

二、财务分析目的

财务分析主体不同，其利益也不同，其对企业进行财务分析的侧重点也有所不同。

（一）企业所有者

企业所有者是企业的出资者，他们最关心企业资产保值增值状况，也就是对投资回报率极为关注。当然，他们还十分关注企业的风险程度，不但要求企业有短期获利能力，还关注企业的长期发展能力。

（二）企业债权人

企业债权人不能参与企业剩余收益分享，这决定了债权人必须对其资金的安全性给予足够关注。债权人在进行财务分析时，最关心的是企业是否有足够的偿债能力。

（三）企业经营决策者

企业经营决策者是企业实际经营者。为了满足不同利益主体的需要，协调各方面的利益，企业经营者必须详尽了解和掌握企业经营管理各方面信息，以便及时发现问题、采取对策，使企业持续稳定发展

（四）政府

政府是宏观经济管理者，既为企业提供良好的经营环境，又通过市场监督、税务、财政和审计等部门对企业实施监督管理，不同监管部门监管的侧重点有所不同。政府部门通过分析企业财务信息，了解企业是否依法纳税，检查企业是否存在违法违纪行为，了解企业的发展能力。

虽然不同利益主体进行财务分析时有各自的侧重点，但总体来说，财务分析可以概括为以下四个方面：一是偿债能力分析；二是营运能力分析；三是盈利能力分析，四是发展能力分析。其中，偿债能力是实现企业财务管理目标的稳健保证，营运能力是实现企业财务管理目标的物质基础，盈利能力是前两者共同作用的结果，同时也对前两者的增强起着推动作用。它们相辅相成，共同构成企业财务分析的基本内容。

三、财务分析意义

（一）可以判断企业的财务实力

通过对企业资产负债表和利润表等有关资料进行分析，计算相关指标，可以了解企业

资产结构和负债水平是否合理，从而判断企业偿债能力、营运能力及盈利能力等财务实力，揭示企业在财务状况方面可能存在的问题。

（二）可以评价和考核企业经营业绩以揭示财务活动存在的问题

通过指标计算、分析和比较，能够评价和考核企业盈利能力和资金周转状况，揭示其经营管理各方面和各环节存在的问题，找出差距，以便改进。

（三）可以挖掘企业潜力以寻求提高企业经营管理水平和经济效益的途径

企业进行财务分析的目的不仅是发现问题，更重要的是分析问题和解决问题。通过财务分析，企业能总结生产经营中的成功经验，提出解决问题的策略和措施，达到提高经营管理水平和经济效益的目的。

（四）可以评价企业发展趋势

通过财务分析，可以判断企业发展趋势，预测其生产经营前景及偿债能力，从而为企业领导层进行生产经营决策、投资者进行投资决策和债权人进行信贷决策提供依据，避免因决策失误给其带来重大损失。

四、财务分析内容

（一）偿债能力分析

偿债能力是指企业偿还到期债务的能力。通过对企业财务报告等会计资料进行分析，可以了解企业的资产流动性、负债水平以及偿还债务的能力，从而评估企业的财务风险，为管理者、投资者和债权人提供企业偿债能力的财务信息。

（二）营运能力分析

营运能力反映企业对资产进行利用和管理的能力。企业的生产经营过程就是利用资产取得收益的过程。资产是企业生产经营活动的经济资源，对资产进行利用和管理的能力直接影响企业收益，体现企业管理者的经营能力。对营运能力进行分析，可以了解企业资产的保值增值情况，以及企业资产的利用效率、资金周转状况、现金流量状况等，为评价企业经营管理水平提供依据。

（三）盈利能力分析

获取利润是企业的主要经营目标之一，盈利能力反映了企业的综合素质。企业要生存和发展，就必须获得较高的利润，这样才能在竞争中立于不败之地。对企业盈利能力进行分析，不能仅看企业获取利润的绝对数，还应分析相对指标，这些都可以通过财务分析来实现。

（四）发展能力分析

无论是企业管理者还是投资者，都非常关心企业的发展能力，因为这关系到他们的切身利益。通过对企业发展能力进行分析，企业管理者和投资者可以判断企业发展潜力，预测企业经营前景，为企业管理者和投资者进行经营决策和投资决策提供重要依据，避免决策失误给其带来重大经济损失。

第二节 财务分析方法

企业管理者和投资者进行财务分析时，需要运用一系列财务分析方法，包括比较分析法、比率分析法和因素分析法等。

一、比较分析法

比较分析就是按照特定的指标体系将客观事物加以比较，从而认识事物的本质和规律并做出正确的评价。比较分析法是指对两个或两个以上的可比数据进行对比，找出企业财务状况、经营成果中的差异与问题的一种方法。

根据比较对象的不同，比较分析法分为趋势分析法、横向比较法和预算差异分析法。趋势分析法的比较对象是本企业的历史数据；横向比较法的比较对象是同类企业的数据，如行业平均水平或竞争对手的数据；预算差异分析法的比较对象是预算数据。在财务分析中最常用的比较分析法是趋势分析法。

趋势分析法又称水平分析法，是通过对比两期或若干期连续的财务报告中的相同指标，确定其增减变动的方向、数额或幅度，来说明企业财务状况或经营成果变化趋势的一种方法。采用趋势分析法，可以分析引起变化的主要原因、变动性质，并预测企业未来的发展前景。

比较分析法的具体运用主要有三种方式：一是重要财务指标比较；二是会计报表比较；三是会计报表项目构成比较。

（一）重要财务指标比较

重要财务指标比较是将不同时期财务指标中的相同指标或比率进行比较，直接观察其增减变化情况或变动幅度，分析其发展趋势，预测其发展前景。

对不同时期财务指标的比较有以下两种方法：

1.定基动态比率

定基动态比率是以某一时期数额为固定基期数额计算出来的动态比率。其计算公式为：

$$定基动态比率 = \frac{分析期数额}{固定基期数额} \times 100\%$$

2.环比动态比率

环比动态比率是以每一分析期前期数额为基期数额计算出来的动态比率。其计算公式为：

$$环比动态比率 = \frac{分析期数额}{前期数额} \times 100\%$$

（二）会计报表比较

会计报表比较是将连续数期会计报表金额并列起来，比较其相同指标的增减变动金额和幅度，据以判断企业财务状况和经营成果变化的一种方法。会计报表比较具体包括资产负债表比较、利润表比较和现金流量表比较等。在进行比较时，既要计算表中有关项目增减变动的绝对额，又要计算增减变动的相对数。

（三）会计报表项目构成比较

会计报表项目构成比较是在会计报表比较的基础上发展起来的，是以会计报表中某个总体指标作为100%，再计算其各组成项目占该总体指标的百分比，从而比较各个项目所占百分比的增减变动，以此来判断有关财务活动的变化趋势。这种方法比上述两种方法能更准确地分析企业财务活动的变化趋势。它既可用于同一企业不同时期财务状况的纵向比较，又可用于不同企业之间的横向比较。同时，这种方法能消除不同时期或不同企业之间业务规模差异的影响，有利于分析企业消耗水平和盈利水平。

采用比较分析法时，必须注意以下三个问题：

（1）用于进行比较的各个时期同一指标在计算口径上必须保持一致；

（2）剔除偶发性项目的影响，使作为分析的数据能反映企业的正常经营状况；

（3）应用例外原则，对某项有显著变动的指标进行重点分析，研究其产生原因，以便采取相应的对策。

二、比率分析法

比率分析法是通过计算各种比率指标来确定财务活动变动程度的方法。比率分析法应用得比较广泛，因为采用相对数指标，所以能够把某些条件下的不可比指标变成可比指标。比率分析法主要有相关比率、构成比率和效率比率三种。

（一）相关比率

相关比率是将某个项目和与其有关但又不同的项目进行对比所得的比率，反映有关经济活动的相互关系，如资产负债率、流动比率等。通过相关比率分析，可以考查与企业有联系的相关业务安排是否合理，以保障企业经营活动正常进行。运用相关比率时，要注意以下三点：

（1）对比项目的相关性。在计算各种比率时，分子和分母必须具有相关性，把不相关的项目进行对比是没有意义的。

（2）对比口径的一致性。比率的分子和分母必须在计算时间、范围等方面保持口径一致。

（3）衡量标准的科学性。运用各种比率进行分析时，要选用科学合理的标准与本企业指标进行比较，以便对企业财务状况做出正确评价。科学合理的标准有计划标准、历史标准、行业标准和公认标准等。

（二）构成比率

构成比率也称结构比率，是某个财务指标各组成部分数值占总体数值的百分比，反映部分与总体的关系。其计算公式为：

$$构成比率 = \frac{某个组成部分数值}{总体数值} \times 100\%$$

比如，在企业资产中，可以计算流动资产、固定资产和无形资产等不同特性的资产占资产总额的比例；在企业负债中，可以计算流动负债和非流动负债占负债总额的比例等。对构成比率进行分析，可以考查总体中某个部分的形成和比率安排是否合理，以便协调各项财务活动。

（三）效率比率

效率比率是某项经济活动所得与所费的比例，反映投入与产出的关系。利用效率比率进行分析，可以比较得失，考查经营成果，进行经济效益评价。比如，将利润项目与销售成本、销售收入、资产总额等进行对比，可以计算出成本利润率、销售利润率以及资产利润率等指标，从不同角度观察企业获利能力大小及增减变化情况。

三、因素分析法

因素分析法是依据分析指标与影响因素的关系，从数量上确定各因素对分析指标影响方向和影响程度的一种方法。因素分析法又可以分为连环替代法和差额分析法两种。

（一）应用因素分析法必须注意的问题

1.因素分解的关联性

运用因素分析法时，要确保各因素之间存在因果关系，要反映形成该指标差异的内在构成因素；否则，这种方法就失去了价值，其分析也就失去了意义。

2.因素替代的顺序性

在进行因素替代时，必须按照各个因素的依存关系，排列成一定顺序并依次替代，不可随意颠倒，否则就会得出不同的结果。一般而言，确定因素替代顺序的原则是：按分析对象性质，从诸因素相互依存关系出发，使分析结果有助于分清责任。

3.顺序替代的连环性

采用因素分析法，在计算每一个因素变动的影响时，都是在前一次计算的基础上进行的，并且是采用连环替代法确定因素变化影响的结果。只有保持计算程序的连续性，才能使各个因素影响之和等于分析指标变动差异，以全面说明分析指标的变动原因。

4.计算结果的假定性

由于因素分析法计算的各个因素变动的影响数会因为因素替代顺序不同而有所差别，因而计算结果不免带有假定性，即它不可能使每一个因素的计算结果都绝对准确，它只是在某种假定前提下的影响结果。为此，在进行分析时，应力求使这种假定合乎逻辑，这样计算结果的假定性才不至于妨碍分析的有效性。

（二）连环替代法

连环替代法是将分析指标分解为各个可以计量的因素，并根据各个因素之间的依存关系，顺次用各因素比较值（通常为实际值）替代基准值（通常为标准值或计划值），据以测定各因素对分析指标的影响。

【例9-1】某企业2023年12月某种原材料费用实际数是220 000元，计划数是240 000元，实际数比计划数减少了20 000元。由于原材料费用是由产品产量、单位产品材料消耗量和材料单价三个因素构成的，因此，可以把材料费用这一总指标分解为三个因素，然后逐个分析它们对材料费用总额的影响程度。假定这三个因素的数值见表9-3。

表9-3 产品原材料构成情况

项目	单位	计划数	实际数
产品产量	千克	200	220
单位产品材料消耗量	件/千克	30	20
材料单价	元/件	40	50
原材料费用总额	元	240 000	220 000

根据表9-3，材料费用总额实际数较计划数减少20 000元，这是分析的对象。运用连环替代法，可以计算各因素变动对材料费用总额的影响程度。

计划指标：200×30×40=240 000（元） ①

第一次替代：220×30×40=264 000（元） ②

第二次替代：220×20×40=176 000（元） ③

第三次替代：220×20×50=220 000（元） ④

②-①=24 000元，这是产量增加的影响。

③-②=-88 000元，这是材料消耗节约的影响。

④-③=44 000元，这是材料单价提高的影响。

（②-①）+（③-②）+（④-③）=-20 000（元），这是全部因素的影响。

（三）差额分析法

差额分析法是连环替代法的一种简化形式，是利用各个因素比较值与基准值的差额来计算各个因素对分析指标的影响。

【例9-2】根据表9-3，用差额分析法计算各因素变动对材料费用的影响。

（1）由于产量增加对材料费用的影响为：

（220-200）×30×40=24 000（元）

（2）由于材料消耗节约对材料费用的影响为：

（20-30）×220×40=-88 000（元）

（3）由于原材料单价提高对材料费用的影响为：

（50-40）×220×20=44 000（元）

因素分析法既可以全面分析各因素对某一经济指标的影响，又可以单独分析某个因素对某一经济指标的影响，在财务分析中应用较为广泛。

四、财务分析的局限性

通过财务分析，可以了解企业的财务状况和经营成果，评价企业的偿债能力和营运能力，有利于企业制定财务决策。由于多种因素的影响，财务分析也存在一定的局限性，在分析中应注意这些局限性，以保证分析结果正确。财务分析的局限性主要表现在以下三个方面：

（一）资料来源的局限性

1.报表数据的时效性问题

财务报表中的数据是企业过去经济活动的结果和总结，用于预测未来发展趋势时，只有参考价值，并非绝对合理。

2.报表数据的真实性问题

在企业形成财务报表之前，信息提供者往往对信息使用者所关注的财务状况以及信息使用者对信息的偏好进行了仔细分析与研究，并尽力满足信息使用者对企业财务状况和经营成果信息的期望。这可能使信息使用者所看到的财务报表信息与企业的实际情况相距甚远，从而误导信息使用者。

3.报表数据的可靠性问题

财务报表虽然是按照企业会计准则编制的，但不一定能准确地反映企业的实际情况。

例如，财务报表数据未按通货膨胀率进行调整；某些资产以成本计价，不能代表其现在的真实价值；许多支出在记账时具有灵活性，既可以作为当期费用，也可以作为资本项目在以后年度摊销；很多资产以估计值入账，但未必正确；偶然事件可能歪曲本期损益，不能反映正常的盈利水平。

4.报表数据的可比性问题

根据企业会计准则的规定，不同企业或同一企业不同时期可以根据情况采用不同的会计政策和会计处理方法，这使得很多时候财务报表中的数据在企业不同时期和不同企业之间的对比失去了意义。

5.报表数据的完整性问题

由于财务报表本身的原因，其提供的数据是有限的。对财务报表使用者来说，可能有不少他们需要的信息在财务报表或附注中根本找不到。

（二）财务分析方法的局限性

在实际操作时，对于比较分析法来说，比较双方必须具有可比性才有意义。对于比率分析法来说，比率分析是针对单个指标进行分析，综合程度较低，在某些情况下无法得出令人满意的结论；比率指标计算一般是建立在历史数据基础上的，这就使比率指标提供的信息与决策之间的相关性大打折扣。对于因素分析法来说，在计算各因素对综合经济指标的影响时，主观假定各因素变化顺序而且规定每次只有一个因素发生变化，这些假定和规定往往与事实不符。无论采用何种分析法，均是对过去经济事项的反映，随着经营环境的变化，这些比较的标准也会发生变化；此外，在进行分析时，分析者往往只注重数据比较，而忽略经营环境的变化，这样得出的分析结论也是不全面的。

（三）财务分析指标的局限性

1.财务指标体系不严密

每一个财务指标都只能反映企业财务状况或经营成果的某一方面，每一类财务指标都过分强调本身所反映的内容，这就导致整个指标体系不严密。

2.财务指标所反映的情况具有相对性

在判断某个具体财务指标是好是坏，或根据一系列财务指标对企业进行综合判断时，必须注意财务指标本身所反映情况的相对性。在利用财务指标进行分析时，必须掌握好对财务指标的"信任度"。

3.财务指标的评价标准不统一

比如，对于流动比率，人们一般认为标准值为2比较合理；对于速动比率，则认为标准值为1比较合适。但许多成功企业的流动比率都低于2，不同行业的速动比率也有很大差别。例如，采用大量现金销售的企业，几乎没有应收账款，其速动比率远远低于1是很正常的；相反，一些应收账款较多的企业，其速动比率可能大于1。因此，不同企业用财务指标进行评价时，没有一个统一的标准，不便于不同行业企业之间的对比。

4.财务指标的比较基础不统一

在对财务指标进行比较分析时，需要选择用来比较的参照标准，包括同业数据、本企业历史数据和计划预算数据。进行横向比较时，要使用同业标准。同业平均数只有一般性指导作用，不一定有代表性，也不一定具有合理性。选择同行业一组有代表性的企业并计算其平均数作为同业标准，可能比整个行业的平均数更有意义。近年来，分析人员更重视以竞争对手的数据作为分析基础。不少企业实行多种经营，没有明确的行业归属，对此类企业进行同业比较更加困难。

第三节 财务指标分析

总结和评价企业财务状况与经营成果的分析指标主要包括偿债能力指标、营运能力指标和盈利能力指标等。我们以瑞祥公司为例进行分析，其资产负债表、利润表和现金流量表见表9-4、表9-5和表9-6。

表9-4   资产负债表（简表）

编制单位：瑞祥公司   2023年12月31日   单位：万元

资产	期末余额	上年年末余额	负债和所有者权益（或股东权益）	期末余额	上年年末余额
流动资产：			流动负债：		
货币资金	1 800	1 600	短期借款	4 000	3 800
交易性金融资产	1 200	1 600	应付票据	600	200
应收票据	100	400	应付账款	2 200	2 000
应收账款	2 640	2 400	预收款项	940	960
预付款项	100	80	流动负债合计	7 740	6 960
存货	10 000	8 280	非流动负债：		
流动资产合计	15 840	14 360	长期借款	5 000	4 000
非流动资产：			非流动负债合计	5 000	4 000
债权投资	900	900	负债合计	12 740	10 960
固定资产	30 000	26 000	所有者权益（或股东权益）：		
无形资产	1 000	900	实收资本（或股本）	26 000	26 000
非流动资产合计	31 900	27 800	资本公积	1 200	1 200
			盈余公积	2 000	2 000
			未分配利润	5 800	2 000
			所有者权益（或股东权益）合计	35 000	31 200
资产总计	47 740	42 160	负债和所有者权益（或股东权益）总计	47 740	42 160

表9-5　　　　　　　　　　　　　　利润表（简表）

编制单位：瑞祥公司　　　　　　　　2023年　　　　　　　　　　　　单位：万元

项目	本期金额	上期金额
一、营业收入	38 000	44 000
减：营业成本	21 700	24 400
税金及附加	2 160	2 600
销售费用	3 040	3 800
管理费用	1 700	2 000
财务费用	600	800
加：投资收益	400	800
二、营业利润	9 200	11 200
加：营业外收入	10	6
减：营业外支出	14	10
三、利润总额	9 196	11 196
减：所得税费用	2 500	2 760
四、净利润	6 696	8 436

表9-6　　　　　　　　　　　　　　现金流量表（简表）

编制单位：瑞祥公司　　　　　　　　2023年　　　　　　　　　　　　单位：万元

项目	本期金额	上期金额（略）
一、经营活动产生的现金流量		
销售商品、提供劳务收到的现金	29 500	
收到的税费返还	50	
收到其他与经营活动有关的现金	200	
经营活动现金流入小计	29 750	
购买商品、接受劳务支付的现金	27 700	
支付给职工以及为职工支付的现金	200	
支付的各项税费	300	
支付其他与经营活动有关的现金	50	
经营活动现金流出小计	28 250	
经营活动产生的现金流量净额	1 500	

项目	本期金额	上期金额（略）
二、投资活动产生的现金流量		
收回投资收到的现金		
取得投资收益收到的现金	100	
处置固定资产、无形资产和其他非流动资产收回的现金净额		
收到其他与投资活动有关的现金	50	
投资活动现金流入小计	150	
购建固定资产、无形资产和其他非流动资产支付的现金		
投资支付的现金		
支付其他与投资活动有关的现金	120	
投资活动现金流出小计	120	
投资活动产生的现金流量净额	<u>30</u>	
三、筹资活动产生的现金流量		
吸收投资收到的现金		
取得借款收到的现金	200	
收到其他与筹资活动有关的现金	90	
筹资活动现金流入小计	290	
偿还债务支付的现金		
分配股利、利润或偿付利息支付的现金		
支付其他与筹资活动有关的现金	20	
筹资活动现金流出小计	20	
筹资活动产生的现金流量净额	<u>270</u>	
四、汇率变动对现金及现金等价物的影响		
五、现金及现金等价物净增加额	<u>1 800</u>	

一、偿债能力分析

偿债能力是指企业偿还本身所欠债务的能力。对偿债能力进行分析，有利于债权人进行正确的借贷决策，有利于投资者进行正确的投资决策，有利于企业经营者进行正确的经营决策，有利于正确评价企业的财务状况。企业负债包括流动负债和非流动负债，因此企业偿债能力分析包括短期偿债能力分析和长期偿债能力分析。

（一）短期偿债能力分析

短期偿债能力是指企业流动资产对流动负债及时足额偿还的保障程度，是衡量企业当前的财务能力，特别是流动资产变现能力的重要指标。企业短期偿债能力的衡量指标包括流动比率、速动比率和现金流动负债比率。

1.流动比率

流动比率是流动资产与流动负债的比率，反映企业每一元流动负债有多少流动资产作为偿还保证，反映企业短期内可转变为现金的流动资产偿还到期流动负债的能力。其计算公式为：

$$流动比率 = \frac{流动资产}{流动负债}$$

一般情况下，流动比率越高，企业短期偿债能力越强，债权人的权益越有保证。一般认为，生产企业合适的流动比率为2，它表明企业财务状况稳定可靠，除了满足日常生产经营对流动资金的需要外，还有足够财力偿付到期债务。如果流动比率太低，表明企业可能难以按时偿还债务。若流动比率太高，企业流动资产占用较多，会影响资金使用效率和筹资成本，进而影响企业获利能力。随着企业经营方式和金融环境的变化，目前流动比率有下降的趋势，现在有许多成功企业的流动比率低于2。

【例9-3】根据瑞祥公司的资料，计算该公司2023年的流动比率（保留小数点后两位，下同）。

年初流动比率=14 360÷6 960=2.06

年末流动比率=15 840÷7 740=2.05

瑞祥公司2023年年初和年末的流动比率与公认的标准一致，表明该公司具有较强的短期偿债能力。

具体运用流动比率时，应注意以下两个问题：

（1）虽然流动比率越高，企业偿还短期债务的流动资产的保证程度越高，但这并不等于说企业已有足够的现金或存款可用来偿还流动负债。流动比率高也可能是由于存货积压、应收账款增多且收账期延长所致，而真正可用来偿还负债的现金和存款可能严重短缺。企业应在分析流动比率的基础上，进一步对现金流量加以考查。

（2）计算出来的流动比率只有和同行业平均流动比率、本企业历史流动比率进行比较，才能知道这个比率是高还是低。这种比较通常并不能说明流动比率为什么这么高或为什么这么低，要找出流动比率过高或过低的原因，还必须分析流动资产和流动负债所包括的内容以及经营方面的因素。

2.速动比率

速动比率是企业速动资产与流动负债的比值。所谓速动资产，是指流动资产减去变现能力较差且不稳定的存货、预付账款之后的余额。由于剔除了存货等变现能力较差且不稳定的资产，因此，速动比率比流动比率能够更加准确、可靠地评价企业资产的流动性及偿还流动负债的能力。其计算公式为：

$$速动比率 = \frac{速动资产}{流动负债}$$

速动资产 = 流动资产 - 存货 - 预付账款 - 一年内到期的非流动资产 - 其他流动资产

一般情况下，速动比率越高，企业偿还流动负债的能力越强。由于通常认为存货占了流动资产的一半左右，因此剔除存货影响的速动比率至少是1。如果速动比率过低，必然使企业面临很高的偿债风险；如果速动比率过高，尽管债务偿还的安全性很高，却会因企业现金及应收账款资金占用过多而增加机会成本。此外，使用该指标应考虑行业的差异性，如大量使用现金结算的企业，其速动比率大大低于1是正常现象。

【例9-4】根据瑞祥公司的资料，计算该公司2023年的速动比率。

$$年初速动比率=\frac{速动资产}{流动负债}=（14\ 360-8\ 280-80）÷6\ 960=0.86$$

$$年末速动比率=\frac{速动资产}{流动负债}=（15\ 840-10\ 000-100）÷7\ 740=0.74$$

瑞祥公司速动比率在年初和年末均低于合理水平，且年末相对于年初有所下降，说明该企业短期偿债能力较弱，还有进一步下滑的趋势。

需要注意的是，尽管速动比率比流动比率能更准确地反映流动负债偿还的安全性，但并不能认为速动比率较低的企业流动负债到期绝对不能得到偿还。实际上，如果企业存货流转顺畅、变现能力较强，即使其速动比率较低，只要其流动比率高，仍然可能偿还到期债务。

3.现金流动负债比率

现金流动负债比率是企业一定时期经营现金净流量同流动负债的比率，它可以从现金流量角度反映企业当期偿付流动负债的能力。其计算公式为：

现金流动负债比率 = 年经营现金净流量 ÷ 流动负债 × 100%

式中：年经营现金净流量，是指一定时期内，企业经营活动所产生的现金及现金等价物流入量与流出量的差额。

现金流动负债比率从现金流入和现金流出的动态角度对企业实际偿债能力进行考查。由于有利润的年份不一定有足够现金（含现金等价物）来偿还负债，所以利用以收付实现制为基础计量的现金流动负债比率指标，能充分体现企业经营活动所产生的现金净流量可以在多大程度上保证偿还当期流动负债，直观地反映企业偿还流动负债的实际能力。因此，用该指标评价企业偿债能力时，要更加谨慎。该指标越大，企业经营活动产生的现金净流量越多，越能保障企业按期偿还到期债务。但该指标也不是越大越好，该指标过大，表明企业流动资金利用不充分，盈利能力不强。

【例9-5】根据瑞祥公司的资料，假定其2022年度经营活动产生的现金流量净额为1 350万元，计算该公司2022年度和2023年度现金流动负债比率。

2022年度现金流动负债比率=1 350÷6 960×100%=19.40%

2023年度现金流动负债比率=1 500÷7 740×100%=19.38%

瑞祥公司2023年度现金流动负债比率不足20%，而且连续两年现金流动负债比率都很低，表明该公司短期偿债能力亟待提高。

（二）长期偿债能力分析

长期偿债能力是指企业偿还非流动负债的能力，衡量指标主要有资产负债率、产权比率和利息保障倍数。

1.资产负债率

资产负债率又称负债比率，是指企业负债总额与资产总额的比率。它表明在企业的资产总额中，债权人提供的资金所占的比重以及企业资产对债权人权益的保障程度。其计算公式为：

$$资产负债率 = \frac{负债总额}{资产总额} \times 100\%$$

一般情况下，资产负债率越小，企业长期偿债能力越强，但也不是说该指标对任何企业来说都是越小越好。从债权人角度来说，该指标越小，企业偿债越有保障。从企业所有者角度来说，如果该指标较大，说明企业利用较少的自有资本投资形成了较多的生产经营资产，不仅扩大了生产经营规模，而且在经营状况良好的情况下，可以利用财务杠杆，得到较多利润；如果该指标过小，则表明企业对财务杠杆利用程度不够。但若资产负债率过大，就说明企业债务负担较重。在这种情况下，若企业资金实力不强，不仅对债权人不利，而且企业有濒临倒闭的危险。此外，企业长期偿债能力与盈利能力密切相关，因此企业经营决策者应当将偿债能力指标（风险）与盈利能力指标（收益）结合起来综合考虑。保守观点认为，资产负债率不应高于50%，国际上通常认为资产负债率在60%左右较为适当。

【例9-6】根据瑞祥公司资产负债表资料，计算该公司2023年资产负债率。

年初资产负债率=10 960÷42 160×100%=26.00%

年末资产负债率=12 740÷47 740×100%=26.69%

瑞祥公司2023年年初和年末资产负债率均不高，说明该公司长期偿债能力较强。

2.产权比率

产权比率又称资本负债率，是指负债总额与所有者权益总额的比率，是企业财务结构稳健与否的重要标志。它反映企业所有者权益对债权人权益的保障程度。其计算公式为：

$$产权比率 = \frac{负债总额}{所有者权益总额} \times 100\%$$

产权比率反映由债权人提供的资本与股东提供的资本的相对关系。一般来说，股东资本大于借入资本较好，但也不能一概而论。从股东角度来看，在通货膨胀加剧时期，企业多借债可以把损失和风险转嫁给债权人；在经济繁荣时期，企业多借债可以获得额外利润；在经济萎缩时期，企业少借债可以减轻利息负担、降低财务风险。产权比率高，是高风险、高报酬的财务结构；产权比率低，是低风险、低报酬的财务结构。

【例9-7】根据瑞祥公司的资料，计算该公司2023年产权比率。

年初产权比率=10 960÷31 200×100%=35.13%

年末产权比率=12 740÷35 000×100%=36.40%

该公司2023年年初和年末产权比率均不高，与资产负债率计算结果可以相互验证，表明其具有较强的长期偿债能力，对债权人的保障程度较高。

产权比率与资产负债率对评价偿债能力的作用基本相同，两者的主要区别是：资产负债率侧重于分析债务偿付安全性的物质保障程度，产权比率则侧重于揭示财务结构稳健程度以及自有资金对偿债风险的承受能力。

3.利息保障倍数

利息保障倍数是指企业一定时期息税前利润总额与利息支出的比率，反映获利能力对债务偿付的保障程度。其中，息税前利润总额，是指利润总额与利息支出的合计数，利息支出不仅包括财务费用中的利息费用，还应包括计入固定资产成本的资本化利息。其计算公式为：

$$利息保障倍数 = \frac{息税前利润总额}{利息支出}$$

$$息税前利润总额 = 利润总额 + 利息支出 = 净利润 + 所得税 + 利息支出$$

利息保障倍数不仅反映企业获利能力大小，而且反映获利能力对偿还到期债务的保障程度。它既是企业举债经营的前提和依据，也是衡量企业长期偿债能力的重要指标。一般情况下，利息保障倍数越高，企业长期偿债能力越强。国际上通常认为该指标为3较为适当。从长期来看，若要维持正常偿债能力，利息保障倍数至少应当大于1。如果利息保障倍数太小，企业就面临亏损以及偿债安全性与稳定性下降的风险。企业的利息保障倍数应为多少才算偿付能力强？这要根据往年经验，结合行业特点来判断。

【例9-8】根据瑞祥公司的资料，假设其财务费用全部为利息支出，计算该公司2022年度和2023年度利息保障倍数。

$$2022年度利息保障倍数 = \frac{息税前利润总额}{利息支出} = （11\ 196 + 800）\div 800 = 15.00$$

$$2023年度利息保障倍数 = \frac{息税前利润总额}{利息支出} = （9\ 196 + 600）\div 600 = 16.33$$

该公司2022年度和2023年度利息保障倍数都较高，说明该公司有较强的偿债能力。当然，这还需结合往年情况和行业特点进一步判断。

二、营运能力分析

营运能力是指企业基于外部市场环境的约束，通过内部人力资源和生产资料的配置组合而对财务管理目标实现所产生作用的大小。营运能力分析包括人力资源营运能力分析和生产资料营运能力分析。

企业拥有或控制生产资料表现为各种形式的资产占用，生产资料营运能力实际上就是企业总资产及其各个组成要素的营运能力。资产营运能力取决于资产周转速度。一般来说，资产周转速度越快，资产使用效率越高，则资产营运能力越强；反之，资产营运能力就越弱。资产周转速度通常用周转率和周转期表示。所谓周转率，就是企业在一定时期内资产周转额与平均余额的比率，它反映企业资产在一定时期的周转次数。周转次数越多，表明周转速度越快，资产营运能力越强。这一指标的反指标是周转期（周转天数），它是周转次数的倒数与计算期的乘积，反映资产周转一次所需天数。周转天数越少，表明周转速度越快，资产营运能力越强。两者的计算公式分别为：

周转率 = 周转额 ÷ 资产平均余额

周转期 = 计算期天数 ÷ 周转次数

具体来说，生产资料营运能力分析可以从三个方面进行：流动资产周转情况、固定资产周转情况以及总资产周转情况。

（一）流动资产周转情况分析

反映流动资产周转情况的指标主要有应收账款周转率、存货周转率和流动资产周转率。

1.应收账款周转率

应收账款周转率是企业一定时期内主营业务收入净额与平均应收账款余额的比率，是反映应收账款周转速度的指标。其计算公式为：

$$应收账款周转率(周转次数) = \frac{主营业务收入净额}{平均应收账款余额}$$

$$主营业务收入净额 = 主营业务收入 - 销售折扣与折让$$

$$平均应收账款余额 = (应收账款余额年初数 + 应收账款余额年末数) \div 2$$

$$应收账款周转期(周转天数) = \frac{平均应收账款余额}{主营业务收入净额} \times 360$$

应收账款周转率反映企业应收账款变现速度快慢及管理效率高低。应收账款周转率高，表明收账迅速，账龄较短；资产流动性强，短期偿债能力强；可以减少收账费用和坏账损失，从而相对增加企业流动资产投资收益。

将应收账款周转期与企业信用期限比较，还可以评价客户的信用程度以及企业原定信用条款适当与否。

利用上述公式计算应收账款周转率时，需要注意以下几个问题：

（1）企业应收账款包括财务报表中的"应收账款"和"应收票据"等全部赊销账款在内。

（2）应收账款期末余额的可靠性问题。应收账款是特定时点的存量，容易受季节性、偶然性和人为因素的影响。在使用应收账款周转率进行业绩评价时，最好使用多个时点的平均数，以减少这些因素的影响。

（3）应收账款应为未扣除坏账准备的金额。应收账款在财务报表上按净额列示，计提坏账准备会使财务报表上列示的应收账款金额减少，而营业收入不变。其结果是，计提坏账准备越多，应收账款周转率越高、周转天数越少，对应收账款实际管理欠佳的企业反而会得出应收账款周转情况更好的错误结论。

【例9-9】根据瑞祥公司资产负债表和利润表，假定该公司未发生销售折扣与折让，2021年年末应收账款余额为2 000万元，计算该公司2022年和2023年应收账款周转率和周转天数。

2022年应收账款周转率=44 000÷［（2 000+2 400）÷2］=20（次）

2022年应收账款周转天数=360÷20=18（天）

2023年应收账款周转率=38 000÷［（2 640+2 400）÷2］=15.08（次）

2023年应收账款周转天数=360÷15.08=23.87（天）

该公司2023年应收账款周转率比2022年有所下降，周转次数由20次下降为15.08次，周转天数由18天延长到23.87天。这说明该公司营运能力有所下降，应注意流动资产变现能力和周转速度。

2.存货周转率

存货周转率是企业一定时期主营业务成本与平均存货余额的比率，是反映企业存货流动性的一个指标。其计算公式为：

$$存货周转率(周转次数) = \frac{主营业务成本}{平均存货余额}$$

平均存货余额 = (存货余额年初数 + 存货余额年末数) ÷ 2

存货周转期(周转天数) = 360 ÷ 存货周转率

存货周转速度不仅反映企业采购、存储、生产、销售各环节管理工作状况，而且对企业偿债能力及获利能力都产生决定性影响。一般来说，存货周转率越高越好。存货周转率越高，存货变现速度越快，周转额越大，资金占用水平越低。进行存货周转率分析，有利于找出存货管理中的问题，降低资金占用水平。另外，存货不能太少，以免造成生产中断或销售紧张；存货又不能太多，以免造成积压；要保证存货结构合理、质量可靠。存货是流动资产的重要组成部分，其质量和流动性对企业流动比率具有举足轻重的影响，进而影响企业短期偿债能力。因此，要加强存货管理，提高存货变现能力和盈利能力。

【例9-10】根据瑞祥公司的资料，假定该公司2021年年末存货余额为7 800万元，计算该公司2022年和2023年存货周转率。

2022年存货周转率和周转天数分别为：

存货周转率=24 400÷［（7 800+8 280）÷2］=3.03（次）

存货周转天数=360÷3.03=118.81（天）

2023年存货周转率和周转天数分别为：

存货周转率=21 700÷［（8 280+10 000）÷2］=2.37（次）

存货周转天数=360÷2.37=151.90（天）

该公司2023年存货周转速度比2022年有所下降，存货周转率由3.03次降为2.37次，周转天数由118.81天增加为151.90天，反映该公司2023年存货管理效率低于2022年，应该引起重视。

3.流动资产周转率

流动资产周转率是企业一定时期主营业务收入净额与平均流动资产总额的比率，是反映企业流动资产周转速度的指标。其计算公式为：

$$流动资产周转率(周转次数) = \frac{主营业务收入净额}{平均流动资产总额}$$

主营业务收入净额 = 主营业务收入 − 销售折扣与折让

平均流动资产总额 = (流动资产总额年初数 + 流动资产总额年末数) ÷ 2

流动资产周转期(周转天数) = 360 ÷ 流动资产周转率

在一定时期内，流动资产周转次数越多，表明相同流动资产完成的周转额越多，流动资产利用效率越高。流动资产周转一次所需天数越少，表明流动资产在经历生产和销售各阶段时所占用时间越短。生产经营任何一个环节工作改善，都会导致流动资产周转天数的缩短。

（二）固定资产周转情况分析

反映固定资产周转情况的主要指标是固定资产周转率，它是企业一定时期主营业务收入净额与平均固定资产净值的比率，是衡量固定资产利用效率的一项指标。其计算公式为：

$$固定资产周转率(周转次数) = \frac{主营业务收入净额}{平均固定资产净值}$$

平均固定资产净值 = (固定资产净值年初数 + 固定资产净值年末数) ÷ 2

固定资产周转期(周转天数) = 360 ÷ 固定资产周转率

一般情况下,固定资产周转率越高,固定资产利用越充分,企业固定资产投资越得当。反之,如果固定资产周转率不高,表明固定资产使用效率不高,企业营运能力不强。

【例9-11】根据瑞祥公司的资料,假定未发生销售折扣与折让,2021年年末固定资产净值为25 600万元,计算该公司2022年和2023年固定资产周转率。

2022年固定资产周转率=44 000÷〔(25 600+26 000)÷2〕=1.71(次)

2022年固定资产周转天数=360÷1.71=210.53(天)

2023年固定资产周转率=38 000÷〔(26 000+30 000)÷2〕=1.36(次)

2023年固定资产周转天数=360÷1.36=264.71(天)

该公司2023年相对2022年固定资产周转速度放缓,固定资产周转率从1.71次减缓到1.36次,固定资产周转天数从210.53天延长到264.71天。

(三)总资产周转情况分析

反映总资产周转情况的主要指标是总资产周转率,它是企业一定时期主营业务收入净额与平均资产总额的比值,用来反映企业全部资产的利用效率。其计算公式为:

$$总资产周转率(周转次数) = \frac{主营业务收入净额}{平均资产总额}$$

平均资产总额 = (资产总额年初数 + 资产总额年末数) ÷ 2

总资产周转期(周转天数) = 360 ÷ 总资产周转率

总资产周转率越高,说明企业全部资产利用效率越高;反之,该指标越低,说明企业全部资产利用效率越低,这最终会影响企业的盈利能力。企业应采取各种措施提高总资产利用效率,比如提高销售收入或处置闲置资产。

需要说明的是,上述指标计算均以年度作为计算期。在实务中,计算期应视分析需要而定,但应保持分子与分母在时间口径上的一致。如果资金占用波动性较强,应采用更详细的资料进行计算。如果各期占用额比较稳定、波动不大,季度、年度平均资金占用额也可以直接用期末和期初平均数来计算。

三、盈利能力分析

盈利能力就是企业资金的增值能力,通常表现为企业收益数额多少与水平高低。评价企业盈利能力的主要指标如下:

(一)主营业务利润率

主营业务利润率是企业一定时期主营业务利润与主营业务收入净额的比率。其计算公式为:

$$主营业务利润率 = \frac{主营业务利润}{主营业务收入净额} \times 100\%$$

主营业务利润率越高,企业主营业务的市场竞争力越强,发展潜力越大,盈利能力越强。

销售净利率用以衡量企业在一定时期内获取销售收入的能力。通过分析销售净利率的升降变动,可以促使企业在扩大销售的同时,改进经营管理,提高盈利水平。其计算公式为:

$$销售净利率 = \frac{净利润}{销售收入} \times 100\%$$

没有足够高的毛利率便不能盈利。如果销售毛利率很低，企业就没有足够的毛利额，补偿期间费用后的盈利水平就不会高；也可能无法弥补期间费用，出现亏损局面。销售毛利率的计算公式为：

$$销售毛利率 = \frac{销售收入 - 销售成本}{销售收入} \times 100\%$$

主营业务净利率是从企业主营业务的盈利能力和获利水平方面对资本收益率指标做进一步补充，体现了企业主营业务利润对利润总额的贡献以及对企业全部收益的影响。该指标也体现了企业经营活动最基本的获利能力，没有足够高的主营业务净利率，就无法形成企业的最终利润。该指标越高，企业获利水平越高。其计算公式为：

$$主营业务净利率 = \frac{净利润}{主营业务收入净额} \times 100\% \cdot$$

营业利润率是衡量企业经营效率的指标，反映在不考虑非营业成本的情况下，企业管理者通过经营获取利润的能力。其计算公式为：

$$营业利润率 = \frac{营业利润}{主营业务收入净额} \times 100\%$$

（二）成本费用利润率

成本费用利润率是指企业一定时期利润总额与成本费用总额的比率。其计算公式为：

$$成本费用利润率 = \frac{利润总额}{成本费用总额} \times 100\%$$

成本费用总额 = 主营业务成本 + 销售费用 + 管理费用 + 财务费用 + 税金及附加

成本费用利润率越高，企业为取得利润而付出的代价越小，成本费用控制得越好，盈利能力越强。同利润一样，成本费用的计算口径也可以分为不同层次，比如主营业务成本、营业成本等。在评价成本费用控制效果时，应当注意成本费用与利润在计算层次和口径上的对应关系。

（三）盈余现金保障倍数

盈余现金保障倍数是企业在一定时期内经营现金净流量与净利润的比值，反映企业当期净利润中现金收益保障程度，真实反映了企业的盈余质量，是评价企业盈利状况的辅助指标。其计算公式为：

$$盈余现金保障倍数 = \frac{经营现金净流量}{净利润}$$

盈余现金保障倍数是从现金流入和现金流出的动态角度，对企业收益质量进行评价，在收付实现制的基础上，反映当期净利润中有多少是有现金保障的。一般来说，当企业当期净利润大于0时，盈余现金保障倍数应当大于1。该指标越大，企业经营活动产生的净利润对现金的贡献越大。

（四）总资产报酬率

总资产报酬率是企业在一定时期内获得的报酬与平均资产总额的比率，它是反映企业资产综合利用效果的指标，也是衡量企业利用债权人借款和所有者权益总额所取得盈利的重要指标。其计算公式为：

$$总资产报酬率 = \frac{息税前利润总额}{平均资产总额} \times 100\%$$

总资产报酬率全面反映企业全部资产的获利水平，企业所有者和债权人对该指标都非常关注。一般情况下，该指标越高，企业资产利用效率越高，整个企业的盈利能力越强，经营管理水平越高。企业还可以将该指标与市场利率进行比较，如果前者比后者大，说明企业可以充分利用财务杠杆，适当举债经营，以获得更多收益。

（五）净资产收益率

净资产收益率是企业在一定时期内净利润与平均净资产的比率，它是反映自有资金投资收益水平的指标，是企业盈利能力的核心。其计算公式为：

$$净资产收益率 = \frac{净利润}{平均净资产} \times 100\%$$

$$平均净资产 = (所有者权益年初数 + 所有者权益年末数) \div 2$$

净资产收益率是评价企业以自有资金及积累获取报酬水平最具综合性与代表性的指标，反映企业资本的营运综合效益。该指标通用性强，适用范围广，不受行业局限，在国际上是企业综合评价中使用频率非常高的指标。通过对该指标进行对比分析，可以看出企业获利能力在同行业中所处的地位以及与同类企业的差异。一般认为，净资产收益率越高，企业自有资金获取收益的能力越强，企业营运效果越好，对企业投资人、债权人的保障程度越高。

（六）资本保值增值率

资本保值增值率是指企业扣除客观因素后的年末所有者权益总额与年初所有者权益总额的比率，反映企业当年资本在企业自身努力下的实际增减变动情况，是评价企业财务效率的辅助指标。其计算公式为：

$$资本保值增值率 = \frac{扣除客观因素后的年末所有者权益总额}{年初所有者权益总额} \times 100\%$$

资本保值增值率是根据资本保全原则设计的指标，更加谨慎、稳健地反映企业资本保全和增值状况。它体现了对所有者权益的保护，能够及时、有效地发现侵蚀所有者权益的现象，反映投资者投入企业资本的保全性和增长性。一般认为，资本保值增值率越高，企业资本保全状况越好，所有者权益增长越快，债权人债务越有保障，企业发展潜力越大。该指标通常应大于100%，若小于100%，则表明企业资本受到侵蚀，没有实现资本保全，损害了所有者权益，也妨碍了企业进一步发展，应予以重视。

（七）每股收益

每股收益也称每股利润或每股盈余，是指上市公司净利润与年末普通股总数的比值，反映普通股获利水平，是衡量上市公司盈利能力最常用的财务分析指标。其计算公式为：

$$每股收益 = \frac{净利润}{年末普通股总数}$$

上式中的分母也可以用普通股平均股数表示，按平均数计算每股收益指标可按下列公式进行分解：

$$每股收益 = \frac{净利润}{年末普通股总数} = \frac{净利润}{平均股东权益} \times \frac{平均股东权益}{年末普通股总数}$$

$$= 股东权益收益率 \times 平均每股净资产$$

$$= \frac{净利润}{资产平均总额} \times \frac{资产平均总额}{平均股东权益} \times \frac{平均股东权益}{年末普通股总数}$$

$$= 总资产收益率 \times 权益乘数 \times 平均每股净资产$$

$$= \frac{净利润}{主营业务收入净额} \times \frac{主营业务收入净额}{资产平均总额} \times \frac{资产平均总额}{平均股东权益} \times \frac{平均股东权益}{年末普通股总数}$$

$$= 主营业务净利率 \times 总资产周转率 \times 权益乘数 \times 平均每股净资产$$

为了更好地反映普通股所取得的利润，每股收益也可以用净利润扣除优先股股利后的余额，除以发行在外的普通股加权平均数来计算。其计算公式为：

$$每股收益 = \frac{净利润 - 优先股股利}{发行在外普通股加权平均数}$$

每股收益是上市公司发行在外普通股所取得的利润，它可以反映企业获利能力强弱。每股收益越高，企业获利能力越强。

（八）每股股利

每股股利是指上市公司发放的现金股利总额与期末发行在外普通股股数的比值。其计算公式为：

$$每股股利 = \frac{现金股利总额}{期末发行在外普通股股数}$$

每股股利是上市公司普通股股东从企业实际分得的每股利润，它反映上市公司当期利润积累和分配情况。

（九）市盈率

市盈率是上市公司普通股每股市价相当于每股收益的倍数，反映投资者对上市公司每股净利润愿意支付的价格，可以用来估计股票投资报酬和风险。其计算公式为：

$$市盈率 = \frac{每股市价}{每股收益}$$

市盈率是反映上市公司获利能力的一个重要财务比率。这一比率是投资者做出投资决策的重要参考因素之一。一般来说，市盈率越高，投资者对企业发展前景越看好、越愿意出高价购买企业股票。所以，一些成长性较好的高科技企业的市盈率通常要高些。但是，如果股票市盈率太高，也意味着这种股票具有较高的投资风险。

（十）每股净资产

每股净资产是上市公司期末股东权益（即净资产）与期末发行在外的普通股股数的比值。其计算公式为：

$$每股净资产 = \frac{期末股东权益}{期末发行在外的普通股股数}$$

利用该指标进行横向和纵向对比，可以衡量上市公司股票的投资价值。如在企业性质相同、股票市价相近的条件下，某一企业股票的每股净资产越高，企业发展潜力与其股票的投资价值越大，投资者所承担的投资风险越小。但是也不能一概而论，在市场投机气氛较浓的情况下，每股净资产指标往往不太受重视。投资者，特别是短线投资者注重股票市价的变动，有的企业股票市价低于其每股账面价值，投资者会认为这家企业没有前景，从而失去对该企业股票的兴趣；如果市价高于其账面价值，而且差距较大，投资者会认为企业前景良好、有潜力，因而甘愿承担较大的风险购进该企业股票。

（十一）市净率

市净率是每股市价与每股净资产的比率，是投资者用以衡量、分析个股是否具有投资价值的工具之一。其计算公式为：

$$市净率 = \frac{每股市价}{每股净资产}$$

净资产代表的是全体股东共同享有的权益，是股东拥有公司财产和公司投资价值最基本的体现。一般来说，市净率较低的股票，投资价值较高；反之，则投资价值较低。但有时较低的市净率反映的可能是投资者对公司前景的不良预期，而较高市净率则相反。因此，在判断某只股票的投资价值时，还要综合考虑当时的市场环境以及公司的经营情况、资产质量和盈利能力等因素。

四、发展能力分析

发展能力是企业在生存的基础上扩大规模、壮大实力的潜在能力。分析企业发展能力主要考查以下五个指标：销售收入增长率、资本积累率、总资产增长率、三年销售平均增长率和三年资本平均增长率。

（一）销售收入增长率

销售收入增长率是企业本年主营业务收入增长额与上年主营业务收入总额的比率，它反映企业主营业务收入的增减变动情况，是评价企业成长状况和发展能力的重要指标。其计算公式为：

$$销售收入增长率 = \frac{本年主营业务收入增长额}{上年主营业务收入总额} \times 100\%$$

本年主营业务收入增长额 = 本年主营业务收入总额 − 上年主营业务收入总额

该指标是衡量企业经营状况和市场占有情况、预测企业经营业务拓展趋势的重要指标。不断增加主营业务收入，是企业生存的基础和发展的条件。该指标若大于0，表明企业本年主营业务收入有所增长。该指标的值越大，说明企业主营业务收入增长越快，企业发展前景越好。若该指标小于0，则说明企业产品不能适销对路、质次价高，或是在售后服务等方面存在问题，市场份额下降。在实际应用时，应结合企业历年主营业务收入水平、企业市场占有情况、其他影响企业发展的潜在因素，进行前瞻性预测，或者结合企业前三年销售（营业）增长率做出趋势性分析。

（二）资本积累率

资本积累率是企业本年所有者权益增长额与年初所有者权益的比率，它是评价企业发展潜力的重要指标。其计算公式为：

$$资本积累率 = \frac{本年所有者权益增长额}{年初所有者权益} \times 100\%$$

资本积累率是企业当年所有者权益的总增长率，反映企业所有者权益在当年的变动水平，体现企业资本的积累情况，展示企业的发展潜力。资本积累率还反映投资者投入企业资本的保全性和增长性。该指标若大于0，越高表明企业资本积累越多，应对风险、持续发展能力越强；该指标若小于0，表明企业资本受到侵蚀，所有者权益受到损害，应予以重视。

（三）总资产增长率

总资产增长率是企业本年总资产增长额与年初资产总额的比率，反映企业本期资产规模的增长情况。其计算公式为：

$$总资产增长率 = \frac{本年总资产增长额}{年初资产总额} \times 100\%$$

$$本年总资产增长额 = 资产总额年末数 - 资产总额年初数$$

总资产增长率是从资产总量扩张方面衡量企业的发展能力，表明企业规模增长水平对企业发展后劲的影响。该指标越高，企业在一定时期内资产经营规模扩张速度越快。在实际分析时，应注意资产规模扩张质和量的关系以及企业后续发展能力，避免盲目扩张。

（四）三年销售平均增长率

三年销售平均增长率表明企业主营业务连续三年的增长情况，体现企业持续发展态势和市场扩张能力。其计算公式为：

$$三年销售平均增长率 = \left(\sqrt[3]{\frac{当年主营业务收入总额}{三年前主营业务收入总额}} - 1\right) \times 100\%$$

比如，在评价企业2023年绩效时，三年前主营业务收入总额是指2020年的主营业务收入总额。

主营业务收入是企业积累和发展的基础，该指标越高，企业积累基础越牢固，可持续发展能力越强。三年销售平均增长率能够反映企业主营业务增长趋势和稳定程度，体现企业连续发展状况和能力，避免因少数年份业务波动而对企业发展潜力做出错误判断。

（五）三年资本平均增长率

三年资本平均增长率表示企业资本连续三年的积累情况，在一定程度上体现企业持续发展水平和趋势。其计算公式为：

$$三年资本平均增长率 = \left(\sqrt[3]{\frac{年末所有者权益总额}{三年前所有者权益总额}} - 1\right) \times 100\%$$

一般增长率指标在分析时具有滞后性，仅能反映当期的情况，而三年资本平均增长率能够反映企业资本积累或规模扩张的历史状况，以及企业的发展趋势。一般认为，该指标越高，企业所有者权益得到保障的程度越高，企业可以长期使用的资金越充足，抗风险和持续发展能力越强。

五、杜邦分析法

杜邦分析法又称杜邦财务分析体系，是利用各主要财务比率指标间的内在联系，对企业财务状况及经济效益进行综合、系统分析的方法。该体系以净资产收益率为起点，以总资产净利率和权益乘数为核心，重点揭示企业获利能力及权益乘数对净资产收益率的影响，以及各相关指标之间的相互影响。

杜邦分析法将净资产收益率（权益净利率）分解如图9-1所示。其关系式为：

净资产收益率 = 销售净利率 × 总资产周转率 × 权益乘数

净资产收益率（权益净利率）

总资产净利率 × 权益乘数

销售净利率 × 总资产周转率

净利润 ÷ 销售收入 ÷ 总资产 ÷ 所有者权益

销售收入 － 全部成本 ＋ 其他利润 － 所得税费用 ／ 非流动资产 ＋ 流动资产

制造成本 ＋ 管理费用 ＋ 销售费用 ＋ 财务费用

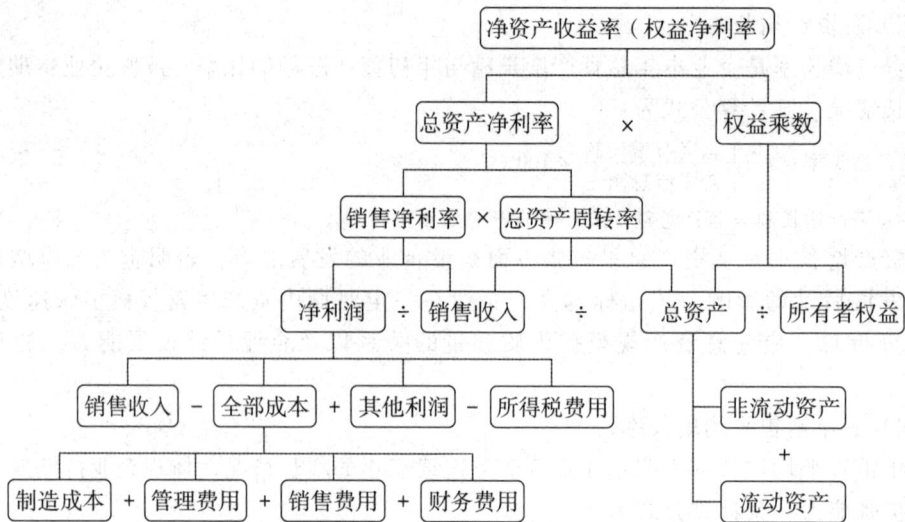

图9-1 杜邦分析法

在图9-1中，销售净利率即营业净利率，销售收入即营业收入；有关资产、负债与所有者权益指标通常用平均值计算。运用杜邦分析法要注意以下四点：

（1）净资产收益率是一个综合性最强的财务分析指标，是杜邦分析法的起点。财务管理的目标之一是使股东财富最大化，净资产收益率反映企业所有者投入资本的获利能力，说明企业筹资、投资、资金营运等各项财务活动及管理活动的效率，而不断提高净资产收益率是使所有者权益最大化的基本保证。所以，这一财务分析指标是企业所有者、经营者都十分关心的。净资产收益率的决定因素主要有销售净利率、总资产周转率和权益乘数。这样，净资产收益率在分解之后，就可以将这一综合性指标升降变化的原因具体化，比只用一个综合性指标能说明更多问题。

（2）销售净利率反映企业净利润与销售收入的关系，其高低取决于销售收入与成本总额的高低。要提高销售净利率，首先要扩大销售收入，其次要降低成本费用。扩大销售收入既有利于提高销售净利率，又有利于提高总资产周转率。降低成本费用是提高销售净利率的一个重要因素，通过杜邦分析法可以看出成本费用的结构是否合理，从而找出降低成本费用的途径和加强成本费用控制的办法。如果企业财务费用过高，就要进一步分析其负债比率是否过高；如果管理费用过高，就要进一步分析资金周转情况等。从图9-1中还可以看出，提高销售净利率的另一途径是提高其他利润。为了详细了解企业成本费用的发生情况，在具体列示成本总额时，还可以根据重要性原则，将那些影响较大的费用单独列示，以便寻求降低成本的途径。

（3）影响总资产周转率的一个重要因素是资产结构。资产由流动资产与非流动资产组成，其结构合理与否直接影响总资产周转速度。一般来说，流动资产直接体现企业偿债能力和变现能力，而非流动资产体现企业经营规模、发展潜力，两者之间应该有一个合理的比例关系。如果发现某项资产比重过大，影响资金周转，就应深入分析原因。例如，企业持有的货币资金超过业务需要，就会影响企业的盈利能力；如果企业有过多的存货和应收账款，则既会影响获利能力，又会影响偿债能力。因此，应进一步分析各项资产占用数额和周转速度。

（4）权益乘数主要受资产负债率影响。资产负债率越高，权益乘数越高，企业负债程度越高，给企业带来的杠杆利益越多，企业的风险也越高。

【例9-12】某企业有关财务数据见表9-7，分析该企业净资产收益率变化的原因。

表9-7　　　　　　　　　　　　　某企业有关财务数据　　　　　　　　　　　　单位：万元

项目	2022年	2023年
净利润	10 284.04	12 653.92
销售收入	411 224.01	757 613.81
平均资产总额	306 222.94	330 580.21
平均负债总额	205 677.07	215 659.54
全部成本	403 967.43	736 747.24
制造成本	373 534.53	684 261.91
销售费用	10 203.05	21 740.96
管理费用	18 667.77	25 718.20
财务费用	1 562.08	5 026.17

根据表9-7的资料计算该企业的财务比率，见表9-8。

表9-8　　　　　　　　　　　　　　财务比率

项目	2022年	2023年
净资产收益率	10.23%	11.01%
权益乘数	3.05	2.88
资产负债率	67.17%	65.24%
总资产净利率	3.36%	3.83%
销售净利率	2.50%	1.67%
总资产周转率（次）	1.34	2.29

（1）对净资产收益率的分析。该企业的净资产收益率在2022—2023年间有所提高，从2022年的10.23%增加至2023年的11.01%。企业投资者在很大程度上依据这个指标来判断是否投资或是否转让股份。

净资产收益率=权益乘数×总资产净利率

2022年净资产收益率=3.05×3.36%=10.23%

2023年净资产收益率=2.88×3.83%=11.01%

通过分解可以看出，该企业净资产收益率变动是资本结构（权益乘数）变动和资产利用效率（总资产净利率）变动两方面共同作用的结果，而该企业总资产净利率太低，显示出资产利用效率较低。

（2）对总资产净利率的分析。

总资产净利率=销售净利率×总资产周转率

2022年总资产净利率=2.50%×1.34=3.35%

2023年总资产净利率=1.67%×2.29=3.82%

通过分解可以看出，2023年该企业总资产周转率有所提高，说明该企业利用其总资产产生销售收入的效率在提高。在总资产周转率提高的同时，销售净利率的减少阻碍了总资产净利率的增加。

（3）对销售净利率的分析。

销售净利率=净利润÷销售收入

2022年销售净利率=10 284.04÷411 224.01×100%=2.5%

2023年销售净利率=12 653.92÷757 613.81×100%=1.67%

该企业2023年大幅度提高了销售收入，但是净利润提高幅度很小，原因是成本费用增多。根据表9-7可知，全部成本从2022年的403 967.43万元增加到2023年的736 747.24万元，与销售收入增加幅度大致相当。

（4）对全部成本的分析。

全部成本 = 制造成本 + 销售费用 + 管理费用 + 财务费用

2022年全部成本=373 534.53+10 203.05+18 667.77+1 562.08=403 967.43（万元）

2023年全部成本=684 261.91+21 740.96+25 718.20+5 026.17=736 747.24（万元）

在本例中，导致该企业净资产收益率较低的主要原因是全部成本过大。全部成本大幅度提高，导致净利润提高幅度不大；而销售收入大幅度增加，引起销售净利率降低，显示该企业盈利能力降低。总资产净利率提高，应归功于总资产周转率提高，销售净利率减少起到了阻碍作用。

（5）对权益乘数的分析。

权益乘数=资产总额÷所有者权益总额

2022年权益乘数=306 222.94÷（306 222.94-205 677.07）=3.05

2023年权益乘数=330 590.21÷（330 590.21-215 659.54）=2.88

权益乘数下降，说明该企业的资本结构在2022—2023年发生了变动。权益乘数越小，企业负债程度越低，偿还债务能力越强，财务风险越低。这个指标也反映了财务杠杆对利润水平的影响。该企业权益乘数一直处于2~5之间，即负债率在50%~80%之间，属于激进战略型企业。企业管理者应该准确把握企业所处的环境，准确预测利润，合理控制负债带来的风险。

微课9-1

财务状况
综合分析

（6）结论。对于该企业来说，最重要的就是努力降低各项成本，严格控制成本增长，同时保持较高的总资产周转率。这可以使销售净利率提高，进而使总资产净利率提高，提高净资产收益率。

●●●思政园地

依法客观披露财务信息，科学评价财务数据

财务报告要反映企业财务状况及经营成果等真实信息，要求财务管理人员必须遵守法律法规，同时具有高度责任感，用精益求精的工匠精神和严肃认真的科学精神，对投资者等利益相关方负责，增强对国家、社会和单位的责任感和使命感。财务分析信息使用者包

括投资者、债权人、企业经营决策者、政府及其相关部门和社会公众等，信息的真实性直接影响投资决策、信贷决策、经营决策和管理政策等。企业要提供真实的财务分析数据，就要采用合理的指标进行科学评价，通过定性与定量方法进行综合分析。

●●●即测即评

第九章单项选择题

第九章多项选择题

第九章判断题

●●●业务题

1. 某企业2023年资产负债表（简表）见表9-9。

表9-9　　　　　　　　　　　　　　　**资产负债表（简表）**

编制单位：某企业　　　　　　　　　2023年12月31日　　　　　　　　　　单位：万元

资产	期末数	负债及所有者权益	期末数
货币资金	25 000	应付账款	（3）
应收账款净额	（1）	应交税费	25 000
存货	（2）	非流动负债	（4）
固定资产净值	294 000	实收资本	300 000
		未分配利润	（5）
资产总计	432 000	负债及所有者权益总计	432 000

已知：流动比率为1.5，资产负债率为50%，存货周转率为4.5次，销售成本为315 000万元，期末存货=期初存货。

要求：计算并填列表9-9中的（1）～（5）。

2. 某企业有流动负债200万元、流动资产400万元，其中应收票据50万元、存货90万元、其他应收款2万元、预付账款7万元、应收账款200万元（坏账损失率为5‰）。

要求：计算该企业的流动比率和速动比率。

3. 根据某企业2022年、2023年两个年度的资产负债表、利润表及附表资料以及会计报表附注，得出一些分析数据，见表9-10。

表9-10　　　　　　　　　　　　　　　**某企业分析数据**　　　　　　　　　　金额单位：万元

项目	2022年	2023年
平均总资产	9 638	15 231
平均净资产	8 561	11 458
利息支出	146	189
利润总额	821	1 689
所得税税率	25%	25%

要求：用连环替代法计算各因素变动对资本经营能力的影响程度。

第九章业务题参考答案

●●● 实训模块五　财务分析

一、实训目的

通过本实训，掌握企业财务报表分析的方法。

二、理论知识

企业财务报表分析基本方法、评价企业各方面能力财务指标的内涵与运用方法。

三、实训内容

海虹公司2023年资产负债表和利润表见表9-11和表9-12。

表9-11　　　　　　　　　　　　资产负债表（简表）

编制单位：海虹公司　　　　　　　2023年12月31日　　　　　　　　　单位：万元

资产	期末余额	年初余额	负债及所有者权益（或股东权益）	期末余额	年初余额
货币资金	116	110	短期借款	200	180
交易性金融资产	100	80	应付账款	285	182
应收账款	472	350	应付职工薪酬	65	60
存货	332	304	应交税费	60	48
流动资产合计	1 020	844	流动负债合计	610	470
			长期借款	440	280
固定资产	640	470	应付债券	260	140
长期股权投资	180	82	长期应付款	50	44
无形资产	20	18	负债合计	1 360	934
			实收资本（或股本）	300	300
			资本公积	70	50
			盈余公积	92	84
			未分配利润	38	46
			所有者权益（或股东权益）合计	500	480
资产总计	1 860	1 414	负债及所有者权益（或股东权益）总计	1 860	1 414

表 9-12   **利润表（简表）**

编制单位：海虹公司   2023 年 12 月 31 日   单位：万元

项目	本期金额	上期金额（略）
一、营业收入	5 800	
减：营业成本	3 480	
税金及附加	454	
销售费用	486	
管理费用	568	
财务费用	82	
加：投资收益	54	
二、营业利润	784	
加：营业外收入	32	
减：营业外支出	48	
三、利润总额	768	
减：所得税费用	192	
四、净利润	576	

其他资料：

1. 该公司 2023 年年末有一项未决诉讼，如果败诉，预计要赔偿对方 50 万元。

2. 2023 年是该公司享受税收优惠的最后 1 年，从 2024 年起不再享受税收优惠政策，预计税金的综合税率将从 8% 上升到同行业的平均税率 12%。

3. 该公司所处行业的财务比率平均值见表 9-13。

表 9-13   **海虹公司所处行业的财务比率平均值**

财务比率	行业均值
流动比率	2
速动比率	1.2
资产负债率	0.42
应收账款周转率	16
存货周转率	8.5
总资产周转率	2.65
总资产净利率	19.88%
销售净利率	7.5%
净资产收益率	34.21%

（一）实训条件

在会计手工实训室进行。

（二）实训要求

1. 计算该公司 2023 年年初与年末的流动比率、速动比率和资产负债率，并分析偿债能力。

2. 计算该公司 2023 年应收账款周转率、存货周转率和总资产周转率，并分析营运能力。

3. 计算该公司 2023 年资产净利率、销售净利率和净资产收益率，并分析获利能力。

4. 通过上述计算分析，评价该公司财务状况存在的主要问题，并提出改进意见。

（三）实训组织方式及步骤

1. 组织方式

以学生自己动手为主，通过分组讨论进行，指导老师在其中起指导作用。

2. 实训步骤

（1）将班级同学分组，3～4 人一组，并进行组内分工。

（2）明确实训目标，告知实训内容，进行实训。

（3）各组汇报实训结果。

（4）公布实训结果，并进行总结评价。

实训模块五参考答案

附　表

复利终值系数表

$$(F/P, \ i, \ n) = (1 + i)^n$$

n＼i	1%	2%	3%	4%	5%	6%	7%	8%	9%	10%	i＼n
1	1.0100	1.0200	1.0300	1.0400	1.0500	1.0600	1.0700	1.0800	1.0900	1.1000	1
2	1.0201	1.0404	1.0609	1.0816	1.1025	1.1236	1.1449	1.1664	1.1881	1.2100	2
3	1.0303	1.0612	1.0927	1.1249	1.1576	1.1910	1.2250	1.2597	1.2950	1.3310	3
4	1.0406	1.0824	1.1255	1.1699	1.2155	1.2625	1.3108	1.3605	1.4116	1.4641	4
5	1.0510	1.1041	1.1593	1.2167	1.2763	1.3382	1.4026	1.4693	1.5386	1.6105	5
6	1.0615	1.1262	1.1941	1.2653	1.3401	1.4185	1.5007	1.5869	1.6771	1.7716	6
7	1.0721	1.1487	1.2299	1.3159	1.4071	1.5036	1.6058	1.7138	1.8280	1.9487	7
8	1.0829	1.1717	1.2668	1.3686	1.4775	1.5938	1.7182	1.8509	1.9926	2.1436	8
9	1.0937	1.1951	1.3048	1.4233	1.5513	1.6895	1.8385	1.9990	2.1719	2.3579	9
10	1.1046	1.2190	1.3439	1.4802	1.6289	1.7908	1.9672	2.1589	2.3674	2.5937	10
11	1.1157	1.2434	1.3842	1.5395	1.7103	1.8983	2.1049	2.3316	2.5804	2.8531	11
12	1.1268	1.2682	1.4258	1.6010	1.7959	2.0122	2.2522	2.5182	2.8127	3.1384	12
13	1.1381	1.2936	1.4685	1.6651	1.8856	2.1329	2.4098	2.7196	3.0658	3.4523	13
14	1.1495	1.3195	1.5126	1.7317	1.9799	2.2609	2.5785	2.9372	3.3417	3.7975	14
15	1.1610	1.3459	1.5580	1.8009	2.0789	2.3966	2.7590	3.1722	3.6425	4.1772	15
16	1.1726	1.3728	1.6047	1.8730	2.1829	2.5404	2.9522	3.4259	3.9703	4.5950	16
17	1.1843	1.4002	1.6528	1.9479	2.2920	2.6928	3.1588	3.7000	4.3276	5.0545	17
18	1.1961	1.4282	1.7024	2.0258	2.4066	2.8543	3.3799	3.9960	4.7171	5.5599	18
19	1.2081	1.4568	1.7535	2.1068	2.5270	3.0256	3.6165	4.3157	5.1417	6.1159	19
20	1.2202	1.4859	1.8061	2.1911	2.6533	3.2071	3.8697	4.6610	5.6044	6.7275	20
21	1.2324	1.5157	1.8603	2.2788	2.7860	3.3996	4.1406	5.0338	6.1088	7.4002	21
22	1.2447	1.5460	1.9161	2.3699	2.9253	3.6035	4.4304	5.4365	6.6586	8.1403	22
23	1.2572	1.5769	1.9736	2.4647	3.0715	3.8197	4.7405	5.8715	7.2579	8.9543	23
24	1.2697	1.6084	2.0328	2.5633	3.2251	4.0489	5.0724	6.3412	7.9111	9.8497	24
25	1.2824	1.6406	2.0938	2.6658	3.3864	4.2919	5.4274	6.8485	8.6231	10.835	25
26	1.2953	1.6734	2.1566	2.7725	3.5557	4.5494	5.8074	7.3964	9.3992	11.918	26
27	1.3082	1.7069	2.2213	2.8834	3.7335	4.8223	6.2139	7.9881	10.245	13.110	27
28	1.3213	1.7410	2.2879	2.9987	3.9201	5.1117	6.6488	8.6271	11.167	14.421	28
29	1.3345	1.7758	2.3566	3.1187	4.1161	5.4184	7.1143	9.3173	12.172	15.863	29
30	1.3478	1.8114	2.4273	3.2434	4.3219	5.7435	7.6123	10.063	13.268	17.449	30
40	1.4889	2.2080	3.2620	4.8010	7.0400	10.286	14.975	21.725	31.409	45.259	40
50	1.6446	2.6916	4.3839	7.1067	11.467	18.420	29.457	46.902	74.358	117.39	50
60	1.8167	3.2810	5.8916	10.520	18.679	32.988	57.946	101.26	176.03	304.48	60

n\i	18%	20%	24%	28%	32%	36%	i\n
1	1.1800	1.2000	1.2400	1.2800	1.3200	1.3600	1
2	1.3924	1.4400	1.5376	1.6384	1.7424	1.8496	2
3	1.6430	1.7280	1.9066	2.0972	2.3000	2.5155	3
4	1.9388	2.0736	2.3642	2.6844	3.0360	3.4210	4
5	2.2878	2.4883	2.9316	3.4360	4.0075	4.6526	5
6	2.6996	2.9860	3.6352	4.3980	5.2899	6.3275	6
7	3.1855	3.5832	4.5077	5.6295	6.9826	8.6054	7
8	3.7589	4.2998	5.5895	7.2058	9.2170	11.703	8
9	4.4355	5.1598	6.9310	9.2234	12.167	15.917	9
10	5.2338	6.1917	8.5944	11.806	16.060	21.647	10
11	6.1759	7.4301	10.657	15.112	21.199	29.439	11
12	7.2876	8.9161	13.215	19.343	27.983	40.038	12
13	8.5994	10.699	16.386	24.759	36.937	54.451	13
14	10.147	12.839	20.319	31.691	48.757	74.053	14
15	11.974	15.407	25.196	40.565	64.359	100.71	15
16	14.129	18.488	31.243	51.923	84.954	136.97	16
17	16.672	22.186	38.741	66.461	112.14	186.28	17
18	19.673	26.623	48.039	85.071	148.02	253.34	18
19	23.214	31.948	59.568	108.89	195.39	344.54	19
20	27.393	38.338	73.864	139.38	257.92	468.57	20
21	32.324	46.005	91.592	178.41	340.45	637.26	21
22	38.142	55.206	113.57	228.36	449.39	866.67	22
23	45.008	66.247	140.83	292.30	593.20	1 178.7	23
24	53.109	79.497	174.63	374.14	783.02	1 603.0	24
25	62.669	95.396	216.54	478.90	1 033.6	2 180.1	25
26	73.949	114.48	268.51	613.00	1 364.3	2 964.9	26
27	87.260	137.37	332.96	784.64	1 800.9	4 032.3	27
28	102.97	164.84	412.86	1 004.3	2 377.2	5 483.9	28
29	121.50	197.81	511.95	1 285.6	3 137.9	7 458.1	29
30	143.37	237.38	634.82	1 645.5	4 142.1	10 143	30
40	750.38	1 469.8	5 455.9	19 427	66 521	*	40
50	3 927.4	9 100.4	46 890	*	*	*	50
60	20 555	56 348	*	*	*	*	60

注：*>99999。

附表二　　　　　　　　　　　　复利现值系数表

$$(P/F，i，n) = \frac{1}{(1+i)^n}$$

n\i	1%	2%	3%	4%	5%	6%	7%	8%	9%	10%	i\n
1	0.9901	0.9804	0.9709	0.9615	0.9524	0.9434	0.9346	0.9259	0.9174	0.9091	1
2	0.9803	0.9612	0.9426	0.9246	0.9070	0.8900	0.8734	0.8573	0.8417	0.8264	2
3	0.9706	0.9423	0.9151	0.8890	0.8638	0.8396	0.8163	0.7938	0.7722	0.7513	3
4	0.9610	0.9238	0.8885	0.8548	0.8227	0.7921	0.7629	0.7350	0.7084	0.6830	4
5	0.9515	0.9057	0.8626	0.8219	0.7835	0.7473	0.7130	0.6806	0.6499	0.6209	5
6	0.9420	0.8880	0.8375	0.7903	0.7462	0.7050	0.6663	0.6302	0.5963	0.5645	6
7	0.9327	0.8706	0.8131	0.7599	0.7107	0.6651	0.6227	0.5835	0.5470	0.5132	7
8	0.9235	0.8535	0.7894	0.7307	0.6768	0.6274	0.5820	0.5403	0.5019	0.4665	8
9	0.9143	0.8368	0.7664	0.7026	0.6446	0.5919	0.5439	0.5002	0.4604	0.4241	9
10	0.9053	0.8203	0.7441	0.6756	0.6139	0.5584	0.5083	0.4632	0.4224	0.3855	10
11	0.8963	0.8043	0.7224	0.6496	0.5847	0.5268	0.4751	0.4289	0.3875	0.3505	11
12	0.8874	0.7885	0.7014	0.6246	0.5568	0.4970	0.4440	0.3971	0.3555	0.3186	12
13	0.8787	0.7730	0.6810	0.6006	0.5303	0.4688	0.4150	0.3677	0.3262	0.2897	13
14	0.8700	0.7579	0.6611	0.5775	0.5051	0.4423	0.3878	0.3405	0.2992	0.2633	14
15	0.8613	0.7430	0.6419	0.5553	0.4810	0.4173	0.3624	0.3152	0.2745	0.2394	15
16	0.8528	0.7284	0.6232	0.5339	0.4581	0.3936	0.3387	0.2919	0.2519	0.2176	16
17	0.8444	0.7142	0.6050	0.5134	0.4363	0.3714	0.3166	0.2703	0.2311	0.1978	17
18	0.8360	0.7002	0.5874	0.4936	0.4155	0.3503	0.2959	0.2502	0.2120	0.1799	18
19	0.8277	0.6864	0.5703	0.4746	0.3957	0.3305	0.2765	0.2317	0.1945	0.1635	19
20	0.8195	0.6730	0.5537	0.4564	0.3769	0.3118	0.2584	0.2145	0.1784	0.1486	20
21	0.8114	0.6598	0.5375	0.4388	0.3589	0.2942	0.2415	0.1987	0.1637	0.1351	21
22	0.8034	0.6468	0.5219	0.4220	0.3418	0.2775	0.2257	0.1839	0.1502	0.1228	22
23	0.7954	0.6342	0.5067	0.4057	0.3256	0.2618	0.2109	0.1703	0.1378	0.1117	23
24	0.7876	0.6217	0.4919	0.3901	0.3101	0.2470	0.1971	0.1577	0.1264	0.1015	24
25	0.7798	0.6095	0.4776	0.3751	0.2953	0.2330	0.1842	0.1460	0.1160	0.0923	25
26	0.7720	0.5976	0.4637	0.3607	0.2812	0.2198	0.1722	0.1352	0.1064	0.0839	26
27	0.7644	0.5859	0.4502	0.3468	0.2678	0.2074	0.1609	0.1252	0.0976	0.0763	27
28	0.7568	0.5744	0.4371	0.3335	0.2551	0.1956	0.1504	0.1159	0.0895	0.0693	28
29	0.7493	0.5631	0.4243	0.3207	0.2429	0.1846	0.1406	0.1073	0.0822	0.0630	29
30	0.7419	0.5521	0.4120	0.3083	0.2314	0.1741	0.1314	0.0994	0.0754	0.0573	30
35	0.7059	0.5000	0.3554	0.2534	0.1813	0.1301	0.0937	0.0676	0.0490	0.0356	35
40	0.6717	0.4529	0.3066	0.2083	0.1420	0.0972	0.0668	0.0460	0.0318	0.0221	40
45	0.6391	0.4102	0.2644	0.1712	0.1113	0.0727	0.0476	0.0313	0.0207	0.0137	45
50	0.6080	0.3715	0.2281	0.1407	0.0872	0.0543	0.0339	0.0213	0.0134	0.0085	50
55	0.5785	0.3365	0.1968	0.1157	0.0683	0.0406	0.0242	0.0145	0.0087	0.0053	55

续表

n\i	12%	14%	15%	16%	18%	20%	24%	28%	32%	36%	i\n
1	0.8929	0.8772	0.8696	0.8621	0.8475	0.8333	0.8065	0.7813	0.7576	0.7353	1
2	0.7972	0.7695	0.7561	0.7432	0.7182	0.6944	0.6504	0.6104	0.5739	0.5407	2
3	0.7118	0.6750	0.6575	0.6407	0.6086	0.5787	0.5245	0.4768	0.4348	0.3975	3
4	0.6355	0.5921	0.5718	0.5523	0.5158	0.4823	0.4230	0.3725	0.3294	0.2923	4
5	0.5674	0.5194	0.4972	0.4761	0.4371	0.4019	0.3411	0.2910	0.2495	0.2149	5
6	0.5066	0.4556	0.4323	0.4104	0.3704	0.3349	0.2751	0.2274	0.1890	0.1580	6
7	0.4523	0.3996	0.3759	0.3538	0.3139	0.2791	0.2218	0.1776	0.1432	0.1162	7
8	0.4039	0.3506	0.3269	0.3050	0.2660	0.2326	0.1789	0.1388	0.1085	0.0854	8
9	0.3606	0.3075	0.2843	0.2630	0.2255	0.1938	0.1443	0.1084	0.0822	0.0628	9
10	0.3220	0.2697	0.2472	0.2267	0.1911	0.1615	0.1164	0.0847	0.0623	0.0462	10
11	0.2875	0.2366	0.2149	0.1954	0.1619	0.1346	0.0938	0.0662	0.0472	0.0340	11
12	0.2567	0.2076	0.1869	0.1685	0.1372	0.1122	0.0757	0.0517	0.0357	0.0250	12
13	0.2292	0.1821	0.1625	0.1452	0.1163	0.0935	0.0610	0.0404	0.0271	0.0184	13
14	0.2046	0.1597	0.1413	0.1252	0.0985	0.0779	0.0492	0.0316	0.0205	0.0135	14
15	0.1827	0.1401	0.1229	0.1079	0.0835	0.0649	0.0397	0.0247	0.0155	0.0099	15
16	0.1631	0.1229	0.1069	0.0930	0.0708	0.0541	0.0320	0.0193	0.0118	0.0073	16
17	0.1456	0.1078	0.0929	0.0802	0.0600	0.0451	0.0258	0.0150	0.0089	0.0054	17
18	0.1300	0.0946	0.0808	0.0691	0.0508	0.0376	0.0208	0.0118	0.0068	0.0039	18
19	0.1161	0.0829	0.0703	0.0596	0.0431	0.0313	0.0168	0.0092	0.0051	0.0029	19
20	0.1037	0.0728	0.0611	0.0514	0.0365	0.0261	0.0135	0.0072	0.0039	0.0021	20
21	0.0926	0.0638	0.0531	0.0443	0.0309	0.0217	0.0109	0.0056	0.0029	0.0016	21
22	0.0826	0.0560	0.0462	0.0382	0.0262	0.0181	0.0088	0.0044	0.0022	0.0012	22
23	0.0738	0.0491	0.0402	0.0329	0.0222	0.0151	0.0071	0.0034	0.0017	0.0008	23
24	0.0659	0.0431	0.0349	0.0284	0.0188	0.0126	0.0057	0.0027	0.0013	0.0006	24
25	0.0588	0.0378	0.0304	0.0245	0.0160	0.0105	0.0046	0.0021	0.0010	0.0005	25
26	0.0525	0.0331	0.0264	0.0211	0.0135	0.0087	0.0037	0.0016	0.0007	0.0003	26
27	0.0469	0.0291	0.0230	0.0182	0.0115	0.0073	0.0030	0.0013	0.0006	0.0002	27
28	0.0419	0.0255	0.0200	0.0157	0.0097	0.0061	0.0024	0.0010	0.0004	0.0002	28
29	0.0374	0.0224	0.0174	0.0135	0.0082	0.0051	0.0020	0.0008	0.0003	0.0001	29
30	0.0334	0.0196	0.0151	0.0116	0.0070	0.0042	0.0016	0.0006	0.0002	0.0001	30
35	0.0189	0.0102	0.0075	0.0055	0.0030	0.0017	0.0005	0.0002	0.0001	*	35
40	0.0107	0.0053	0.0037	0.0026	0.0013	0.0007	0.0002	0.0001	*	*	40
45	0.0061	0.0027	0.0019	0.0013	0.0006	0.0003	0.0001	*	*	*	45
50	0.0035	0.0014	0.0009	0.0006	0.0003	0.0001	*	*	*	*	50
55	0.0020	0.0007	0.0005	0.0003	0.0001	*	*	*	*	*	55

注：*<0.0001。

附表三　　　　　　　　　　年金终值系数表

$$(F/A, i, n) = \frac{(1+i)^n - 1}{i}$$

n\i	1%	2%	3%	4%	5%	6%	7%	8%	9%	10%	i\n
1	1.0000	1.0000	1.0000	1.0000	1.0000	1.0000	1.0000	1.0000	1.0000	1.0000	1
2	2.0100	2.0200	2.0300	2.0400	2.0500	2.0600	2.0700	2.0800	2.0900	2.1000	2
3	3.0301	3.0604	3.0909	3.1216	3.1525	3.1836	3.2149	3.2464	3.2781	3.3100	3
4	4.0604	4.1216	4.1836	4.2465	4.3101	4.3746	4.4399	4.5061	4.5731	4.6410	4
5	5.1010	5.2040	5.3091	5.4163	5.5256	5.6371	5.7507	5.8666	5.9847	6.1051	5
6	6.1520	6.3081	6.4684	6.6330	6.8019	6.9753	7.1533	7.3359	7.5233	7.7156	6
7	7.2135	7.4343	7.6625	7.8983	8.1420	8.3938	8.6540	8.9228	9.2004	9.4872	7
8	8.2857	8.5830	8.8923	9.2142	9.5491	9.8975	10.260	10.637	11.029	11.436	8
9	9.3685	9.7546	10.159	10.583	11.027	11.491	11.978	12.488	13.021	13.580	9
10	10.462	10.950	11.464	12.006	12.578	13.181	13.816	14.487	15.193	15.937	10
11	11.567	12.169	12.808	13.486	14.207	14.972	15.784	16.646	17.560	18.531	11
12	12.683	13.412	14.192	15.026	15.917	16.870	17.889	18.977	20.141	21.384	12
13	13.809	14.680	15.618	16.627	17.713	18.882	20.141	21.495	22.953	24.523	13
14	14.947	15.974	17.086	18.292	19.599	21.015	22.551	24.215	26.019	27.975	14
15	16.097	17.293	18.599	20.024	21.579	23.276	25.129	27.152	29.361	31.773	15
16	17.258	18.639	20.157	21.825	23.658	25.673	27.888	30.324	33.003	35.950	16
17	18.430	20.012	21.762	23.698	25.840	28.213	30.840	33.750	36.974	40.545	17
18	19.615	21.412	23.414	25.645	28.132	30.906	33.999	37.450	41.301	45.599	18
19	20.811	22.841	25.117	27.671	30.539	33.760	37.379	41.446	46.019	51.159	19
20	22.019	24.297	26.870	29.778	33.066	36.786	40.996	45.762	51.160	57.275	20
21	23.239	25.783	28.677	31.969	35.719	39.993	44.865	50.423	56.765	64.003	21
22	24.472	27.299	30.537	34.248	38.505	43.392	49.006	55.457	62.873	71.403	22
23	25.716	28.845	32.453	36.618	41.431	46.996	53.436	60.893	69.532	79.543	23
24	26.974	30.422	34.427	39.083	44.502	50.816	58.177	66.765	76.790	88.497	24
25	28.243	32.030	36.459	41.646	47.727	54.865	63.249	73.106	84.701	98.347	25
26	29.526	33.671	38.553	44.312	51.114	59.156	68.677	79.954	93.324	109.18	26
27	30.821	35.344	40.710	47.084	54.669	63.706	74.484	87.351	102.72	121.10	27
28	32.129	37.051	42.931	49.968	58.403	68.528	80.698	95.339	112.97	134.21	28
29	33.450	38.792	45.219	52.966	62.323	73.640	87.347	103.97	124.14	148.63	29
30	34.785	40.568	47.575	56.085	66.439	79.058	94.461	113.28	136.31	164.49	30
40	48.886	60.402	75.401	95.026	120.80	154.76	199.64	259.06	337.88	442.59	40
50	64.463	84.579	112.80	152.67	209.35	290.34	406.53	573.77	815.08	1 163.9	50
60	81.670	114.05	163.05	237.99	353.58	533.13	813.52	1 253.2	1 944.8	3 034.8	60

n\i	12%	14%	15%	16%	18%	20%	24%	28%	32%	36%	i\n
1	1.0000	1.0000	1.0000	1.0000	1.0000	1.0000	1.0000	1.0000	1.0000	1.0000	1
2	2.1200	2.1400	2.1500	2.1600	2.1800	2.2000	2.2400	2.2800	2.3200	2.3600	2
3	3.3744	3.4396	3.4725	3.5056	3.5724	3.6400	3.7776	3.9184	4.0624	4.2096	3
4	4.7793	4.9211	4.9934	5.0665	5.2154	5.3680	5.6842	6.0156	6.3624	6.7251	4
5	6.3528	6.6101	6.7424	6.8771	7.1542	7.4416	8.0484	8.6999	9.3983	10.146	5
6	8.1152	8.5355	8.7537	8.9775	9.4420	9.9299	10.980	12.136	13.406	14.799	6
7	10.089	10.731	11.067	11.414	12.142	12.916	14.615	16.534	18.696	21.126	7
8	12.300	13.233	13.727	14.240	15.327	16.499	19.123	22.163	25.678	29.732	8
9	14.776	16.085	16.786	17.519	19.086	20.799	24.713	29.369	34.895	41.435	9
10	17.549	19.337	20.304	21.322	23.521	25.959	31.643	38.593	47.062	57.352	10
11	20.655	23.045	24.349	25.733	28.755	32.150	40.238	50.399	63.122	78.998	11
12	24.133	27.271	29.002	30.850	34.931	39.581	50.895	65.510	84.320	108.44	12
13	28.029	32.089	34.352	36.786	42.219	48.497	64.110	84.853	112.30	148.48	13
14	32.393	37.581	40.505	43.672	50.818	59.196	80.496	109.61	149.24	202.93	14
15	37.280	43.842	47.580	51.660	60.965	72.035	100.82	141.30	198.00	276.98	15
16	42.753	50.980	55.718	60.925	72.939	87.442	126.01	181.87	262.36	377.69	16
17	48.884	59.118	65.075	71.673	87.068	105.93	157.25	233.79	347.31	514.66	17
18	55.750	68.394	75.836	84.141	103.74	128.12	195.99	300.25	459.45	700.94	18
19	63.440	78.969	88.212	98.603	123.41	154.74	244.03	385.32	607.47	954.28	19
20	72.052	91.025	102.44	115.38	146.63	186.69	303.60	494.21	802.86	1 298.8	20
21	81.699	104.77	118.81	134.84	174.02	225.03	377.46	633.59	1 060.8	1 767.4	21
22	92.503	120.44	137.63	157.42	206.34	271.03	469.06	812.00	1 401.2	2 404.7	22
23	104.60	138.30	159.28	183.60	244.49	326.24	582.63	1 040.4	1 850.6	3 271.3	23
24	118.16	158.66	184.17	213.98	289.49	392.48	723.46	1 332.7	2 443.8	4 450.0	24
25	133.33	181.87	212.79	249.21	342.60	471.98	898.09	1 706.8	3 226.8	6 053.0	25
26	150.33	208.33	245.71	290.09	405.27	567.38	1 114.6	2 185.7	4 260.4	8 233.1	26
27	169.37	238.50	283.57	337.50	479.22	681.85	1 383.1	2 798.7	5 624.8	11 198	27
28	190.70	272.89	327.10	392.50	566.48	819.22	1 716.1	3 583.3	7 425.7	15 230	28
29	214.58	312.09	377.17	456.30	669.45	984.07	2 129.0	4 587.7	9 802.9	20 714	29
30	241.33	356.79	434.75	530.31	790.95	1 181.9	2 640.9	5 873.2	12 941	28 172	30
40	767.09	1342.0	1 779.1	2 360.8	4 163.2	7 343.9	22 729	69 377	207 874	609 890	40
50	2 400.0	4 994.5	7 217.7	10 436	21 813	45 497	195 373	819 103	*	*	50
60	7 471.6	18 535	29 220	46 058	114 190	281 733	*	*	*	*	60

注：*>999999.99。

附表四　　　　　　　　　　　　年金现值系数表

$$(P/A，i，n) = \frac{1 - (1 + i)^{-n}}{i}$$

n / i	1%	2%	3%	4%	5%	6%	7%	8%	9%	10%	i / n
1	0.9901	0.9804	0.9709	0.9615	0.9524	0.9434	0.9346	0.9259	0.9174	0.9091	1
2	1.9704	1.9416	1.9135	1.8861	1.8594	1.8334	1.8080	1.7833	1.7591	1.7355	2
3	2.9410	2.8839	2.8286	2.7751	2.7232	2.6730	2.6243	2.5771	2.5313	2.4869	3
4	3.9020	3.8077	3.7171	3.6299	3.5460	3.4651	3.3872	3.3121	3.2397	3.1699	4
5	4.8534	4.7135	4.5797	4.4518	4.3295	4.2124	4.1002	3.9927	3.8897	3.7908	5
6	5.7955	5.6014	5.4172	5.2421	5.0757	4.9173	4.7665	4.6229	4.4859	4.3553	6
7	6.7282	6.4720	6.2303	6.0021	5.7864	5.5824	5.3893	5.2064	5.0330	4.8684	7
8	7.6517	7.3255	7.0197	6.7327	6.4632	6.2098	5.9713	5.7466	5.5348	5.3349	8
9	8.5660	8.1622	7.7861	7.4353	7.1078	6.8017	6.5152	6.2469	5.9952	5.7590	9
10	9.4713	8.9826	8.5302	8.1109	7.7217	7.3601	7.0236	6.7101	6.4177	6.1446	10
11	10.3676	9.7868	9.2526	8.7605	8.3064	7.8869	7.4987	7.1390	6.8052	6.4951	11
12	11.2551	10.5753	9.9540	9.3851	8.8633	8.3838	7.9427	7.5361	7.1607	6.8137	12
13	12.1337	11.3484	10.6350	9.9856	9.3936	8.8527	8.3577	7.9038	7.4869	7.1034	13
14	13.0037	12.1062	11.2961	10.5631	9.8986	9.2950	8.7455	8.2442	7.7862	7.3667	14
15	13.8651	12.8493	11.9379	11.1184	10.3797	9.7122	9.1079	8.5595	8.0607	7.6061	15
16	14.7179	13.5777	12.5611	11.6523	10.8378	10.1059	9.4466	8.8514	8.3126	7.8237	16
17	15.5623	14.2919	13.1661	12.1657	11.2741	10.4773	9.7632	9.1216	8.5436	8.0216	17
18	16.3983	14.9920	13.7535	12.6593	11.6896	10.8276	10.0591	9.3719	8.7556	8.2014	18
19	17.2260	15.6785	14.3238	13.1339	12.0853	11.1581	10.3356	9.6036	8.9501	8.3649	19
20	18.0456	16.3514	14.8775	13.5903	12.4622	11.4699	10.5940	9.8181	9.1285	8.5136	20
21	18.8570	17.0112	15.4150	14.0292	12.8212	11.7641	10.8355	10.0168	9.2922	8.6487	21
22	19.6604	17.6580	15.9369	14.4511	13.1630	12.0416	11.0612	10.2007	9.4424	8.7715	22
23	20.4558	18.2922	16.4436	14.8568	13.4886	12.3034	11.2722	10.3711	9.5802	8.8832	23
24	21.2434	18.9139	16.9355	15.2470	13.7986	12.5504	11.4693	10.5288	9.7066	8.9847	24
25	22.0232	19.5235	17.4131	15.6221	14.0939	12.7834	11.6536	10.6748	9.8226	9.0770	25
26	22.7952	20.1210	17.8768	15.9828	14.3752	13.0032	11.8258	10.8100	9.9290	9.1609	26
27	23.5596	20.7069	18.3270	16.3296	14.6430	13.2105	11.9867	10.9352	10.0266	9.2372	27
28	24.3164	21.2813	18.7641	16.6631	14.8981	13.4062	12.1371	11.0511	10.1161	9.3066	28
29	25.0658	21.8444	19.1885	16.9837	15.1411	13.5907	12.2777	11.1584	10.1983	9.3696	29
30	25.8077	22.3965	19.6004	17.2920	15.3725	13.7648	12.4090	11.2578	10.2737	9.4269	30
35	29.4086	24.9986	21.4872	18.6646	16.3742	14.4982	12.9477	11.6546	10.5668	9.6442	35
40	32.8347	27.3555	23.1148	19.7928	17.1591	15.0463	13.3317	11.9246	10.7574	9.7791	40
45	36.0945	29.4902	24.5187	20.7200	17.7741	15.4558	13.6055	12.1084	10.8812	9.8628	45
50	39.1961	31.4236	25.7298	21.4822	18.2559	15.7619	13.8007	12.2335	10.9617	9.9148	50
55	42.1472	33.1748	26.7744	22.1086	18.6335	15.9905	13.9399	12.3186	11.0140	9.9471	55

n\i	12%	14%	15%	16%	18%	20%	24%	28%	32%	36%	i\n
1	0.8929	0.8772	0.8696	0.8621	0.8475	0.8333	0.8065	0.7813	0.7576	0.7353	1
2	1.6901	1.6467	1.6257	1.6052	1.5656	1.5278	1.4568	1.3916	1.3315	1.2760	2
3	2.4018	2.3216	2.2832	2.2459	2.1743	2.1065	1.9813	1.8684	1.7663	1.6735	3
4	3.0373	2.9137	2.8550	2.7982	2.6901	2.5887	2.4043	2.2410	2.0957	1.9658	4
5	3.6048	3.4331	3.3522	3.2743	3.1272	2.9906	2.7454	2.5320	2.3452	2.1807	5
6	4.1114	3.8887	3.7845	3.6847	3.4976	3.3255	3.0205	2.7594	2.5342	2.3388	6
7	4.5638	4.2883	4.1604	4.0386	3.8115	3.6046	3.2423	2.9370	2.6775	2.4550	7
8	4.9676	4.6389	4.4873	4.3436	4.0776	3.8372	3.4212	3.0758	2.7860	2.5404	8
9	5.3282	4.9464	4.7716	4.6065	4.3030	4.0310	3.5655	3.1842	2.8681	2.6033	9
10	5.6502	5.2161	5.0188	4.8332	4.4941	4.1925	3.6819	3.2689	2.9304	2.6495	10
11	5.9377	5.4527	5.2337	5.0286	4.6560	4.3271	3.7757	3.3351	2.9776	2.6834	11
12	6.1944	5.6603	5.4206	5.1971	4.7932	4.4392	3.8514	3.3868	3.0133	2.7084	12
13	6.4235	5.8424	5.5831	5.3423	4.9095	4.5327	3.9124	3.4272	3.0404	2.7268	13
14	6.6282	6.0021	5.7245	5.4675	5.0081	4.6106	3.9616	3.4587	3.0609	2.7403	14
15	6.8109	6.1422	5.8474	5.5755	5.0916	4.6755	4.0013	3.4834	3.0764	2.7502	15
16	6.9740	6.2651	5.9542	5.6685	5.1624	4.7296	4.0333	3.5026	3.0882	2.7575	16
17	7.1196	6.3729	6.0472	5.7487	5.2223	4.7746	4.0591	3.5177	3.0971	2.7629	17
18	7.2497	6.4674	6.1280	5.8178	5.2732	4.8122	4.0799	3.5294	3.1039	2.7668	18
19	7.3658	6.5504	6.1982	5.8775	5.3162	4.8435	4.0967	3.5386	3.1090	2.7697	19
20	7.4694	6.6231	6.2593	5.9288	5.3527	4.8696	4.1103	3.5458	3.1129	2.7718	20
21	7.5620	6.6870	6.3125	5.9731	5.3837	4.8913	4.1212	3.5514	3.1158	2.7734	21
22	7.6446	6.7429	6.3587	6.0113	5.4099	4.9094	4.1300	3.5558	3.1180	2.7746	22
23	7.7184	6.7921	6.3988	6.0442	5.4321	4.9245	4.1371	3.5592	3.1197	2.7754	23
24	7.7843	6.8351	6.4338	6.0726	5.4509	4.9371	4.1428	3.5619	3.1210	2.7760	24
25	7.8431	6.8729	6.4641	6.0971	5.4669	4.9476	4.1474	3.5640	3.1220	2.7765	25
26	7.8957	6.9061	6.4906	6.1182	5.4804	4.9563	4.1511	3.5656	3.1227	2.7768	26
27	7.9426	6.9352	6.5135	6.1364	5.4919	4.9636	4.1542	3.5669	3.1233	2.7771	27
28	7.9844	6.9607	6.5335	6.1520	5.5016	4.9697	4.1566	3.5679	3.1237	2.7773	28
29	8.0218	6.9830	6.5509	6.1656	5.5098	4.9747	4.1585	3.5687	3.1240	2.7774	29
30	8.0552	7.0027	6.5660	6.1772	5.5168	4.9789	4.1601	3.5693	3.1242	2.7775	30
35	8.1755	7.0700	6.6166	6.2153	5.5386	4.9915	4.1644	3.5708	3.1248	2.7777	35
40	8.2438	7.1050	6.6418	6.2335	5.5482	4.9966	4.1659	3.5712	3.1250	2.7778	40
45	8.2825	7.1232	6.6543	6.2421	5.5523	4.9986	4.1664	3.5714	3.1250	2.7778	45
50	8.3045	7.1327	6.6605	6.2463	5.5541	4.9995	4.1666	3.5714	3.1250	2.7778	50
55	8.3170	7.1376	6.6636	6.2482	5.5549	4.9998	4.1666	3.5714	3.1250	2.7778	55

参考文献

［1］财政部会计资格评价中心．财务管理［M］．北京：经济科学出版社，2024．

［2］中国注册会计师协会．财务成本管理［M］．北京：中国财政经济出版社，2024．

［3］刘淑莲．财务管理［M］．6版．大连：东北财经大学出版社，2022．

［4］周炜，宋晓满．财务管理案例分析［M］．3版．上海：立信会计出版社，2020．

［5］布里格姆，休斯敦．财务管理精要（亚洲版）［M］．周卉，谭跃，译．3版．北京：机械工业出版社，2017．

［6］福斯特．财务管理：概念与应用［M］．池国华．主译，大连：东北财经大学出版社，2016．

［7］王化成，佟岩．财务管理［M］．7版．北京：中国人民大学出版社，2024．

［8］隋静，纪玲珑．财务管理学［M］．4版．北京：清华大学出版社，2020．

［9］常叶青．财务管理［M］．2版．北京：高等教育出版社，2020．

［10］鄢波，陈建英，杜勇．财务管理［M］．5版．北京：清华大学出版社，2020．

［11］陈玉菁，赵洪进，顾晓安．财务管理：实务与案例［M］．4版．北京：中国人民大学出版社，2019．

［12］希金斯，科斯基．财务管理分析（英文影印版）［M］．12版．北京：北京大学出版社，2019．

［13］杨丹．中级财务管理［M］．5版．大连：东北财经大学出版社，2021．

［14］樊莹，罗淑贞．财务学原理［M］．3版．大连：东北财经大学出版社，2021．

［15］陈虎，孙彦丛．财务共享服务［M］．大连：东北财经大学出版社，2022．

［16］郭晓梅．智能技术驱动下的财务共享模式创新与应用实践研究［M］．大连：东北财经大学出版社，2022．

［17］中华人民共和国财政部．企业会计准则（2023年版）［M］．上海：立信会计出版社，2023．

［18］中华人民共和国财政部．企业会计准则——应用指南（2024年版）［M］．上海：立信会计出版社，2024．

［19］企业会计准则编审委员会. 企业会计准则案例讲解［M］. 上海：立信会计出版社，2024.

［20］鲍凯. 数字化财务：技术赋能+财务共享+业财融合+转型实践［M］. 北京：中国财经出版社，2023.